大学生创新创业教程

主　编　王晓明　方旭东
副主编　刘香君　夏显宇　舒　剑　刘美君
参　编　何　平　马　磊　芮嘉骏　李　曦
　　　　范东雨　沈　静　邓鹏飞　保燕灵

机 械 工 业 出 版 社

本书打破按学科和理论体系设计课程的编写方式，以"大学生从零开始创业"为主线进行编写。内容涵盖创新与创新能力、创新思维及创新方法、创新成果的保护与转化、创业与创业政策、创业者与创业团队、创业的机会与风险、编写商业计划书及路演技巧、商业模式与商业模式画布制作、创业资源与融资、新企业的创办与管理、大学生创新创业大赛11章。本书内容切合实际、知识分布合理、案例丰富，可以全面提升学生的创新思维和创业综合能力。

本书可以作为高等职业院校、技师学院学生创新创业的教材，也可供个人读者阅读。

图书在版编目（CIP）数据

大学生创新创业教程/王晓明，方旭东主编. —北京：机械工业出版社，2023.9

ISBN 978-7-111-73757-5

Ⅰ.①大… Ⅱ.①王…②方… Ⅲ.①大学生 – 创业 – 高等职业教育 – 教材 Ⅳ.①G647.38

中国国家版本馆 CIP 数据核字（2023）第 161968 号

机械工业出版社（北京市百万庄大街22号　邮政编码100037）

策划编辑：张雁茹	责任编辑：张雁茹　邵鹤丽
责任校对：潘　蕊　陈　越	封面设计：张　静
责任印制：张　博	

北京联兴盛业印刷股份有限公司印刷

2024 年 2 月第 1 版 · 第 1 次印刷

184mm×260mm · 14.5 印张 · 356 千字

标准书号：ISBN 978-7-111-73757-5

定价：45.00 元

电话服务	网络服务
客服电话：010-88361066	机 工 官 网：www.cmpbook.com
010-88379833	机 工 官 博：weibo.com/cmp1952
010-68326294	金 书 网：www.golden-book.com
封底无防伪标均为盗版	机工教育服务网：www.cmpedu.com

前　言

近年来，随着"大众创业、万众创新"的不断推进，创新创业成为当前社会的热潮，被各行各业所重视。企业需要创新型人才，高校也格外注重对创新型人才的培养。培养大学生和更多青年成为具备创新思维、创业精神与创新创业能力的人才，已成为当代大学教育的重要使命，是大学内涵式发展的重要目标。

事实上，随着我国创业环境的改善、创业文化的逐步形成，我国大学生的创业意愿日渐高涨。受创业启动资金的限制及创业能力、技能、资源等的欠缺，大学生创业要想取得成功较为困难。大学生创业不仅需要结合自己的兴趣和专业，选择适合自己的创业项目，发挥自己的特长和优势，还要紧贴市场需求，在"新、奇、特"上下功夫。针对大学生创业能力不足的问题，各级政府采取了很多措施来扶持大学生创业，一些高校也开设了大学生创新创业课程。为了更好地帮助大学生创新创业，帮助高校开设相应课程，我们特地编写了本书。

本书与目前市场上的其他同类教材相比具有以下特点：

（1）内容切合实际　本书立足于生活实际，从大学生的能力要求、心理素质、创业环境、创业能力与创业流程等方面进行详细阐述，引导大学生树立创新意识，培养创业精神和创业能力，对大学生创新创业素养的提高有较大的帮助。

（2）知识分布合理　本书涵盖了创业各个环节的知识。第一章和第二章通过丰富且联系紧密的案例，介绍创新与创新思维的相关知识，帮助大学生提升创新能力、培养创新思维、掌握创新方法。第三章至第十一章侧重介绍创新成果、创业政策、创业团队、创业机会、商业计划书、商业模式、创业融资、新企业设立和大学生创新创业大赛等内容。通过系统全面的讲解来激发大学生创业的意愿，鼓励大学生开拓进取、自立自强。

（3）案例丰富　本书附有大量阅读材料，这些案例真实且典型，具有很强的可读性和参考性，大学生可以从中获得感悟和经验教训。

（4）寓教于乐　本书配有实践训练和创业故事汇。实践训练可以引导学生在实践中理解课堂知识，提升对知识的认知；创业故事汇既有教学作用，又可以增加趣味性，使学生在学习理论知识的同时，能够保持轻松、愉悦的心情，增加对理论知识的学习兴趣。

本书由王晓明、方旭东主编。其中王晓明负责第一章的编写，方旭东、夏显宇负责第二章的编写，刘香君负责第三章的编写，舒剑、马磊负责第四章的编写，何平负责第五章的编写，沈静负责第六章的编写，刘美君、邓鹏飞负责第七章的编写，范东雨负责第八章的编写，李曦负责第九章的编写，芮嘉骏负责第十章的编写，保燕灵负责第十一章的编写。本书在编写过程中参考和使用了一些专家和学者的成果，在此表示诚挚的感谢。

由于时间仓促且编者水平有限，书中难免有疏漏之处，恳请广大读者批评指正。

编　者

目　　录

第一章

创新与创新能力

【学习目标】

1. 认识创新的内容特征。

2. 了解创新能力的构成要素和提升方法。

【能力目标】

1. 有意识地提升创新能力，并将其运用于创新实践活动中。

2. 认可现代学徒制并积极参与。

【案例导入】

随着时代的发展，各行业都产生了一些新变化。例如，随着电子商务行业的崛起，直播和短视频逐渐成为电商行业的转型重点。就电商直播而言，虽然现在各类企业通过直播推广产品已经成为日常现象，但美宝莲却采用了较新颖的直播形式。

2016 年 4 月，美宝莲在新品发布会中请来嘉宾助阵，并进行全程视频直播。从堵车在途中与观众闲聊，到后台补妆时与观众分享自己的美妆小技巧，嘉宾的每个赶场细节都被收录进直播镜头，营造出一种观众与嘉宾触手可及的氛围。另外还有 50 位美妆主播参与同步直播，从 50 个视角、以不同的解说方式向观众展示后台化妆师为模特化妆的全过程。这场直播带来了 500 多万人次的观看和 1 万多支口红的销售量。

在此之后，伴随着电商 App 的不断完善，直播卖货变成了如今的电商常态。

【案例思考】

1. "直播＋电商"的形式是否属于一种创新？

2. 你如何看待创新？

美宝莲在推广产品时引入直播，无疑是为电商行业开创了一种新形态，是一种创新理念的体现。创新是我国科技发展的重要方向，早在 2014 年，我国政府便提出"大众创业、万众创新"的口号，号召全国人民积极主动参与创新。党的十八届五中全会更是把创新确立为新发展理念之首。那究竟什么是创新？

第一节 认识创新

一、什么是创新

在英文中，创新是"innovation"。这个词起源于拉丁语，它包含3层含义：更新、创造新的东西及改变。创新作为一种理论形成于20世纪。

创新的定义有很多，目前被引用较多的是1912年美国经济学家熊彼特在他的著作《经济发展理论》中提出的定义。熊彼特将创新引入经济领域，认为创新是把新的生产要素和生产条件重新组合后引入生产体系，即"建立一种新的生产函数"，其目的是获取潜在的利润。他从企业角度提出创新包括以下5个方面：

1）采用一种新产品。
2）引入一种新的生产方法。
3）开辟一个新的市场。
4）获得原材料或半成品的一种新的来源。
5）实现任何一种工业的、新的组织形式。

熊彼特对创新给出的定义存在一定的局限性，并不完全客观。该定义偏向于经济学领域的创新，没有包括思想上的理论创新，也没有考虑创新环境的问题，实际上这个定义是在美国当时的环境下提出的。那么，当下我们该如何对创新进行定义呢？

阅读材料

最早的鼠标

1968年，美国斯坦福研究院的博士道格拉斯·恩格尔巴特展示了世界上第一个鼠标，如图1-1所示。在当时，计算机操作多使用键盘输入指令，十分烦琐，于是他想设计一个东西来代替从键盘输入指令，以使计算机的操作变得更简便。他选用了一个木块和一个小铁轮，首先在木块的底部装了两个互相垂直的片状圆轮，然后每个圆轮分别带动一个机械变阻器，通过底部的圆轮带动枢轴转动，从而改变变阻器的阻值，进而产生位移信号，再将信号传至主机。这个发明成功了，由此诞生了世界上最早的鼠标。

分析：一个事物从无到有，就是一种创新，鼠标的出现就是如此。

图1-1 最早的鼠标

鼠标的出现是一次创新。事实上，人类创造的一切事物都有创新元素，创新遍布人类社会的方方面面，如观念、知识、技术的创新，经济、商业、艺术的创新，以及工作、生活、学习、娱乐、通信等的创新。

我国在 20 世纪 90 年代把"创新"一词引入科技界，形成了"知识创新""科技创新"等各种提法，进而扩展到社会生活的各个领域，由此使创新的说法无处不在。清华大学李正风教授认为，"创新"一词在我国存在两种理解：一种是从经济学角度来理解的创新，另一种是根据日常含义来理解的创新。目前，人们经常谈到的创新，实际上是创新的日常概念，简单地讲就是"创造和发现新东西"。神舟飞船原总设计师、中国工程院院士戚发轫认为："创新是根据中国的需要，运用中国的办法解决中国问题。"

二、创新的内容和特征

创新的定义多种多样，没有具体的衡量对错的标准，但创新的内容和特征可以按照一般规律进行总结和归纳，而了解创新的内容和特征能够帮助我们更好地理解创新。

1. 创新的内容

创新的内容主要包括创新的主体、创新的客体、创新的过程、创新的核心、创新的结果及创新的作用等。

（1）创新的主体　创新的主体指具有创新能力并实际从事创新活动的人或社会组织。

（2）创新的客体　创新的客体指客观世界，包括自然环境、社会环境及生活环境等。

（3）创新的过程　创新的过程指不断拓展和改变人们对客观世界的认知与行为的动态活动本身。

（4）创新的核心　创新的核心是创新思维，指人们的思维不断向有益于个体或组织发展的新方向变化。

（5）创新的结果　创新的结果有两种：一种是物质的，如蒸汽机、计算机等；另一种是非物质的，如新思想、新理论和新经验等。

（6）创新的作用　简单地讲，创新的作用是满足个体或组织生存与发展的需要。人要有所创新，则必须具备创新思维，通过创新思维才能构思出开拓性的创新想法，并付诸实践。

2. 创新的特征

除人类外，其他动植物只能进化和演化，而不能创新。创新是人类特有的活动，它具有以下 5 个方面的特征：

（1）超前性　创新必然具有超前性，它是以"求新"为灵魂，但这种超前是从实际出发，实事求是的超前，属于创造性实践活动的总结。

（2）新颖性　创新具有新颖性。创新将摒弃现有不合理的事物，革除过时的内容，然后再确立新事物。

（3）变革性　创新是一种深刻的变革，是对已有事物的改革和革新。

（4）目的性　任何创新活动都有一定的目的性，这个特征贯穿整个创新过程。

（5）价值性　创新有明显、具体的价值，对社会经济具有一定的效益。

创新与创意的区别及联系

创新的过程是一个思维与实践、市场与效益紧密联系的发展过程。创新离不开创意，二者之间相互依存、密切相关。没有创意就不会有创新，创新的发展又会进一步推动创意的升级。

创新与创意常会被混淆，实际上二者有着根本的差异。创意基于个体，是比较自由的创造性行为，而创新以创意为基础，更注重将创意付诸实施的过程。在进行创新活动的整个过程中，创新能否成功取决于创意的选择、发展、市场化运作的好坏。从一定程度上说，创新几乎等同于创意的市场化。综上所述，创新与创意的区别及联系可以归纳为以下4点：

1）创意是创新的起点，创意通过创新达到目标。

2）创意在创新的过程中被提炼、升华、修改和整合，甚至会产生更高级的创意，但不影响它作为起源的重要性。

3）创新是创意的延续，是实现创意必不可少的手段。

4）创新是客观的、可以量化的；创意则更注重人文价值，是主观的，往往具有模糊性。

三、创新的原则

创新的原则是指开展创新活动所依据的法则和判断创新构思的标准，它体现了创新的规律和性质。按创新的原则去创新，可使创新活动更优化、更安全、更可靠。

1. 科学原理原则

创新必须遵循科学原理，不能违背科学规律，因为任何违背科学原理的创新最终都是无法获得成功的。例如，历史上许多才思卓越的人前仆后继地力图发明一种既不消耗任何能量又可永不停歇运行的"永动机"，但无论他们的构思如何巧妙，"永动机"无一成功，其原因在于他们的创新违背了"能量守恒"的科学原理。

2. 机理简单原则

在现有科学技术条件下，如果不限制实现创新的方式和手段，所付出的代价可能远远超出合理范围，使创新的结果得不偿失。在科技竞争日趋激烈的今天，结构复杂、功能冗余、用法烦琐已成为技术不成熟的体现。因此，在创新的过程中，要始终贯彻机理简单原则，在同等效果下，机理越简单越好。为使创新的设想或结果更符合机理简单原则，可进行如下检验。

1）新事物依据的原理是否重叠，超出应有范围。

2）新事物拥有的结构是否复杂，超出应有程度。

3）新事物具备的功能是否冗余，超出应有数量。

铱星的陨落

20世纪90年代，美国摩托罗拉公司一位叫巴里·伯蒂格的工程师提出了一个构想——制造一台在全世界任何地方、任何时间都能通话的手机。这个构想得到了摩托罗拉公司管理层的一致赞赏，摩托罗拉公司原董事长加尔文下定决心要将其付诸实践。

1991年，摩托罗拉公司正式决定建立由77颗低轨道卫星组成的移动通信网络，并命名为"铱星"。"铱星"计划是通过建立由77颗（后减至66颗）低轨道卫星组成的移动通信网络，达到覆盖整个地球的目的，使其成为地球上最大的无线通信系统。

经过长达6年的研发后，1997年铱星系统投入商业运营，铱星移动电话成为唯一在地球表面任何地方都能拨打电话的公众移动通信工具。1998年5月，铱星的股票也从发行时的每股20美元飙升到每股70美元。

虽然铱星的确实现了高科技通信，开创了全球个人通信的新时代，但是50多亿美元的研发费用和系统建设费用使铱星背上了沉重的债务负担。

另外，在全球科技飞速发展的环境下，普通移动电话技术也已经满足了大众的需求，铱星的市场状态并不理想。

在资金和市场的双重压力下，2000年3月，铱星因为无力偿还巨额债务而被迫申请破产。这个被评为美国最佳科技成果的技术，运营不足两年就宣告失败了。

分析：铱星的失败，本质上就是因为其创新成本太高，代价超过合理范围，且其个人卫星通信在移动智能手机日益普及的发展趋势下缺乏市场竞争力。

3. 构思独特原则

构思独特的创新往往能出奇制胜，创新贵在独特和新颖。在创新活动中，可以从新颖性、开创性、特色性这几个方面来考量创新构思是否独特。

4. 相对较优原则

创新事物不可能十全十美，因此，创新不能盲目追求最优、最佳、最先进。许多创新设想各有千秋，这就需要人们按相对较优的原则，对设想进行判断选择。

1）从创新技术先进性上比较哪个创新更领先和超前。
2）从创新经济合理性上比较哪个创新更合理。
3）从创新整体效果上比较哪个创新更全面和更优化。

5. 不轻易否定且不简单比较原则

不轻易否定且不简单比较原则包括两个方面：一方面，不轻易否定指在分析评判各种产品创新方案时，应避免轻易否定创新方案；另一方面，不简单比较指不要随意在两个事物之间进行简单比较。

在飞机发明之前，科学界曾在"理论"上进行了否定的论证，然而最后飞机却出现了，并给人们的生活带来了极大的便利。显然，由于人们的主观武断，用常规思维分析某项发明而得出的结论可能是片面的。在避免轻易否定时，也不能以简单的方式对创新项目的优势进行比较，因为创新的广泛性和普遍性源于创新的相融性，就像人们经常使用的钢笔和铅笔互不排斥，即便是铅笔，也有木质的普通铅笔和金属（或塑料）材质的自动铅笔之分，它们之间并不存在相互排斥的问题。

第二节　认识创新能力

一、创新能力的特征

创新能力指创新主体从事创新活动的能力，是运用一切已知信息，包括已有的知识和经验等，产生某种独特、新颖、有社会或个人价值的产品的能力。创新能力具有以下特征：

（1）普遍性　每个人都具备创新能力，人类具有改变现实的本能，以及创新所需的想象力、实践力，所以，每个人都具有创新的能力。

（2）潜在性　创新能力是一种潜在的能力，每个人都有创新能力，但是每个人都不会一直进行创新，只有受到外界的刺激，如迫切需求、灵感、目标等刺激，人的创新能力才会得到激发，人才会主动进行创新活动。

（3）综合独特性　创新能力并非单一的能力，而是几种能力的综合，这种综合能力是独特的，在每个人身上的体现都不同。

（4）结构优化性　创新能力呈现出明显的结构优化特征，正是这种特征让创新能力呈现出各式各样的功能。

二、创新能力的构成要素

每个人的创新能力都有不一样的构成要素，但是通常情况下，创新能力强的人在以下7种能力上表现也更加优秀：

（1）学习能力　学习能力指获取、掌握知识、方法和经验的能力，包括阅读、写作、理解、表达、记忆、搜集资料、使用工具、对话和讨论等能力。

（2）分断能力　分断能力指把事物的整体分解为若干部分进行研究的能力。

（3）综合能力　综合能力强调把研究对象的各个部分结合成一个有机整体进行考察和认识，将研究对象的各个要素、层次用一定线索联系起来，由此发现研究对象的本质和发展规律的能力。

（4）想象能力　想象能力指以一定知识和经验为基础，通过直觉、形象思维或组合思维，不受已有结论、观点、框架和理论的限制，提出新设想、新创见的能力。

（5）批判能力　在学习、吸收已有知识和经验时，批判能力保证人们批判性地、选择性地吸收和接受知识与经验，去粗取精、去伪存真。

（6）实践能力　产生创造发明成果，只是创新活动的第一阶段，要使成果得到承认、传播和应用，实现其学术价值、经济价值和社会价值，则必须和社会打交道，实践能力指为实现这一目标而进行各种社会实践活动的能力。

（7）组织协调能力　组织协调能力指通过合理调配系统内的各种要素，发挥系统的整体功能以实现目标的能力。对创新人才来说，要完成创新活动，就要协调各方，当拥有一定资源时，就可通过沟通、说服、资源分配和荣誉分配等手段来组织协调各方，以最终实现创新目标。

知识链接

现代学徒制是培养职业院校大学生创新能力的重要途径

目前，我国制造业正处于转型升级的关键时期，技术、工艺、设计等方面的不断革新要求从业人员具备更精湛的技术、更精准的操作、更富有创意的设计。但同时，我国职业教育脱离实践的痼疾仍未根治，技能型人才素质尚不能满足社会经济发展需求。在此背景下，教育部于2015年8月推出了首批"现代学徒制"试点单位，其目的就是借鉴学徒制这一古老制度，将其与当代工业技术革命有机结合，传承和弘扬现代工匠精神，为中国制造培养一批具有创新意识工匠精神的高技能人才。截至2021年1月，教育部分三批布局了500多个现代学徒制试点，参与企业达到2200多家。

现代学徒制源自制造业高度发达的英国、德国等先进制造强国。其最鲜明的特点，是通过职业院校与企业的深度合作，教师与师傅的携手传授，共同培养社会所需要的高素质技术技能型人才。英国、德国等国家的现代学徒制人才培养开展普遍，制度规范，企业参与度高，500人以上的大企业学徒制参与率高达91%。学员一般每周在企业接受3~4天的岗位实践教育，在职业院校接受1~2天的专业理论教育，专业理论学习和岗位实践相辅相成、相互促进，这正是英国、德国等国家制造业人才辈出、创新不断、质量一流的关键，值得我们借鉴学习。

其实我国传统的学徒制由来已久，分布于诸多行业的各类工匠大师，几乎都是传统学徒制的成果。即使在中华人民共和国成立后，也能够在国防军工和广大民用工业领域保持较高的技术水平和制造能力。传统学徒中已经有一批顶尖人才成长为"大国工匠"。但是，传统学徒制显然不能满足从制造大国迈向制造强国的大批量人才需求，将传统的学徒培养与现代职业教育紧密结合的现代学徒制，是弥补这一缺陷、培养高技能人才的必然选择。

职业教育的初衷就是培养工匠，然而受限于僵化的管理体制和运行机制、呆板的教学方式、落后生产实际的课程内容、远离实践的师资队伍，其人才培养的结果难以符合社会经济发展的需求。相比传统职业教育，现代学徒制的基础是校企深度融合、工学交替、岗位育人，磨炼学生的实际操作技能，这正是工匠精神的根本。

让名师巧匠和学生建立师徒关系，在真实的工作环境、任务规则下言传身教，通过情感交流和行为感染培养学生的耐心、专注、坚持等品质，这就是现代学徒制的价值所在。唯有如此，才能培养出学生对职业的敬畏、对技艺的执着，形成敬业乐业的神圣感和使命感。

当然，从试点到全面推广，现代学徒制还有很长的路要走。

宏观层面上，需要政府完善顶层设计，制定国家层面的政策法规，出台对参与企业用工、税收等方面的优惠政策，促进地方政府和行业组织进行积极有效的管理和运行保障，解决教育主管部门不能对企业进行足够约束的难题。

中观层面上，需要教育主管部门和各政府职能部门在服务机构、专项资金上给予支持。

微观层面上，需要各职业院校创新校企合作人才培养的体制和机制，建立适应现代学徒制的课程体系、双师队伍、教学质量评价体系，完善双身份学生管理制度，保障人才培养质量，加大对学生家长、用人单位的宣传，使现代学徒制真正得到全社会的参与和认同。同时必须注意，推广现代学徒制本身也需要创新意识、工匠精神。必须精选专业、精选合作学校和企业，不断创新完善制度等，千万不要盲目追求规模，大干快上。职业教育改革的目的是培养具有创新意识工匠精神的高素质技术技能人才，现代学徒制是实现这一核心目标的最佳途径。

第三节　大学生如何提升创新能力

虽然创新能力具有普遍性，人人都具有创新的潜力，但是大学生也需要有意识地开发自己的创新潜力，培养创新能力。当今时代对创新能力的要求越来越高，大学生只有不断培养和提升自己的创新能力，才能在迎接挑战的过程中把握机遇。大学生一般可通过配合学校教育、接受社会引导和有意识地提升自我这 3 个途径来培养创新能力。

一、配合学校教育

学校是教育的主导者，也是当前培养大学生创新创业能力，实施创新教育的主力军。创新教育是当前高校教育工作的重点之一，学校创新教育工作主要涉及课内、课外两个方向。

1. 课内

课内主要指课堂教育。课堂教育是学校教育的基础。各高校纷纷开设了创新类课程，教授学生关于创新的系统性的理论知识，并根据课程设计对大学生进行创新训练，锻炼大学生的观察能力、联想能力、合作能力、分断能力等各项创新能力。

2. 课外

许多高校设计了多项课外创新实践活动，这也是对课堂教育的积极补充。例如，鼓励大学生参与创新创业大赛，为大学生提供举办、组织和参与各项文娱活动与课外教学活动等的机会，帮助大学生走出教室，将课堂上的知识应用于实际，锻炼大学生的创新思维能力与动手能力。

大学生应当全力配合学校的创新教育活动，抓住这些实践活动机会，在锻炼中不断提高自己的创新能力。

二、接受社会引导

社会正在积极营造一种正视创新、鼓励创新、支持创新的氛围，通过讲座、海报、展览等方式宣传创新，积极提倡和鼓励大学生广泛参与创新。除此之外，一些企业和社会组织也参与到创新引导中，通过各种奖励、补贴及活动来推动社会创新。大学生要积极关注，主动参与到这些活动中来。

知识链接

近年来，党和国家非常重视创新创业，各地政府也不同程度地开展了免费的创新创业培训，大学生创业者应该积极地向当地政府部门、就业部门了解这些培训活动并积极参与，从而提升自己的创新创业意识和能力。

阅读材料

文化、创意与产业的融合

2020 年 8 月，为落实《国务院关于推进文化创意和设计服务与相关产业融合发展的若干意见》（国发〔2014〕10 号）要求，深入贯彻党的十九大精神，坚持文化自信，坚持守正创新，坚持中华传统文化创造性转化、创新性发展，推动文化创意和设计服务与相关产业深度融合，四川省图书馆面向全社会征集文创创意产品，举办了 2020 文创设计大赛。

大赛设置"全场创意大奖"，奖金 3 万元，还有若干一等奖、二等奖、三等奖、优秀入围奖、网络人气奖等。参赛作品可围绕六大主题——"四川省首批及第二批十大历史文化名人"、以三星堆、九寨沟、大熊猫为代表的四川优秀文化为题材的天府"三九大"、以四川省图书馆书籍与阅读为题材的"书香四川"、以成都中医药大学疫情防治典籍为题材的"众志成城，抗击疫情"、以"扎染"为题材的 2020 精准扶贫收官年的礼赠、以四川省图书馆"馆藏遗迹"为题材的馆藏建议，以及"图书馆＋科技"5G 数字文创加分主题进行。参赛作品可涵盖漫画书籍、文具、伴手礼及其他类，材质不受限，并倡导环保理念，鼓励系列化作品参赛。

这类创意设计大赛还有很多，如"紫金奖"文化创意设计大赛、"这礼是成都"成都博物馆文化创意产品设计大赛等，这些大赛都为大学生创新能力的提高提供了机会。

分析：不管是企业发展还是社会进步，都需要创新型人才。为体现对创新的重视，许多地区也开展了有关创新的各项活动和比赛，大学生可以酌情选择适合参赛的项目，以培养自己的创新能力。

三、有意识地提升自我

大学生是实施创新活动的主体，因此，大学生可以从提升自我的角度去培养创新能力，主要可以从以下几个方面入手：

1. 树立正确的创新观

创新观是人对创新的认识和评价，对大学生创新活动具有指导作用。大学生要认识到，创新是核心竞争力，无论是国际竞争，还是个人人生中的竞争，都是"惟创新者进，惟创新者强，惟创新者胜"。大学生应正确意识到创新的深刻作用，认识到创新的价值和方法，积极进行创新活动。

2. 重视知识积累

知识是创新的基础，能为创新提供方法理论的指导。大学生需要丰富自身的知识储备，完善自身的知识结构，这样才能更好地进行创新活动。

3. 注重单项能力的培养

创新能力是多种能力的复合，大学生要通过参加实践活动着重培养自己在发现问题、处理信息、构思创意、解决问题等方面的能力。

4. 提高发现问题的能力

生活中从来不缺少问题，而是缺少发现问题的眼睛。创新能力的提升离不开观察力的培养，大学生只有在日常生活中做到多听、多看、多问，才能发现问题并找到解决问题的方法。

5. 提高处理信息的能力

当今社会是一个信息化的社会，如何快速获取最新、最有效的信息，对大学生而言非常重要。创新者通常有敏捷的思维，能够快速识别和发现问题，甚至会不断开发新点子并进行试错尝试，而高效处理信息的能力无疑能加快创新进程。大学生可以通过圈点、勾画新知识，练习构建思维导图、知识框架或提纲等方式，来锻炼自己的信息处理能力。

6. 提高构思创意的能力

创意是创新的灵感来源，是创新的必备条件之一，大学生通过主动训练自己的记忆力、想象力等，可有效提高创意思维能力，培养创新能力。

7. 提高解决问题的能力

创新也是一个解决问题的过程，因此，大学生要有意识地提高自己解决问题的能力。例如，主动尝试解决生活中的问题。这一般要求大学生在发现问题后，对问题的现状及解决方法进行全面分析和评估，在当前状态下，确定解决问题的最优方案，并判断和论证该方案的合理性。

> **知识链接**
>
> 创新能力不局限于以上几方面，除此之外，还有分析能力、组织协调能力等，而且要求大学生将之付诸实践活动。因此，创新能力还包括实践能力。实际上，创新往往在实践中产生，建议大学生多参与创新实践活动，在实践活动过程中全面发展自我。

> **阅读材料**
>
> **随车水壶**
>
> 有一次，IDEO 公司接到了一份设计自行车"随车水壶"的委托。设计小组没有选择闭门造车，而是在每周三晚上前往斯坦福大学的小山丘上观看骑手们骑车，希望借此了解水壶该怎样设计才能方便骑手在骑车时使用。
>
> 设计小组观察到骑手骑车时，眼睛必须目视前方，想在骑行过程中饮水，只能一只手握把，另一只手从水壶架上拿起水壶，用牙齿咬开壶盖，喝完后再把水壶塞回水壶架，非常麻烦。
>
> 设计小组立即想到可以将水壶底部变窄并在壶身绕上橡皮圈，这样就能让骑手很方便地拿取与紧握水壶。同时，原来的水壶需要骑手用嘴咬开盖子，既不方便，又不卫生，可要是不盖壶盖，水又会洒出来，要怎样才能使骑手便捷地喝到水呢？设计小组犯了难，试了很多种方法都不满意，于是从其他行业寻找答案，希望能够找到一个"自动的液体阀门"，这种阀门在平常能够关闭，在受到一定刺激时则会打开，将这种阀门运用到水壶嘴上就能够解决壶盖的问题。
>
> 最终设计小组在心脏的三尖瓣上受到了启发，三尖瓣是心脏右房室口的 3 个三角形瓣膜，作用是使血液固定由右心房向右心室方向流动而不会逆流。设计小组将一片橡胶切成"X"状作为壶嘴，水流平常无法通过这个壶嘴，但是骑手只需挤压壶身，气压就会让"X"状壶嘴张开，使水能够流出。

现在，骑手们在骑行过程中只需要单手取出随车水壶，将壶口放到嘴边稍一挤压就可以喝到水。

分析： 随车水壶的创新过程中，设计小组成员们先是通过敏锐细致的观察找到了要解决的问题，然后运用强大的分析能力、想象能力、实践能力及组织协调能力，完成了随车水壶的设计，体现了多种创新能力。

第四节 实践训练

1. 你认为下列行为哪些属于创新？说说你的理由。

1）刘某发现了一条离图书馆更近的路。

2）张某为自己的短袖加上涂鸦，并对短袖做了部分剪裁。

2. 从享誉世界的我国古代四大发明——造纸术、指南针、印刷术、火药，到如今由"一带一路"沿线 20 国青年评选出的"新四大发明"——高铁、支付宝、共享单车和网购，我国再次以创新精神向世界展示自己的发展理念。创新对企业变革、社会进步、国家发展具有重大意义。试从这些角度谈谈你对创新重要性的认识，以加深对创新的理解。

3. 请从发现问题的能力、处理信息的能力、构思创意的能力、解决问题的能力 4 个方面分析和评估自己的创新能力，仔细思考并在表 1-1 中填写自己各方面能力的优势和劣势。通过认真分析和评估，找出自己还需要改进的地方，以提升自己的创新能力。

表 1-1　创新能力分析和评估

发现问题的能力	处理信息的能力	构思创意的能力	解决问题的能力

4. 阅读以下材料，回答问题。

肖猛在大学毕业后和几个志同道合的朋友一起创业，开发某软件的移动客户端。在他们做这个项目时，国内市场上已经有了几款不错的同类产品，并且这些产品的市场占有率不算低。不过他们并不觉得晚，因为在知识经济时代，任何一个厂商都不可能占据绝对垄断的地位，只要一款产品没有过时并且还没有达到极致，那么它就还有创新的空间。

在随后的 6 个月中，肖猛和他的团队也确实做到了创新。他们对官方客户端存在的相关问题做了总结。首先，官方客户端的标识太单调，而且界面较老气。其次，在操作上，官方客户端不够流畅，原因是官方客户端的加载方式是一次性的，也就是说，一个页面如果有 50 条内容，那么这 50 条内容就是同时加载的。肖猛的团队对此进行了创新，在不转换页面的情况下，一次只加载 10 条内容，同时将有图片的内容进行特殊压缩，从而使加载速率大大提高。

此外，他们在用户界面中不采用图片作为表现形式，而是使用色块，这样内容在加载的时候，就只需加载代码而非图片文件，这也能够帮助移动客户端用户节省流量。这款移动客户端推出后，迅速获得了广大用户的欢迎，下载量飙升，而肖猛的团队也顺利获得了投资。

不过他们很清楚，他们的创新不可能止步，因为每一天都可能会有成百上千的人模仿甚至抄袭他们的创意，他们只有不断创新才能赢得这场赛跑，让自己始终处于领先的地位。

1）你如何看待肖猛团队的成功？

2）你认为大学生可以从哪些方面来提升自己的创新能力？

第五节　创业故事汇

不断创新的工人楷模

2011年，在新华网访谈室与网友在线交流时，许振超说："咱当不了科学家，但可以做个能工巧匠。""干活不能光用力气，还要动脑筋，干一行，就要爱一行，精一行。"如今，70多岁的许振超已是青岛前湾集装箱码头有限责任公司工程技术部固机高级经理，现任全国人大社会建设委员会委员、中华全国总工会兼职副主席，曾被评为"全国优秀共产党员""100位新中国成立以来感动中国人物""最美奋斗者"，被誉为新时期产业工人的杰出代表。

1950年，许振超出生在一个普通的工人家庭。1974年到青岛港当了一位码头工人，操作当时较先进的机器之一——门机，勤学苦练后，他7天就掌握了方法，成了一起学习的工人中第一个可独立操作的人。后来在将矿石装到火车的作业中，他发现矿石装多了，工人需要扒拉出去，矿石装少了，货主又不干。为了提高工作效率，他经常练习停钩、稳钩，以使门机钩头起调平稳，正好装满一车，就此练就了"一钩净"的绝活。后来又为了散粮装火车不撒漏，他通过吊水练习走钩头练就了"一钩净"的绝活，降低了装卸工的劳动强度，大家都愿意和他搭班。

随着改革开放、对外贸易的发展，许振超成了青岛港第一批吊桥司机。据许振超回忆，当时他看到了工人面临的发展机会，但又觉得自己掌握的知识和技术还差得很远。为此，他又继续钻研业务。1984年，许振超又有了新的改革成果。由于桥吊作业有一个高、低速减速区，减速早了装卸效率下降，减速太迟又影响货物装卸安全，于是他带上测试表反复测试，终于成功地将减速区调到最佳位置。以前一台桥吊一小时吊14～15个集装箱，改革后能吊近20个集装箱，作业效率提高1/4。1987年，许振超又创出2小时卸载120个集装箱的纪录，而当时青岛港的装卸纪录为每小时30多个集装箱。但随后的一件事刺痛了许振超，让他不仅想要开好桥吊，还想做更多的事。一次，桥吊坏了，国内没有人会修，外国专家到来后，不允许港口工人看维修过程。外国专家干了12天便拿走了4.3万元人民币，相当于许振超10年的工资。

许振超开始自学，苦练技术，逐渐成长为一名学习型、创新型、充分掌握现代技能的新时期优秀产业工人。后来许振超不仅研究桥吊构造，帮助维修，还成功练就了"无声响操作"的绝活，并在担任桥吊队队长后，在新岗位上迅速带出了一支"技术精、作风硬、效率高"的优秀团队，开发完成了集装箱岸边智能操作系统，在世界集装箱码头率先实现集装箱作业"桥板头无人"，完成了业界首创"无动力自动摘锁垫"项目，打造了"48小时泊位预报、24小时确报"服务品牌，先后8次刷新集装箱装卸世界纪录。

"振超效率"产生了巨大的品牌效应，青岛港在世界航运市场的知名度越来越高。时至今日，"振超效率"仍名扬四海、享誉全球，是青岛港的一面金字招牌。

（材料改编自青岛日报《许振超　新时代产业工人的楷模》）

【案例启发】

同学们，看完许振超的创业故事，请结合所学的知识，谈一谈你的感受和启发。

第二章

创新思维及创新方法

【学习目标】

1. 掌握创新思维的含义和特征。
2. 了解创新思维与一般思维的区别。
3. 掌握突破创新思维的障碍的方法。
4. 理解创新思维的培养过程和常见的创新方法。

【能力目标】

1. 合理运用创新思维突破困境。
2. 加强创新思维的训练和运用，并将其运用于创新实践活动中。
3. 积极参加大学生创新创业活动。

【案例导入】

　　广告，广告，广而告之。平面广告得有内容，广播广告得有声音，电视广告得有画面，这是大家的习惯性思维。某银行新开业，想迅速打开知名度，于是选择在电台做广告。一般做法是宣传一下，搞个大促销，或者请个名人推广，但他们没有采用其他银行开张宣传使用的方法。他们认为要想快速获得知名度，就得出位，明显的差异化才会赢得关注。于是他们买断该城市各电台的黄金时段10秒钟，向人们提供沉默时间。他们是这样宣传的："听众朋友，现在开始播放，由本市国际银行向您提供的沉默时间。"

　　然后所有电台都在这一段时间沉默，听众被这莫名其妙的10秒钟激起了兴趣，纷纷开始讨论，各大媒体也争相报道，成了热门话题。这个沉默时间以自己的不说话唤起所有人说话。

　　这家银行彻底打破了惯性思维，告诉世人，广播广告不一定必须说话出声。这个年代永远是创新者走在前端，更易于进入公众的视野，获得更多的机会。

【案例思考】

1. 思考什么是惯性思维？
2. 谈一谈，为什么说这家银行打破了惯性思维？

第一节 创新思维

一、创新思维的含义

创新思维是指以新颖独创的方法解决问题的思维过程，通过这种思维能突破常规思维的界限，以超常规甚至反常规的方法、视角去思考问题，提出与众不同的解决方案，从而产生新颖的、独到的、有社会意义的思维成果。

创新思维不是创意，更不是创造力。创新思维运行的过程就是创意的认知过程，创意输出的过程就是创造力产生的过程。也就是说，创新思维是创意的组成部分，也是创造力产生的"工具"。因此，创新思维是在抽象思维和形象思维的基础上和相互作用中发展起来的，抽象思维和形象思维是创新思维的基本形式。

阅读材料

巧移钟王

北京大钟寺（觉生寺）的大钟，有四十多吨重，号称"钟王"。这是明朝皇帝朱棣为了防止民众造反，派军师姚广孝收集老百姓的各种兵器后铸就的。不知是什么原因，这口大钟沉到了西直门外万寿寺前面的长河的河底。几百年后的一天，一个打鱼的老汉发现了河底埋的这口大钟。清朝皇帝得知此事后，下令将这口钟打捞上来，并挪动到觉生寺，然后再修建一个大楼来悬挂这口大钟。从河底把大钟打捞上岸虽非易事，但经过一番努力，总算克服了困难。但要把这几十吨重的大钟挪动到觉生寺去，却谁也想不出一个可行的办法来。

大钟是夏天捞出来的，直到秋天还没有人想出主意。有一天，参与此事的一个工头和几个工匠在工棚里喝闷酒。工棚内只有一块长长的石条当桌子用，大伙就围坐在石桌旁。这时天正下雨，从棚顶上漏下来的雨水滴了不少在石桌上。坐在石桌这一头的一个工匠叫坐在另一头的一个工匠再给他倒一盅酒。酒倒好后，由于大伙手上有水，在传递时没留神把酒盅给弄翻了，引得大伙连声抱怨："太可惜了！太可惜了！"这时，一个工匠很不耐烦地说："何必用手传呢！石桌子上有水，是滑的，轻轻一推不就推过去了。"坐在旁边的一个平时很少说话的工匠沉思了片刻，然后将石桌子一拍，大叫起来："有啦！有啦！挪动大钟有办法啦！"这个工匠想到的办法是：从万寿寺到觉生寺，挖一条浅河，再放进去一二尺（1尺≈33.33厘米）深的水，河里的水结冰后，不用费多大力气便能将大钟从冰上推走。后来人们就采用这个办法将大钟从万寿寺挪动到了觉生寺。

分析：这个工匠思考问题运用了形象思维中联想思维的方法。大钟虽然比酒盅不知要重多少倍，可它们都是在光滑平面上不用多大的力量就能推走。在这一点上，它们遵循着共通的物理规律，有相同的力学基本原理起作用。因此，二者有相似之处，通过运用联想思维由此及彼地想出来解决问题的办法。

由此可知，突破常规思维的界限，提出与众不同的方案来解决问题，就是创新思维。

二、创新思维的特征

1. 多向性

创新思维不受传统的单一的思想观念限制，思路开阔，从全方位提出问题，能提出较多的设想和答案，选择面宽广。思路若受阻，遇有难题，能灵活变换某种因素，从新角度去思考，产生适合时宜的新办法。

2. 独创性

创新思维活动是新颖的独特的思维过程，它打破传统和习惯，不按部就班，解放思想，向陈规戒律挑战，对常规事物怀疑，否定原有的框框，锐意改革，勇于创新。在创新思维过程中，人的思维积极活跃，能从与众不同的角度提出问题，探索开拓别人没认识或者没完全认识的新领域，以独到的见解分析问题，用新的途径、方法解决问题，善于提出新的假说，善于想象出新的形象，思维过程中能独辟蹊径、标新立异、革新首创。

3. 综合性

创新思维能把大量的观察材料、事实和概念综合在一起，进行概括、整理，形成科学的概念和体系。创新思维能对占有的材料加以深入分析，把握其个性特点，再从中总结归纳出规律。

4. 联动性

创新思维具有由此及彼的联动性，是创新思维所具有的重要的思维能力。联动方向有三个：一是纵向，看到一种现象，就向纵深思考，探究其产生的原因；二是逆向，发现一种现象，则想到它的反面；三是横向，能联想到与其相似或相关的事物。总之，创新思维的联动性表现为由浅入深，由小及大，触类旁通，举一反三，从而获得新的认知、新的发现。

5. 跨越性

创新思维的思维进程带有很大的跨越性，具有明显的跳跃性和直觉性。

三、创新思维与一般思维的区别

创新思维，就是可以更多面、更多变得看待同一事物，产生不同的想法，比一般思维更有前沿性，更有创造能力。创新思维之所以有别于一般思维而成为一种新的思维形式的主要特点是，思维形式的反常性，思维过程的辩证性，思维空间的开放性，思维成果的独创性和思维主体的能动性。

1. 思维形式的反常性

思维形式的反常性又经常体现为思维发展的突变性、跨越性或逻辑的中断，这是因为创新思维主要不是对现有概念、知识的循序渐进的逻辑推理的过程和结果，而是依靠灵感、直觉或顿悟等非逻辑思维形式。

阅读材料

居里夫人

居里夫人在深入研究铀射线的过程中，凭直觉感到，铀射线是一种原子的特性，除

铀外，还会有别的化学元素也具有这种特性。于是，她决定检查所有已知的化学元素，不久就发现另外一种化学元素——钍也能自发发出射线，与铀射线相似。居里夫人提议把这种特性叫放射性，铀和钍这些有这种特性的化学元素就叫放射性元素。她又开始测试矿物的放射性，最终在一种不含铀和钍的矿物中检测到了新的放射性，而且这种放射性比铀和钍的放射性要强得多。于是，她大胆地猜测：这些矿物中一定含有一种放射性物质，它是至今还不为人知的一种化学元素。有一天，她抑制住激动的心情对布罗妮雅说："你知道，我不能解释的那种放射性，是由一种未知的化学元素产生的……这种化学元素一定存在，只要去找出来就行了！我确信它存在！我跟一些物理学家说过，但他们都以为是我的试验搞错了，并且劝我谨慎。但是我深信我没有弄错。"在这种信念的驱动下，居里夫人终于和她的丈夫一起发现了新的放射性元素——钋和镭。

2. 思维过程的辩证性

思维过程的辩证性主要是指它既包含抽象思维，又包含非逻辑思维；既包含发散思维，又包含收敛思维；既有求同思维，又有求异思维，等等。创新思维实际上是各种思维形式的综合体。

阅读材料

苏格拉底的悖论

有一天，苏格拉底遇到一个年轻人正在向众人宣讲"美德"。苏格拉底就向年轻人去请教："请问，什么是美德？"

年轻人不屑地看着苏格拉底说："不偷盗、不欺骗等品德就是美德啊！"

苏格拉底又问："不偷盗就是美德吗？"

年轻人肯定地回答："那当然了，偷盗肯定是一种恶德。"

苏格拉底不紧不慢地说："我在军队当兵时，有一次接受指挥官的命令深夜潜入敌人的营地，把他们的兵力部署图偷了出来。请问，我这种行为是美德还是恶德？"

年轻人犹豫了一下，辩解道："偷盗敌人的东西当然是美德，我说的不偷盗是指不偷盗朋友的东西。偷盗朋友的东西就是恶德！"

苏格拉底又问："又有一次，我一个好朋友遭受了天灾和人祸的双重打击，对生活失去了希望。他买了一把尖刀藏在枕头底下，准备在夜里用它结束自己的生命。我知道后，便在傍晚时分溜进他的卧室，把他的尖刀偷了出来，使他免于一死。请问，我这种行为是美德还是恶德啊？"

年轻人仔细想了想，觉得这也不是恶德。年轻人很惭愧，他恭恭敬敬地向苏格拉底请教什么是美德。

3. 思维空间的开放性

思维空间的开放性主要是指创新思维需要从多角度、全方位、宽领域考察问题，而不再局限于逻辑的、单一的、线性的思维，形成开放式思维。

阅读材料

登山者

有一位优秀的年轻人，非常想要在各个方面都比别人强。但是几年过去了，他的各个方面都不错，就是学业没有什么长进。

他很焦虑，便去拜访一位大师。大师却跟他说："我们去登山吧，到山顶你就知道该怎么做了。"

在登山的路上，有许多圆润的小石头，特别好看。每当年轻人见到十分喜欢的小石头，大师就让他装到袋子里背着，但是很快他就吃不消了。

这位年轻人抬起头凝望着大师说："大师，再背一些石头，别说到山顶了，恐怕我连动一动的力气都没有了。"

大师微微一笑："该放下啦，背着石头怎么可以登上顶峰呢？"

年轻人豁然开朗，向大师道谢后走了。

通过这个小故事，大家受到启发了吗？

4. 思维成果的独创性

思维成果的独创性是创新思维的直接体现或标志，常常具体表现为创新成果的新颖性及唯一性。

阅读材料

飞机的发明

莱特兄弟从小就对机械装配和飞行怀有浓厚的兴趣，他们最初以修理自行车为生，但兄弟俩聪明好学，从1896年开始，他们就一直热心于飞行研究。通过多次研究和实验，他们很快得出一个结论：要解决飞机操纵这个悬而未决的关键问题，必须装上某种能使空气动力学发挥作用的机械装置。按照这一想法，他们在基蒂霍克沙丘上空对载人滑翔机进行了无数次的试验之后，他们的梦想终于变成了现实。

莱特兄弟在1903年制造出了第一架依靠自身动力进行载人飞行的飞机，那是一架普通双翼机，它的两个推进式螺旋桨分别安装在驾驶员位置的两侧，由单台发动机链式传动。1904年，他们制造出了装配有新型发动机的第二架飞机，在霍夫曼草原进行试飞，最长的持续飞行时间超过了5分钟，飞行距离达4.4千米；1905年，他们又试验了第三架飞机，这次持续飞行了38分钟，飞行距离达到了38.6千米。

1906年，莱特兄弟的飞机在美国获得了发明专利。最初，莱特兄弟发明的飞机并没有得到美国政府和公众的重视与承认，直到1907年还被人们所怀疑，反而是法国于1908年首先给他们的成就以肯定的评价，从此掀起了席卷世界的航空热潮。莱特兄弟也终于在1909年获得美国国会荣誉奖。同年，他们创办了"莱特飞机公司"。

5. 思维主体的能动性

思维主体的能动性表明了创新思维是创新主体的一种有目的的活动，而不是客观世界在人脑内简单、被动的直映，充分显示了人类活动的主动性和能动性。

阅读材料

吸油泵的诞生

一位著名的发明家讲述他发明吸油泵的经过如下：

1942 年，我正在麻布中学读二年级，发明吸油泵是为了孝敬我的母亲，向她表示我的爱和孝心。

在冬季一个冰冷的早晨，我看见母亲在厨房里，双手抱着一个 1800 毫升的玻璃酱油瓶，向桌上的小瓶子里倒酱油。

现在使用的酱油瓶均改成了手拿方便的体积小的瓶子，那时却是又大又重的玻璃瓶，瓶口上也没有现在的注出口，所以对一个妇女来说，向小瓶子里倒酱油不是一件轻松的事。冬天，厚厚的玻璃制成的大瓶子，连同里面的酱油一起被冻得冰冷，母亲的那双手不断地颤抖，酱油洒了一桌子，小瓶子里却没装进去多少。母亲弯着腰、低着头，努力地做着这件艰苦的事情，我看见她蜷缩的身影，心里很激动。平日里我一直想为母亲做一点事，帮她的忙，这时我想：为了让母亲少受些苦，为了让她能够轻松地将小瓶装满酱油，我一定要想一个好办法。于是我去图书馆，读了许多书，查了一些资料。

在学习流体理论和原理的过程中，我了解了流体力学的虹吸现象，找到了解决问题的关键所在。

这个理论根据就是：当流体在管道内从高处向低处流动时，尽管中间有一段高出液体平面的管路，但一旦液体开始流动，液体就会不停地向低处流动，这一现象就是虹吸现象。当然只有这一点还是不够的。当用管子吸取大瓶里的酱油时，必须想办法把酱油吸到逆 U 形的管子的最高处，再使之向另一端的低处流，才能形成虹吸，才能使酱油自动流入小瓶。向低处流的下坡是不成问题的，困难的是如何才能把酱油吸到管子的顶点，也就是爬坡的问题。当然也可以像一般人所想象的那样，用嘴吸管子一端，将酱油吸过顶点后，再迅速地将管口插入小瓶。但是用嘴吸的时候，轻重很难控制，很容易把酱油吸到嘴里或洒到外面。

难道没有好的办法吗？有一天我正在为这事冥思苦想的时候，目光突然落在桌子上自来水笔的墨水吸取管上，眼睛一亮，来了灵感。我上中学的时候，所使用的自来水笔与现在的不一样。向自来水笔里灌墨水的方法是：用一个带橡皮球的玻璃吸管从墨水瓶吸取墨水后，再注入自来水笔内。这种自来水笔现在几乎已经见不到了，很多人都不知道。

在这里我想简单地介绍一下这种墨水吸取管。吸取管由一端细一端粗的玻璃管和一个连在粗端的空心橡皮球构成，这是那时使用自来水笔必不可少的东西。将不带橡皮球的玻璃管细端插入墨水瓶，用手将橡皮球捏扁，松开手，墨水就会被吸入玻璃管中。再将细端插入自来水笔的上端，捏扁橡皮球，墨水就会注入笔内。这个墨水吸取管触发了我的灵感，让我找到了解决问题的方法。不用嘴吸管子口，也能把液体吸上来！

于是我把吸取管的橡皮球取下来，再将一根喝汽水用的塑料管弯成 U 形，在中间开了一个洞，把橡皮球用胶水固定在吸管的洞口上。但是单这样做并没有成功，并没有把液体吸上来。经过试验和思考，我明白了在吸管上必须有两个单方向通行的活瓣。经过多次的改造、试验，克服了许多困难，终于成功地使吸上来的液体不再倒流回去，能顺利地连续流动了。

由此，自动吸油泵诞生了。

第二节 创新思维的障碍

一、思维障碍的含义

当代心理学家认为，思维是人脑对客观事物概括的、间接的反映。从字面上理解思维的含义，思表示的是思考，维表示的是方向，思维可以理解为沿着一定方向进行思考。人的大脑思维有一个特点，就是一旦沿着一定的方向、按照一定的次序思考，久而久之，就会形成一种惯性。也就是说，如果这次按照这样的方法或思路解决了一个问题，下次遇到类似的问题或表面看起来相似的问题，不由自主地还是沿着上次思考的方向或次序去思考，这种情况就称作"思维惯性"。就像物理学里的惯性一样，思维惯性也很顽固，是不容易克服的。如果对于自己长期从事的事情或日常生活中经常发生的事物产生了思维惯性，多次以这种惯性思维来对待客观事物，就形成了非常固定的思维模式，即"思维定式"。思维惯性和思维定式合起来，就称为"思维障碍"。一方面，思维障碍有着巨大好处，它使得人们的学习、生活、工作简洁和明快，社会高度有序化。另一方面，思维障碍的固定程序化等模式又阻碍科技发展，尤其是在创造活动中，思维障碍阻碍了人们创造性地解决问题，对于创新是非常不利的。

二、常见的思维障碍

1. 习惯性思维障碍

习惯性思维障碍又称思维定式，通俗地说就是"习惯成自然"。它是指人们常常沿用一种思路或固定的思维方式，去考虑同类问题。习惯性思维几乎人人皆有，可以说是一种常见现象。但是这种思维一旦成为固定不变的"老套套""老框框"，就会束缚人的思维，使人发现不了新的问题，想不出来新的解决方法，从而构成创造的心理障碍。

阅读材料

小镇的故事

有这么一个小镇，路上过往的车辆非常多，一个商人就此发现商机，于是在小镇上开了一个加油站，生意可谓是异常火爆。而看到这番景象后，第二个商人也在镇上开了一个加油站，从而夺走了第一个加油站的不少生意。后来，第三个商人也在镇上开了个加油站，接着第四个、第五个。最终，这几个加油站形成了激烈的竞争，从而让每个加油站都陷入亏损状态。

而在另一个小镇上，一个商人同样是开了个加油站，生意也算火爆。而看到在加油站停留的人多了之后，第二个商人就在旁边开了一家便利店，生意同样火爆。后来，第三个商人看到后，直接在这里开了一家餐厅。久而久之，这个小镇就变得尤为繁华。

要善于打破"惯性思维",一味地模仿、走他人的路,那只会将自己的路堵死。如果完全依赖过去的经验,我们就容易产生错误的判断。尤其在当今社会,世界日新月异,我们不能完全依照过去的经验来判断未来。过去经验的积累导致了我们思维上的一种定式。因此有这样一句话:过去的经验既是我们的财富,其实在某种程度上又成为我们的包袱。

习惯性思维并不都是有害的。对于有些简单的问题,如日常生活中的小事,按照习惯性思维去行事,可能会节省时间,或者少费脑筋。例如早上起来是先洗脸还是先刷牙,每个人有每个人的习惯。即使是某些数学运算,有时按照传统的经验、习惯,也可以较快地完成运算。

人的思维不仅有惯性,还有惰性。对于比较复杂的问题,如果仍按照习惯性思维如法炮制,就会出现错误。当面对新的问题一筹莫展时,就要学会打破习惯性思维障碍,主动去寻求新的思维方式。

突破习惯性思维,从表面上看似乎很简单,很容易操作,但人的头脑往往会因为陷入经验主义而逐渐僵化,意识不到自己已被习惯性思维所束缚,因而往往无法使用这种单纯的突破性思考方法。

2. 直线型思维障碍

直线型思维是一种单维的、定向的、视野局限的、思路狭窄的、缺乏辩证性的思维方式,但同时也被认为是以最简洁的思维历程和最短的思维距离,直达事物内蕴的最深层次的一种思维方式。由于人们在解决简单问题时只需用一就是一,二就是二,或因为 $A = B$、$B = C$,所以得出结论 $A = C$,这样直线型的思维方式就可以奏效,所以往往在解决复杂问题时仍用简单的非此即彼或者按顺序排列的直线的方式去思考问题。在学习时,虽然也遇到过稍微复杂的数学问题、物理问题,但多数情况下是把类似的例题拿来照搬。对待需要认真分析、全面考虑的社会问题、历史问题或文学艺术等方面的问题,往往是死记硬背现成的答案。久而久之,就形成了直线型思维障碍。

3. 思维定式障碍

思维定式有三种类型:从众型、权威型、经验型。

(1)从众型惯性 从众型惯性是指人们在思维活动过程中,没有或不敢坚持自己的主见,总是顺从绝大部分人的意志。这是一种普遍存在的心理现象。要想打破从众心理,人们就需要在思维过程中不盲目跟从,并具备一定的心理抗压能力,有独立的思维意识。俗话说,真理总是掌握在少数人手里,走别人没走过的路,就向成功迈出了一大步。

(2)权威型惯性 在日常生活中,大部分人都习惯引证权威的观点,甚至将权威观点作为判断事物是非对错的唯一标准,一旦发现与权威相违背的观点,就立即将其否定,这就是权威型惯性。权威型惯性的形成,主要源于以下两方面:

1)儿童在成长过程中所接受的"教育权威"。

2)由于社会分工不同和知识技能的差异所导致的"专业权威"。

事实上权威也是会犯错误的,如过去有许多科学家都曾预言飞机不能上天,从当今的发展来看,这些权威预言显然是错误的。

(3)经验型惯性 经验型惯性是指人们在实践中获得的主观体验和感受,是人们对个别事物的表象或外部联系的感性认识。但对创新而言,经验会使人形成思维惯性,难以创新,并阻碍问题的解决,如"刻舟求剑"这个典型例子。

4. 求稳情绪思维障碍

求稳情绪思维障碍指的是追求稳定，内心深处不敢冒险。机遇往往与风险并存，问题是，首先我们要敢于冒险，其次才是如何识别风险，进而防范风险。求稳情绪已深深扎根于绝大多数人的心中，所以创新乏力。

5. 麻木心理思维障碍

习以为常是人的思维本能。正是因为习以为常，人们进入了一种近乎麻木的状态，失去了对事物的好奇心。没有好奇心，很多创新就不会发生。因此，保持好奇心，是对抗麻木心理的有效措施。

6. 标准答案思维障碍

一次次考试之后，我们都在寻求标准答案，而且，潜意识里认为，什么事情都有个标准答案。标准答案意识局限了我们的思维，妨碍了我们创造力的发挥。而很多事情都有多种可能，答案不止一个。

7. 群体思考思维障碍

群体思维是团队里的一种思维方式，它的表现是：否定少数人的意见，排斥来自外部专家的建议。后果是，正确的意见往往受到压制，因为真理或是创新往往掌握在少数人手里。

三、思维障碍的突破

1. 改变思考顺序

我们思考问题时常常顺着想。顺着想能使我们较为方便地找到问题的切入点，并且顺着想也的确能帮助我们解决一些问题。但客观事物的发展是千变万化的，凡事都顺着想未必能真实地反映事物的客观规律。

一个立志于创新的人，一定要深刻认识顺着想的局限性，改变凡事顺着想的惰性。不妨从事物的对立面多考虑考虑，也就是我们说的逆向思维，很多时候逆向思维能将我们带入"山重水复疑无路，柳暗花明又一村"的境界。站在问题的对立面，能使问题解决得干净利索而充满智慧。

2. 转化思维方式

哲学的基本原理告诉我们，世界万物是普遍联系的。这些相互联系的事物是可以转化的，在创新学里我们的转化更多指的是思维方式的转化，即将直接转化为间接，将复杂转化为简单，将不可能转化为可能。

3. 拓宽思维视角

"视角"就是思考问题的角度、层面或立场。思考问题时，若仅从一个视角出发，那么得到的结论往往是不全面的。大学生训练自己的思维能力，要尽量拓宽思维视角，学会从多种角度来观察问题，从而提高发现新事物或解决问题的能力。拓宽思维视角的方法有以下三种：

（1）发散思维训练　发散思维又称辐射思维、放射思维、扩散思维或求异思维，是指人在思考的过程中，不受已经确定的规则、方式和方法的约束，思维呈现扩散状态的模式。

发散思维就像一棵树，想法就像树枝从树干向四面八方伸展出去，这样就能从多个方向、多个角度扩展思维的空间。我们在进行发散思维训练的过程中，要做到思维的流畅、变通和新颖。

（2）逆向思维训练　逆向思维是指朝着与固定思维相反方向进行思考的思维模式，它是一种从问题的对立面出发进行思考和从问题的相反面进行分析的方法。例如，我们熟知的电动吹风机和电动吸尘器就是发明者从相反的原理方向进行研究而发明的。

逆向思维的主要目标是要形成一种观念，即在思维过程中并不局限于一条思维道路，而要对客观事物从相反的方向进行分析和思考，这样才能改变传统的立意角度产生全新的见解。逆向思维的方法有如下几种：

1）对待事物，要以怀疑的眼光来看待。

2）在思考问题时，既要看到事物之间的差异，又要看到事物因存在的差异而产生的互补性。

3）要积极主动地从正反两方面进行思考，以便发现问题存在悖论的地方。

4）对问题进行分辨、评断和剖析，以发现客观事实。

（3）联想思维训练　联想是指思路由此及彼的过程，即由所感知和所思考的事物、概念和现象而想到其他事物、概念和现象的心理过程。联想思维是指在人脑内的记忆表象系统中，由于某种诱因，不同表象发生联系的一种思维活动。例如，美国工程师斯潘塞在做雷达起振实验时，发现口袋里的巧克力融化了，最后发现原来是雷达电波造成的。由此，他联想到用雷达电波来加热食品，进而发明了微波炉。

联想是一种创造性的思维活动，它可以通过对事物的对比和同化等手段把许多事物联系起来，从而加深对事物之间联系的认识，由此形成新的构想和方案。联想要求我们在大脑中为事物建立某种联系。因此，大学生创业者必须广泛实践、接触和了解事物，然后再结合思维训练，将大脑中存储的经验和知识联系起来，最后达到形成创新思维的目的。

阅读材料

实验室危机

一个化学实验室里，一位实验员正在向一个大玻璃水槽里注水，水流很急，不一会儿就灌得差不多了。于是，那位实验员去关水龙头，可万万没有想到的是水龙头坏了，怎么也关不住。如果再过半分钟，水就会溢出水槽，流到工作台上。水如果浸到工作台上的仪器，便会立即引起爆裂，里面正在起着化学反应的药品一遇到空气就会突然燃烧，几秒钟之内就能让整个实验室变成一片火海。实验员们面对这一可怕情景，惊恐万分，他们知道谁也不可能从这个实验室里逃出去。那位实验员一边去堵住水龙头嘴，一边绝望地大声叫喊起来。

这时，实验室里一片沉寂，死神正一步一步地向他们靠近。就在这时，只听"叭"的一声，只见在一旁工作的一位女实验员，将手中捣药用的瓷研杵猛地投进玻璃水槽里，将水槽底部砸开一个大洞，水直泻而下，实验室一下转危为安。

第三节　创新思维的培养

一、创新思维的形式

创新思维的形式多种多样，主要有以下几种：

1. 理论思维

理论一般可理解为原理的体系，是系统化了的理性认识。理论思维是指使理性认识系统化的思维形式。恩格斯曾指出："一个民族想要站在科学的最高峰，就一刻也不能没有理论思维。"因为理论思维具有科学性、真理性。凡是理论思维混乱，或不符合客观规律，其结果不是收效甚微，就是失败。理论思维在实践中应用较多，例如系统工程就是运用系统理论思维来处理系统和系统内各个有关问题的一种管理方法。又如有人提出的"相似论"，也是理论思维的范畴；有人见鸟有翅膀能飞，就根据鸟体几何结构与空气动力和飞行功能等相似原理发明了飞机，有人称之为"仿生学"。还有许多问题也要运用到理论思维，如对一些自然规律和社会规律的归纳和总结，对一些问题的认识和分析。所以说，理论思维是一种基本的思维形式。

2. 直观思维

直观思维一般是指在实践中，外界事物在人们大脑中产生的感觉，它具有生动性、具体性、直接性的特点，是开发人们创新思维的基础。直观思维取决于观察力、想象力和记忆力。在创造活动中，人们往往靠知识的积累程度进行创作，知识在人们头脑里储存越多，创造力的基础也越强。画家必须对自然界的颜色、标记、布局、人物、建筑等先产生直观思维，才可能进行创作。日本的松下外出时，经常带着放大镜、卷尺、计算器等各种工具，通过观察计算产生创造性直观思维。毛泽东的《人的正确思想是从哪里来的》一文，深刻地阐明了认识来源于实践，在实践中产生直观思维的道理。池田菊苗发现"味精"也是从饭桌上的黄瓜汤的直观感受中想到的。许多创造发明都是通过直观思维产生的。

3. 倾向思维

倾向思维也是一种基本思维形式，即人们在思维过程中往往是从一定的目的、倾向而进行的思维。在创造思维过程中，这种思维形式也常常被运用，一般是指创造者通过接触到某一事物，从一定倾向出发，即在思考某一问题时，或有意或无意，或正常或偶然中突然开了窍，找到了创造成功之路。人们认识事物，不完全是直线性的，有时是曲折的，甚至要反复多次才能对事物有所理解。不论何种情况，都会有"触发""媒介"的机会，会在偶然和无意中激发新的创造思路，正所谓"多思出智慧"。这种思维，也有人称之为灵感思维。在创造实践中，由于倾向思维的作用而取得成功的例子不少。这种激发往往寓于创造和创造活动之中。如俄国画家在创作一个盛怒面容的人画像时，说什么也画不好，后来看到涂有蜡油油渍的旧画，忽然从油脂污沾的奇形怪状中得到启发，使那幅怒容画获得了成功。邓禄普发明充气轮胎也是这样，他原是一名医生，看到自己的儿子骑着硬轮自行车颠簸在卵石道上，非常怕他摔跤，一直在思索能否用一种新的可以减震的轮胎来代替。一个偶然的机会，他发现充气的橡皮管既有弹性又很坚硬，于是触发灵感，成功发明了邓禄普充气轮胎。这些都说明倾向思维可以开发人们的创造能力。

4. 联想思维

客观事物都有一定的相互联系，具有各种不同联系的事物往往会反映在人们头脑里，形成各种不同的联想。联想思维就是指由某一事物联想到另一事物而产生认识的心理过程。在一般的思维过程中，联想思维也常常被运用到，如由某物想到远方的亲人或由某事想到另外的事情，这都是经常性的。联想思维对于创造发明、开发人的创造力也有很多成功的事例。例如，上海橡胶模型厂职工创新制成光电跟踪轮胎模自动绕花机的过程，就是很好的例证。

过去加工橡胶轮胎金属模全靠手工绕制，花费时间多，后来他们去参观上海船厂的自动仿样切割机时受到启发，联想到这种原理可以在绕花机上运用，后通过实践获得成功。上海灯具厂的冲床机械进给制动安全装置原采用光电控模原理，由于冲床回转惯性，存在缓冲距离，还有不可靠的因素，后来他们由火车制动的抱闸原理联想到抽键式冲床的机械部分也可改为抱闸式，使光电安全装置更可靠。后来，他们又从平面车床齿轮制动得到启发，使两种冲床在光电信号发生之后，滑块可立即在 1/3 秒内制动，在 360° 回转任意位置上均可制动，保证了安全生产。这些都是联想思维发挥的作用，这也说明联想思维能开发人的创造力。

5. 联结和反联结思维

事物的相关联结和分离，同事物内部矛盾双方或事物之间有相互依赖、相互制约、相互转化的关系。这种思维形式在创造活动中运用也很广泛，经过联结，可使一物品成为具有多种功能的新物品。例如，把电子表与圆珠笔相联结，成为带有电子表的圆珠笔；把手电筒与笔相联结，可以制成带光源的发光笔；还有既能计时又能做秒表，带有计算器和报时器的多功能表；用电炉原理与保温杯相联结而成的加热杯；连衣裙是衬衫与裙子的联结。反联结思维则是一种与联结相反的分解思维，它使两个以上相结合的物质分解，从而产生新的物质和新的用途。例如，常用雨伞柄太长，不易携带，于是就把柄分解成可以收缩的二节或三节，这就是折叠式雨伞；杂技团的独轮自行车，也是从双轮自行车分解而成的。还有一种反向思维，就是向某一物质的反方向去展开思维，如由浮在水面的兵舰向反方向思考，创造出了沉入水底的潜水艇等。

6. 形象思维

形象思维就是依据生活中的各种现象加以选择、分析、综合，然后加以艺术塑造的思维方式，在形象思维的过程中始终不脱离具体形象并包含着创造者的强烈情感。形象思维是文学、艺术创作过程中所运用的主要的思维活动和思维方式。鲁迅先生所创造的许多栩栩如生的艺术典型，如阿 Q、祥林嫂、华老栓等，都是根据现实生活中的各种人物和事件进行选择、分析、综合概括，给予艺术加工而创造出来的。形象思维在科技发明中也是经常被运用的一种思维方式。例如德国化学家凯库勒对于苯环的创造，就是在睡梦中看到一条银蛇起舞，受到启发而获得成功的。又如现代创出的千姿百态、栩栩如生的盆景也都是形象思维的结果。

7. 逻辑思维

逻辑思维与形象思维不同，它是用科学的抽象概念揭示事物的本质，表达认识现实的结果，它是人们在认识过程中，借助概念判断、推理，反映现实的过程。逻辑思维是具有严密的科学性的思维形式，它必须完全符合客观规律。这种思维能力的强弱，与知识广泛性密切相关，它直接关系到创造成果的成功率以及时间的长短。从 17 世纪德国的莱布尼茨提出数理逻辑后，经过许多人的研究，到英国罗素同怀特海合著《数学原理》时，数学逻辑就走上了蓬勃发展的道路。电子计算机的发明，就是在逻辑思维指引下创造出来的一种成果。即使是在文艺创作中，也不能完全离开逻辑思维。任何创造都不是科学家的主观臆断，而是通过观察分析、判断、推理，进行符合客观规律的逻辑思维的结果。在我们的日常生活、工作中，逻辑思维被广泛地应用着；在日益广泛的创造活动中更是有意识地、主动地使用逻辑思维这种形式培养创造能力；在研究预测、开发未来的过程中，逻辑思维能力将占有极其重要的地位。

8. 发散性思维和集中性思维

吉尔福特在"智力三维结构模式理论"中明确地把发散性思维和集中性思维作为智力操作提了出来。20世纪50年代以后，通过对发散性思维的研究，提出了发散性思维的流畅度（指发散的量）、变通度（指发散的灵活性）和独创度（指发散的新奇成分）三个维度，而这些特性是创新思维的重要内容。心理学者们编制了发散性思维测验来测创新思维，而用智力测验来测集中性思维，并逐渐把创新思维和发散性思维画上了等号，造成了把集中性思维排斥于创新思维之外的倾向。当然，在现实生活中存在只用发散性思维的创新思维，主要是指那种具有多种答案的问题。例如要求对一简短故事提出各种题目，被试者就可给出多种答案。但在大多数情况下，特别是一个新解答的问题要得到创造性地解决，必须在发散之后再进行集中，才能逐步得出正确的结论。因此，我们认为，发散性思维的确是创新思维的最重要成分，但在创新思维活动中，发散性思维和集中性思维却是一种辩证关系，二者相辅相成。

二、思维方式的培养

1. 知识是产生创新思维的必要前提

创断是建立在广博的知识基础之上的。没有厚实的知识积累，即使有了创新点子，也无法将点子转变为解决问题的方法。科幻小说中有许多相当新颖的创新思想，但限于科技知识水平，许多想法都无法实现。牛顿有句名言："如果说我看得比别人更远些，那是因为我站在巨人的肩膀上。"巨人的肩膀就是前人知识的积淀，所以培养创新思维的第一步，就是做好知识的积累。

科学的创新来不得半点虚假，没有任何捷径可走。知识基础是对前人智慧成果的集成，是形成创造力的必要条件，离开扎实宽厚的知识基础，就不可能顺利开展创新活动。现代社会的发展要求我们不能只拥有单一的学科知识，而必须拥有跨学科的知识结构。只有如此，才能以多种角度去分析问题、解决问题，也更加容易形成新思维。

2. 实践经验是创新思维的根本基础

创新源于实践。思维是在实践基础上分析综合，然后做出判断推理的过程，创新思维也离不开实践活动。从伽利略在比萨斜塔上做的"两个铁球同时落地"的著名重力实验到牛顿的"万有引力"，再到爱因斯坦的"相对论"的发展历程，我们可以看到知识是在理论—实践—理论—实践的过程中不断创新发展的。我们在工作、学习、生活中，应当注重观察细节，积累实践经验，为创新思维打下坚实的基础。

3. 多向思维法是创新思维的基本方式

对一个问题的思考，不能只从一个角度入手，要力争从众多的新角度去观察思考，以求获得更多的新认识，提出更多解决问题的新方法。当我们不能直接解决问题时，可以尝试运用逆向思维、侧向思维、求异思维、类比思维、综合（集中）思维、发散（扩散）思维、联想思维的方式，从不同的角度提出解决问题的方法。

4. 创新思维过程中应避免的几个误区

在创新思维过程中，我们应当尽量避免以下几个误区：

（1）思维过度发散，舍近求远 有一个很经典的例子：用高度表测量楼房高度的问题。实验者提出了诸如以高度表为单位，通过单摆在楼顶的摆动率计算楼房高度；将高度表从楼顶自由垂直下落，通过高度表下落所用时间计算楼房高度等十来种方法，就是没有使用高度表直接读出楼房高度的方法。虽然这只是一个体现利用发散思维解决问题的例子，但是创新思维应当尽量避免这种思维方式。我们要牢记，创新的目的就是要用最简单、最直接的方法解决问题。解决问题时舍近求远不利于创新思维。

（2）过度求新，忽视创新成本　在创新过程中，还应当避免过度求新，而忽视了创新的实现代价与实现的价值之间的关系。某些人在创新活动中一味求新，似乎不采用最新技术，不使用最新方法，就不能体现出创新水平。但是，创新毕竟还属于社会活动，与社会条件密切相关，太"超前"的创新技术，如果实现的成本太高，远超它实现的价值，就不会在短时间内得到社会的认可和应用。

阅读材料

超前的代价

20世纪90年代初，某食品厂从国外引进了一套蔬菜水果脱水技术，用来生产脱水蔬菜和水果。这种技术在当时很先进，既保存了蔬菜、水果的营养，又可以使其长期存放，照理应当很有市场竞争力。但厂家忽视了这套技术及设备的高额引进成本。由于引进成本高，产品价格超出当时人们的消费承受力，导致产品卖不出去。引进的设备长期闲置，最后成了一堆废铁。20年后，技术成熟了，脱水蔬菜、脱水水果的生产成本已接近消费者的承受力，但原来最先引进这项技术的食品厂已经从市场上消失了。

第四节　创新方法

一、创新方法的概念

创新方法是人们在创造发明、科学研究或创造性解决问题的实践活动中，所采用的有效方法和程序的总称。创新方法基于对创新思维（逻辑思维、形象思维、联想思维等）的研究，具有可操作性、技巧性、探索性和独创性等特点。

创新方法是创造学家收集大量成功的创造和创新实例后，研究其获得成功的思路和过程，经过归纳、分析、总结，找出的一些带有普遍规律性的原理、方法和技巧。它们可以供人们学习、借鉴和效仿。

知识链接

中国古代部分杰出的发明创造

在几千年前，我国劳动人民就从实践中总结出许多为世人瞩目的创造工艺和创造方法。例如商代以前的"漂絮法"，使当时的生产力得到很大提高；三国时一名叫蒲元的制刀工，创造了"淬火"工艺，制造的刀能"削铁如泥"，南北朝时期的綦毋怀文创造了"灌钢冶炼法"；北宋时期，人们根据指南针的创造原理，用磁铁制成鱼状指南针浮在水中，创造出了"水浮法"指南针；继春秋时的石刻文、北宋毕昇发明的"泥活字"法之后，元代王祯又把活字置于转盘上，被定名为"造活字印书法"等。

二、创新方法的作用

众所周知，做任何事情，如果方法得当，则事半功倍，甚至点石成金；方法不当，则事倍功半，甚至得不偿失。人们往往将一个人拥有的东西称为财富，其实他真正的财富是获得这些东西的方法。创新方法基于思维心理学的基础，指导人们克服常态的思维定式，开发人们的思维能力，提高人们的联想能力和想象能力，激发人们思维的敏感性、独立性、灵活性、流畅性和连续性，是发展创新智力的有效方法。创新方法是创新的重要手段，是进行创新活动的有效智能性工具，可以拓展思路，更好地开发智力、智慧，实现创新。人们在实践过程中运用创新方法能够省时、省力解决问题，可以直接产生创新成果，还可以提高创造力和创新成果的实现率。

1. 促进高效解决问题

人类在征服自然、改造自然的过程中遵循着一定的客观规律，创新方法就是对人类解决问题、实现创新的共性方法的高度总结和概括，运用创新方法可以使解决问题的方案更科学，可以少走弯路，更高效地解决问题。

2. 推动培养创新思维

思维惯性是决定创新能力的关键因素，思维模式不同带来的结果也就大相径庭。每个人都有一种思维惯性，习惯将思维方式局限在已知的、常规的解决方案上，从而阻碍了新方案的产生。通过学习创新方法，人们可以掌握各种创新思维的特征和规律，打破固有的思维模式，学会用"新的眼光"去发现问题和解决问题，敢于否定、质疑和超越常规去思考、实践，养成创新思维的习惯，形成变通性思维。

3. 科学指导创新实践

在不同时期、不同领域里出现的新问题以及为了解决这些问题所使用的创新原理与方法是有规律的。通过学习创新方法，人们可以根据实践活动的具体情况，科学地运用创新方法中实用和适用的创新原理，在实际工作中实现创新，少走弯路，尽快、尽早地剔除那些复杂而效率不高的解决方案，找出更高效的解决方案，使实践活动的方案更具方向性、有序性和可操作性。

三、常见的创新方法

1. 头脑风暴法

（1）头脑风暴法的内涵 头脑风暴法，又称智力激励法、BS 法，它是由美国创造学家亚历克斯·F. 奥斯本（Alex Faickney Osbom）于 1939 年首次提出、1953 年正式发表的一种激发创新思维的方法。头脑风暴法是通过小型会议的组织形式，让所有与会者在自由愉快、畅所欲言的气氛中，自由交换想法或点子，并以此激发其创意及灵感，使各种设想在相互碰撞中激起脑海的创造性"风暴"，从而产生解决问题的方法。它适合于解决那些比较简单、确定的问题，如产品名称、广告口号、销售方法和产品的多样化研究等，也适合于需要大量构思、创意的行业，如广告业。因此，所谓头脑风暴本质上是一种智力激励法。中国俗话所说的"三个臭皮匠，顶个诸葛亮"，其实与其有异曲同工之妙。

头脑风暴法利用基本心理机理改变了群体决策中容易形成的群体思维，最大限度地保证了个人思维的自由发挥，让与会者受到他人的热情感染而激起一系列联想反应，为创造性发挥提供了条件。头脑风暴法的作用主要有以下四点：一是引起与会者的联想反应，刺激新观念的产生；二是激发人的热情，促进与会者突破旧观念的束缚，最大限度地发挥创新思维的能力；三是促使与会者产生竞争意识，力求提出独到的见解；四是让与会者的自由欲望得到满足。

（2）头脑风暴法成功的关键　头脑风暴法成功的关键是探讨方式，即群体能进行充分、非评价性和无偏见的交流，具体可归纳为以下几点：

1）自由畅谈。参加者不应该受任何条条框框限制，应放松思想，从不同角度、不同层次、不同方位大胆地展开想象，尽可能标新立异，与众不同，提出独创性的想法。

2）延迟评判。当场不对任何设想做出评价，既不肯定或否定某个设想，也不对某个设想发表评论性的意见，一切评价和判断都要延迟到会议结束后才能进行。

3）禁止批评。每个人都不得对别人的设想提出批评意见，因为批评对创新思维会产生抑制作用。即使自己认为是幼稚的、错误的，甚至是荒诞离奇的设想，亦不得予以反驳。

4）追求数量。会议的目标是获得尽可能多的设想，追求数量是它的首要任务。参加会议的每个人都要抓紧时间多思考，多提设想。至于设想的质量问题，自可留到会后的设想处理阶段去解决。

（3）头脑风暴法的实施过程

1）准备阶段。这个阶段主要是为会议做好各个方面的充分准备，具体包括：确定会议主题；选好主持人和参与人员；确定会议时间、地点；设定评价设想，将会议通知和相关材料发给所有参与人员。上述各项工作准备妥善以后，找一个时间对与会者进行适当的训练，使其跳出常规的思维模式，适应自由思考、自由发言。会前可进行柔化训练，即对缺乏创新锻炼者进行打破常规思考、转变思维角度的训练活动，以减少思维惯性，从单调、紧张的工作环境中解放出来，以饱满的创造热情投入到激励设想活动中去。

2）热身阶段。这个阶段的目的是创造一种自由、宽松、祥和的氛围，使大家得以放松，进入一种无拘无束的状态。主持人宣布开会后，先说明会议的规则，然后随便谈点有趣的话题，让大家的思维处于轻松和活跃的状态。

3）导入阶段。主持人简明扼要地介绍有待解决的问题。介绍时应简洁、明确，不可过分周全；否则，过多的信息会限制人的思维，干扰创新的想象力。

4）畅谈阶段。畅谈是头脑风暴法的创意阶段。为了使大家能够畅所欲言，需要制定以下规则：第一，不要私下交谈，以免分散注意力；第二，不妨碍及评论他人发言，每人只谈自己的想法；第三，发表见解时要简单明了，一次发言只谈一种见解。主持人首先向大家宣布这些规则，随后引导大家自由发言、自由想象、自由发挥，真正做到知无不言、言无不尽、畅所欲言，然后将会议发言记录进行整理。

5）整理阶段。会议过程中提出的问题多数都未经斟酌，加工后才能产生实质性的作用。整理阶段主要包括两方面工作：一是增加设想。会议结束后的一两天内，由专人对与会人员进行追踪，询问其会后新的设想，因为经过一段时间的沉淀，可能会有更具价值的设想产生，又或者可能将原来的设想进一步完善。二是评价和发展。这是互相关联的两个方面，即根据既定的标准进行筛选判断和综合改善。标准应该根据具体问题拟定，可以包括设想的可行性、成本、可能产生的效果等。专家小组人员可以是提出设想的与会人员，但最好是问题的负责人，人数最好是五人。会上将大家的想法整理成若干方案，再根据标准，诸如可识别性、创新性、可实施性等进行筛选。经过多次反复比较和优中择优，最后确定 1~3 个最佳方案。这些最佳方案往往是多种创意的优势组合，是大家集体智慧综合作用的结果。

阅读材料

给产品取个好名字

　　盖莫里公司是法国一家拥有 300 人的中小型私人企业，这一企业生产的电器面临着众多竞争者。该企业的销售负责人参加了一个关于发挥员工创造力的会议后大受启发，于是开始在自己公司谋划成立一个创造小组。在冲破了来自公司内部的层层阻挠后，他把整个小组（约 10 人）安排到了郊外小旅馆里，在以后的三天中，每人都采取了一些措施，以避免外部的电话或其他干扰。

　　第一天全部用来训练，通过各种训练，组内人员开始相互认识，他们相互之间的关系逐渐融洽，开始还有人感到惊讶，但很快他们都进入了角色。第二天，他们开始进行创造力训练，并采用了头脑风暴法以及其他方法。他们要解决的问题有两个，在解决了第一个问题——发明一种拥有其他产品没有的新功能电器后，他们开始解决第二个问题——为此新产品命名。

　　在两个问题的解决过程中，都用到了头脑风暴法，但在为新产品命名这一问题的解决过程中，经过两个多小时的热烈讨论后，共为新产品取了 300 多个名字，主管则暂时将这些名字保存起来。第三天一开始，主管便让大家根据记忆，默写出昨天大家提出的名字。在 300 多个名字中，大家记住了 20 多个。然后主管又在这 20 多个名字中筛选出了三个大家认为比较可行的名字。再就这些名字征求顾客的意见，最终确定了新产品的名字。新产品一上市，便因为其新颖的功能和朗朗上口、让人回味的名字受到了顾客的热烈欢迎，迅速占领了大部分市场，在竞争中轻松地击败了对手。

---

2. 组合创新法

（1）组合创新法的内涵　创新通常可以分为两种：一种是突破性创新，另一种就是组合创新。日本创造学家菊池诚博士说："我认为搞发明有两条路，第一条是全新的发现，第二条是把已知其原理的事物进行组合。"大科学家爱因斯坦也说："我认为为了满足人类的需要而找出已知装置的新组合的人就是发明家。"组合创新法是指按照一定的技术原理，通过重组合并两个或者多个功能元素，开发出具有全新功能的新材料、新工艺、新产品的创新方法。这种创新方法不同于突破性创新中完全采用新技术、新原理的方法，是对已有发明的再开发利用。组合创新既利用了原有成熟的技术，又节省了时间和成本，同时也更容易被大众接受和推广。可见，组合创新法注重的是灵活性，需要的不是质的改变，而是通过不断组合，便可以以不变应万变，推陈出新，出奇制胜。

（2）组合创新法的类型　要想两物或多物组合之后成为受人欢迎的新事物，在进行组合思考的时候，就不能拘泥于某一方面，局限于某一事物，而应从多方面、多层次、多种事物中寻找组合物。从近些年来的重大新成果中，我们可以发现在技术创新的性质和方式中，原理突破型成果的比例开始明显降低，而组合型创新则上升为主要方式。据统计，在现代技术开发中，组合型成果已占全部的 60%~70%。组合创新法的种类有很多，大致可归纳为以下七种类型：材料组合、功能组合、意义组合、原理组合、成分组合、构造组合、聚焦组合。

阅读材料

"万能"的瑞士军刀

被世界各国视为珍品的瑞士军刀,是由制造刀具的鼻祖埃尔森纳(Elsener)家族制造的。100多年前,瑞士军方迫切需要一种便于行军携带的多用途刀具,于是就向以制造刀具闻名的埃尔森纳家族订购。经过精心设计,选择优质材料,埃尔森纳家族终于制造出符合要求的高质量刀具,此种军刀小巧玲珑,方便实用,且不易磨损,功能齐全,军刀上镶有盾形十字,璀璨夺目。瑞士军方用后,大为称赞,自此瑞士军刀以其精良的工艺成为许多人不可缺少的工具。其中被称为"瑞士冠军"的款式最为难得,它由大刀、小刀、木塞拔、开罐器、螺丝刀、开瓶器、电线剥皮器、钻孔锥、剪刀、钩子、木锯、鱼鳞刮、凿子、放大镜、圆珠笔等31种工具组合而成。携刀一把等于带了一个工具箱,但刀长只有9厘米,重185克,完美得令人难以置信。

3. 奥斯本检核表法

(1)奥斯本检核表法的内涵 检核表法享有"创造技法之母"的美誉,几乎适用于任何类型与场合的创造活动。检核表法属于横向思维,通过多向发散的思考,使人的思维角度、思维目标更丰富。它强制人去思考,有利于突破一些人不愿提问题或不善于提问题的心理障碍。检核表法是由被称为创新技法和创新过程之父的美国创造学家奥斯本于1941年在其出版的《创造性想象》一书中率先提出的,因此也叫奥斯本检核表法。

(2)奥斯本检核表法的基本内容 奥斯本检核表法引导人们对照九大方面的问题进行思考,促使人们产生新设想、新方案,主要包括能否他用、能否借用、能否改变、能否增加、能否减少、能否替代、能否变换、能否颠倒、能否组合九大问题。

1)能否他用。现有的事物有无其他的用途?保持不变能否扩大用途?稍加改变有无其他用途?

例如,在我国,人们利用大豆已开发出多种食品,如豆腐、豆浆、豆腐脑、豆腐干、豆腐皮、豆腐乳、豆奶、酱油、豆酱、豆芽、豆油、人造素肉、人造黄油等。

2)能否借用。能否引入其他的创造性设想?能否引用别的东西?能否从其他领域、产品、方案中引入新的元素、材料、造型、原理、工艺、思路?

例如,泌尿科医生引入微爆破技术使患者体内结石粉碎,免去患者遭受手术之苦。

3)能否改变。现有事物能否做些改变(如颜色、声音、味道、式样、花色、品种、意义、形状、制造方法等)?

例如,传统的白色家电披上了"彩色盛装";利用现代科技开发出了彩色钢板、彩色棉花、彩色大米等"漂亮产品"。

4)能否增加(放大、扩大等)。现有事物可否扩大适用范围?能否增加使用功能?能否添加零部件?能否延长它的使用寿命?能否增加长度、厚度、强度、频率、速度、数量、价值?

例如,在管理中融入情感,就会沟通心灵,使关系和谐融洽;在产品中赋以情感,必将以情动人,备受欢迎。

5)能否减少(缩小、省略等)。现有事物能否体积变小?长度变短?重量变轻?厚度变薄?拆分或省略某些部分(简化)?能否浓缩化、省力化、方便化?

例如，不用内胎的自行车；一按即拍的"傻瓜照相机"；省略换挡，用油门调速的小汽车；一次成像照相机；即冲即饮的咖啡等都是很受欢迎的产品。

6）能否替代。现有事物能否用其他材料、元件、结构、力、方法、工艺、能源、声音等代替？

例如，在西亚、非洲、中美洲等地区盛行用昆虫做菜，如油炸蝴蝶和蝗虫、土豆烩蜻蜓、面团炸黄蜂、蝉肉蜜饯都成了美味佳肴。

7）能否变换。现有事物能否变换排列顺序、位置、时间、速度、计划、型号？内部元件可否调换？

例如，某市文化馆要扩建，涉及搬迁100户居民。上级拨款1400万元，但城区购一套房子得20万元，搬迁费缺口600万元，怎么办？文化馆领导何阳出招让100户居民都搬到城外郊区去住，那里的房子才三四万元一套。可住户说："太远了，不干！"何阳说："给每家配辆'微面'，干不干？"住户们乐意接受。其实，"微面"才4万元一辆，连同房子每户花费仅8万元，搬迁费还有结余。何阳再建议将"微面"集中起来注册成立出租车队，既可接送住户上下班，又可做出租车业务，一箭双雕，皆大欢喜。

8）能否颠倒。现有的事物能否从里外、上下、左右、前后、横竖、主次、正负、因果等相反的角度颠倒过来用？

例如，以毒攻毒、欲擒故纵、吃小亏占大便宜、缺陷成才、危机管理、废物利用等均为反向创新的经验积累。

9）能否组合。能否将一件事物和其他事物组合在一起？能否进行原理组合、材料组合、部件组合、形状组合、功能组合、目的组合？

例如，把几种金属组合在一起变成各种性能不同的合金，把几种部件组合在一起变成组合机床等。

（3）奥斯本检核表法的实施过程　奥斯本检核表法的核心是改进，其基本做法是：一是选定一个要改进的产品或方案；二是面对一个需要改进的产品或方案，或者面对一个问题，从九个角度提出一系列的问题，并由此产生大量的思路；三是根据产生出的思路，进行筛选和进一步思考、完善。其实施步骤如下：

1）根据创新对象，明确需要解决的问题。

2）根据需要解决的问题，运用丰富的想象力，强制性地逐个核对讨论，写出新设想。

3）对新设想进行筛选，将最有价值和创新性的设想筛选出来。

阅读材料

小创新带来大应用

日本一位叫滨里宏君的公司职员要陪酷爱打高尔夫球的公司经理练球，首先他要提高自己的球技，可是在家里练习又没有草坪。如果在地板上打，球会不停地滚。于是，他想买来地毯铺在地上。可地毯的价钱昂贵，能否少花点钱呢？几天后他终于想出了一个办法：地毯上有毛，如果反过来，把毛粘在球上不照样可以产生摩擦力吗？于是，带毛的高尔夫球就这样诞生了。用这种粘满人造绒毛的球在普通地面上练习，效果竟然与在草坪上用普通球练习非常接近。后来，滨里宏君将这种带毛的高尔夫球申请了专利，开发成商品投入市场，特别受那些由于场地限制而无法练球的年轻人欢迎。

4. 5W2H 法

5W2H 法是对选定的项目或操作，都要从原因（Why）、对象（What）、人员（Who）、时间（When）、地点（Where）、方法（How）、数量（How much）七个方面提出问题进行思考。它们反映的是一个事物的几个方面从不同的角度来思考问题，往往能够得出比较完善，甚至是意想不到的效果。

1）Why（为什么）。为什么要做？是否可省去？为什么要这样做？是否有其他更简单的方法？（对 Where、When、Who、How much 合并改变，对 How 简化）为什么出现这样的结果？

2）What（什么）。要做什么？要准备什么？需要协助什么？要预防什么？

3）Who（谁）。由谁来做，是一个人还是一个组织？由谁来主管？由谁来监督？由谁来协助？

4）When（什么时间做）。什么时间开始？什么时间结束？什么时间是关键节点？

5）Where（在哪里）。在什么地方做？协助的工作在什么地方做？从何处开始做？到何处结束？

6）How（怎么做）。工作的流程和方法是什么？如何才能更省力更快？（考虑前面的 When、Where、Who）过程如何监控？

7）How much（多少）。做到什么程度？数量如何？质量水平如何？费用产出如何？

阅读材料

候机厅的小卖部

某航空公司在机场候机室二楼设置小卖部。候机厅每天人来人往，可奇怪的是，小卖部自开张之日起便一直门庭冷落。公司经理用"5W2H 法"进行了问题筛查，最后发现问题出在 Who（人员）、Where（地点）及 When（时间）三个方面。Who（人员），谁是顾客？机场小卖部在开设时便确定目标顾客是入境的旅客，但是这些旅客不需要上二楼。在二楼停留的大部分是送客或接客的人，他们完全可以在市内商场里购物，不必到机场小卖部来买东西。Where（地点），小卖部设置在何处？原来旅客出入境的路线都是经海关检查后，直接从一楼左侧走了，根本不需要走二楼。小卖部的位置没有设在旅客的必经之路上。When（时间），何时购物？入境的旅客不上二楼，那么出境的旅客便成了潜在顾客，但是他们也只有在办完行李托运等相关手续后才有时间和精力去小卖部，而机场却规定旅客登机前才能将行李办理托运，这样，出境的旅客根本没有时间光顾小卖部。由此可见，小卖部生意不佳的原因有三：未能留住目标顾客和潜在顾客；小卖部的位置偏离了旅客的必经之路；旅客没有购物时间。针对这三点，经理与航空公司协商，调整了旅客行李托运时间和旅客出入境路线，从而保证了充足的客源，小卖部的生意日益红火起来。

5. 其他创新方法

（1）仿生学　仿生学是一门新兴的边缘学科，是近些年来从生物科学技术当中发展起来的。仿生学是通过研究各种生物系统的功能原理和作用机制，利用仿生学原理来进行创新的一种方法。例如，人们根据蛙眼的视觉原理，成功研制了电子蛙眼，能准确无误地识别出特定形状的物体。

（2）观察法　观察法的应用十分广泛而古老。从古到今，在自然科学中，诸如天文、气象、地质等都是靠观察法逐步发展起来的，在中医药应用领域中起着举足轻重的作用。

（3）实验法　实验法也是一种应用广泛的创新研究方法。它是在特定条件下，对研究对象进行考察的创新方法。根据研究对象的形状与要求，可分别采用以下实验的方法：用定性实验去鉴别是与否；用定量实验确定量的关系等。

（4）信息法　随着科学技术的突飞猛进，每天都有大量的新信息通过各种媒介传播，信息已成为人们创新创造的重要资源。谁在第一时间掌握的信息越多，谁成功的概率就越大。通过收集高质量的信息，可以全面地认识某一创新领域或创造链的发展态势，进而找出创新课题，获得创新成果。

第五节　实践训练

1. 材料分析

材料1：长篇科幻小说《三体》令刘慈欣声名鹊起，刘慈欣也成为中国首位入围星云奖并斩获雨果奖的作家，并被许多科幻迷和文学评论家冠以"中国科幻第一人"的美誉。有人认为，科幻小说是一种让想象力得到驰骋与磨砺的文学体裁，它虽然不能直接授人以科学知识，却足以激发我们的创造力。

请同学们讨论分享：科幻是否可以作用于创新实践？其中，创新思维与方法是否对我们有所帮助？

材料2：有一家设计工作室接到订单，客户要求该设计室设计出与以往完全不同的杯子。总经理认为年轻人更有创造性，于是便选拔了几个新招的年轻人组建了设计团队，要求他们设计杯子，结果这些年轻人的设计成果都不够新颖。接下来，总经理重新选拔了一组成员，这次他没有告诉对方要设计什么，而是要求他们设计一件造型独特的工艺装饰品，所用材料不限，可以是木头、塑料、玻璃、瓷器等，然后再试着将这一工艺品中间挖空，并设计一件东西支撑住这一工艺品，结果这些人产生了许多新颖的构思，创造了不少创新十足的作品。总经理很快便顺利完成了任务，而且意外发现，他们设计的这些东西还可以用于椅子、碗等。

1）总经理是如何实现这次杯子的创新的？

2）为什么第二批成员产生了更新颖的创新成果？

2. 创新项目训练

以小组为单位选择一个创业项目（可以是运动服装，也可以选择其他的产品或服务），然后进行创业实践，具体操作如下：

1）运用创新思维和创新方法完善创业方案（包括创业项目、目标客户、经营特色、营销方案、创业团队构成及分工等）。

2）选取实验组，每4～6人为一组，按照方案进行创业实践。

3）实践总结与汇报。汇报内容包括创办过程、经营绩效、实践心得及体会。

3. 头脑风暴法训练

针对"如何改善城市拥堵的交通状况"和"如何改善城市空气污染"这两个社会问题，运用头脑风暴法激发学生思考。

1）教师将学生分组，每 3~5 人为一组，每组选出一个小组记录员。

2）教师提出问题并留给学生 5 分钟左右的时间思考，让学生在放松的状态下进行思考。

3）每小组成员畅所欲言，然后各组派代表汇报结果。

4）在规定时间内，提出设想最多的小组获胜。

第六节 创业故事汇

冬奥会的"黑科技"

2022 年，第 24 届冬季奥林匹克运动会在我国首都北京举行，自各国参赛选手入住奥运村之后，随着比赛的开展，各项中国"智造"吸引了全国乃至世界观众的目光。"科技冬奥"是本届北京冬奥会的主要特点之一，本届冬奥会运用了众多高新技术，涉及整个冬奥会的各个方面。

交通方面，本届冬奥会有 3 个赛区，为了方便运动员和媒体在不同赛区活动，我们为冬奥会修建了第一条智能高铁——"京张高铁"，这是本次冬奥会的重要交通保障设施。我们还为冬奥会量身定制了专属列车。列车融合"高铁 + 5G + 4K"技术，全程全自动无人驾驶，速度达到每小时 350 千米；沿途有上百个冬奥 5G 基站，使该列车在过隧道时也能有良好的网络信号；列车中配备有 5G 超高清奥运演播室，可实现 5G 高清赛事直播，具备 6 个频道 4K 直播能力。围绕服务冬奥会和冬残奥会的宗旨，该列车组 5 号车厢为多功能车厢，设置了媒体工作区，提供 12 个办公桌及国际通用插座、可推拉小桌板等设施，可容纳 48 人就座，为媒体工作者提供了便利。1 号、4 号、8 号车厢二位端设置了滑雪器材存放柜，用于滑雪爱好者存放滑雪板等器材并设有滑雪器材锁，保证存放安全。另外，4 号车厢还设置了轮椅存放区、无障碍卫生间及站台补偿器，便于轮椅无障碍存放和通过，满足冬残奥会的需要。

防疫方面，当参会人员抵达冬奥村后，将会有"智能防疫员"为大家服务，该防疫机器人自带感知设备，在"智能防疫员"的屏幕前，参会者无须摘掉口罩，只需轻刷一下相关身份证件，1 秒内即可实现身份识别、智能测温、健康宝、核酸检测等共计 8 个查验环节，并可保证人体温度检测精准度在 0.2℃ 以内。场馆内还设有消毒机器人，据悉，该机器人每天只需提前加好消毒液，到设定时间自己就可以执行消杀任务。本次冬奥会还有一个防疫利器——腋下创可贴，这是一种可穿戴的智能体温计，在使用时，工作人员只需将这款手指肚大小的产品贴在皮肤上，下载手机应用程序并绑定，即可测得体温数据。此外，还有承担消毒和配送功能的"烛光机器人"，实现室外清扫、垃圾回收的"阳光机器人"，以及只需照射 5 秒即可完成消杀的大型表面消杀设备"冷链物流紫外光催化复合消杀机"。

场地方面，本次冬奥会新建了被称为"冰丝带"的国家速滑馆，该场馆选用二氧化碳跨临界制冷系统，冰面温差控制在 0.5℃ 以内，碳排放量接近于零，同时通过冷热联供一体化设计对制冷余热进行回收利用，能效提升 30%~40%。这项技术被大规模应用于冬奥会，同时也是奥运史上首次。

吃住方面，冬奥村配备了智能床，每张床都配有 8 个按钮的遥控器，可以将床调成不同的高度，保证运动员更舒适的休息。为各国记者准备的媒体餐厅由机器人掌厨，在自助点餐之后，菜品会直接通过餐厅天花板上的云轨"从天而降"，直接投放到点餐人的饭桌上，此外还有智能餐台、智能取餐柜等设施。

另外，在 5G 大规模覆盖下，AR/VR 设备、高清视频、短视频等为大家带来了随时随地、全新视角的观赛体验。同时，人工智能合成视频技术对运动员的动作瞬间进行 360° 捕捉，这是传统的转播技术无法达到的。冬奥会的科技运用还有很多，如打造的可以在大风、低温环境稳定燃烧的"永不熄灭的火炬"；通过机器人完成的水下火炬传递；专用于冬奥会速度滑冰赛事转播工作的"超高速 4K 轨道摄像机系统"（网称"猎豹"）；中央广播电视总台打造的 AI 手语翻译官"聆语"；我国自主设计、采用 360° 全身防切割技术、强度达到了钢丝的 15 倍，为我国短道速滑运动员提供全方位防护的"中国龙战袍"等。

据科技部社会发展科技司司长介绍，"科技冬奥"不仅满足北京冬奥会筹办和参赛的重大科技需求，同时将对后奥运时代的经济社会高质量发展发挥积极作用。

【案例启发】

同学们，看完冬奥会的"黑科技"，请结合所学的知识，谈一谈你的感受和启发。

第三章

创新成果的保护与转化

1. 了解什么是创新成果。
2. 了解创新成果的特征和分类。

【能力目标】

1. 充分认识创新成果，区分创新成果的保护策略。
2. 根据实际案例，准确选择创新成果的转化途径并进行分析。

【案例导入】

　　小王是某职业院校机械工程专业的学生。课外，他对智能机器人制造产生了浓厚兴趣，在专业老师的指导下，他通过建立创客工作室，致力于工业机器人的研发和制造。在大二的时候，其团队以自己的机器人研究成果作为创业设想参加了所在省的创新创业大赛，获得了特等奖。小王团队的机器人技术成果受到不少商家的青睐，但获得的荣誉让他们沾沾自喜，其参赛作品多次被别人借阅，技术信息也被某个借阅的同学获得并很快进行了专利注册，还与商家洽谈了合作事宜。此时，小王团队方才省悟，想保护自己的权益，但碰到了法律问题。为了保护自己的知识成果，小王在老师和同学的支持下，积极寻求法律保护。他们先向专利主管部门提交了专利权属的申请，并提供了相关的证据，从时间、专利技术的发明过程和核心技术方面佐证自己对专利的权属。专利主管部门审查后，根据其核心技术要素的发明特征，最终同意重新审核授权。

【案例思考】

　　1. 小王的团队在创新成果保护方面出现了哪些问题？
　　2. 小王的团队能赢得最终的胜利吗？如果能，请问如何赢？如果不能，他们输在了哪里？

第一节　创新成果概述

　　创新成果凝聚了创新者的智慧和汗水，体现了创新者的劳动价值和知识价值。创新成果保护与转化的成功效应直接决定了创新者的创业成效和经济效益。当前，我们很多创业者特别是大学生创业者对创新成果保护与转化的重视度不够，技术操作性不强，法律监控性不严，导致创新成果在应用中出现了很多法律问题和产权纠纷，成为创业者特别是大学生创业者成功创业的一个较为严重的阻碍。

创新成果的保护与转化归根结底还是知识产权的保护与转化。目前我国对知识产权的保护与转化形成了较为完备的法律体系。作为创业者要树立法律意识和司法精神，要重视创新成果的保护与转化，重要的还是要学法、懂法、知法、用法，充分利用法律武器保护自己的创新劳动成果。

互联网时代，信息传递速度快，网络传播渠道广，层出不穷的创新成果保护问题不仅涉及创新者的知识产权保护的法律关怀，也关乎社会公平的宏观思考。当前，无论是国家还是企业，经济竞争说到底还是技术竞争，特别是具有自主知识产权的科技水平的竞争。对于一个初创企业来说，自主知识产权关乎生死。因此，保护自己的知识产权就显得尤为重要。对于保护自己的创新成果，主观上的重视是基础，产权认定和法律保护才是关键。如何进行产权认定？需要掌握哪些必备的法律常识？对于初创者而言，需要对创新成果有充分的认识。

一、创新成果的概念

创新指的是以现有的思维模式提出有别于常规或常人思路的见解为导向，利用现有的知识和物质，在特定的环境中，本着理想化需要或为满足社会需求，而改进或创造新的事物（包括但不限于各种产品、方法、元素、路径、环境等），并能获得一定有益效果的行为。成果就是创新行为的结果和体现。

顾名思义，创新成果即人们进行创新活动所取得的成果，是以前没有被认识或没有被普遍认识的成就。它可以是一种新的材料、一个新的理论、一种新的技术、一种新的规则，或其他具有学术价值或经济价值的新发现。总而言之，一切首创的且有可能改变人类生活和社会的东西，都是创新成果。

二、创新成果的特征

1. 价值性

价值性是创新成果的基本特征。一般来说，创新成果是为满足需要而产生的。这种需要可以是个人的，也可以是社会的。只有满足社会需要的创新成果才会有市场的商业价值；满足个人需要的成果具有个性化特点，随着个性化社会的到来，个性定制也可能成为商业市场的亮点。需要的满足决定了成果的价值度。

2. 新颖性

新颖性是创新成果最显著的特征。创新成果的核心是"新"，"新"可以是产生前所未有的新事物、新技术、新产品等，也可以是对原技术的改造和提高、对旧工艺的改进和更新、对管理的提高和改善。新颖性与价值性具有一定的关联性，没有价值的"创新"失去了满足需要的意义，自然也就没有了市场前景。

3. 目的性

创新成果是实践的结果，实践是具有一定目的性的活动，创新成果的出现就是为了一定的目的而研发、创造和生产出来的。

4. 投资回报性

创新成果的价值性是投资回报性的基础条件，但投资是具有风险性的市场行为，对创新成果的投资存在潜在的风险。一是技术风险，创新活动不一定能产出预期的成果；二是市场风险，创新成果不一定能够成功产业化，即使产业化成功也可能不被市场认可，无法盈利甚至血本无归，因此创新者必须有风险防范意识和自我保护意识。

三、创新成果的分类

创新成果可以按照其性质、存在形态、应用领域和创新对象的不同而有不同的分类方法。从保护和转化的角度来看，可以按照创新对象的标准分为理论创新成果、方法创新成果、产品创新成果、制度创新成果和服务创新成果。

1. 理论创新成果

理论创新成果包括新发现的理论、对原有理论的新解读和阐释、对原有理论的修正、对原有理论的整合归纳等。理论创新成果不具备物质性，往往不会对社会和生活产生即时的影响，但其影响深远，往往是其他创新的先导，如现代很多创新成果是对相对论的应用和发展。

2. 方法创新成果

方法创新成果是指解决问题的新方法、新手段，对原有方法的优化和调整，改正已有方法的错误等。方法创新成果也不具备物质性，但一般能够立即被应用，从而产生影响。

3. 产品创新成果

产品创新成果指创造出前所未有的产品或将已有产品进行改良，使其具备新的功能。产品创新成果是最直观的创新成果，现代人们日常使用的器物都是产品创新成果。

4. 制度创新成果

制度创新成果指新制度、新规章、新规则或对原有制度的修订等。制度创新成果看似没有创造什么"新"的东西，但是能够引导人们的行为，实现社会的持续发展和变革。

5. 服务创新成果

服务创新成果指通过对服务的改善，提高被服务者的体验。服务创新成果的表现比较隐晦，但现代人们所享受的大部分服务其实都是服务创新成果。

> **知识链接**
>
> 除了上述几种创新成果外，还有设计创新成果、文化创新成果和组织创新成果等。有的创新成果同时具有多重类型的特点，如工业流水线的出现就同时包含了理论创新成果、方法创新成果、产品创新成果等。

第二节　创新成果的保护及策略

一、创新成果的保护

1. 创新成果保护的概念

创新成果的保护是指主要通过法律手段对取得的创新成果给予法律主体的认定、权利的归属界定、使用的权限划定等过程。当前，我国对创新成果的保护有自主保护、政策保护和法律保护，其中主要是法律保护，即知识产权的保护。

知识产权是指人类智力劳动产生的智力劳动成果所有权。它是依照法律赋予符合条件的著作者、发明者或成果拥有者在一定期限内享有的独占权利。这里的知识产权主要指版权

（著作权）和工业产权。版权（著作权）是指创作文学、艺术和科学作品的作者及其他著作权人依法对其作品所享有的人身权利和财产权利的总称；工业产权则是指包括发明专利、实用新型专利、外观设计专利、商标、服务标记、厂商名称、货源名称或原产地名称等在内的权利人享有的独占性权利。

2. 创新成果保护的法律体系及其要点

我国创新成果保护的法律体系由著作权法、专利法、商标法、反不正当竞争法和我国缔结及参加的国际公约等构成。下面几项是大学生创新成果保护中需要经常用到的法律制度。

（1）著作权法保护　我国制定并颁布的与著作权有关的法律法规有《中华人民共和国著作权法》《中华人民共和国著作权法实施条例》《实施国际著作权条约的规定》《著作权集体管理条例》《计算机软件保护条例》《计算机软件著作权登记办法》《信息网络传播权保护条例》等。

著作权法的要点如下：

1）权利产生和保护的自主性。著作权采取创作保护主义的原则，即作品一经创作产生，不论是否发表，均享有著作权，并受著作权法保护，与须经国家主管机关审查批准方能得到法律保护的专利权、商标权不同。

2）权利主体多样性。著作权的权利主体可以是自然人、法人、其他组织、国家，同时，也不受国籍和行为能力限制，外国人和未成年人均可成为著作权主体。

3）权利客体广泛性。著作权保护的作品包括文字作品、口述作品、戏剧作品、音乐作品、舞蹈作品、曲艺作品、美术作品、建筑作品、摄影作品、杂技艺术作品、图形和模型作品、计算机软件等。

4）权利内容复杂。《中华人民共和国著作权法》列举了著作人身权（发表权、修改权、署名权、保护作品完整权）和著作财产权（复制权、发行权、出租权、放映权、展览权、表演权、广播权、摄制权、信息网络传播权、改编权、翻译权、汇编权，及应当由著作权人享有的其他权利）。

（2）专利法保护　我国制定并颁布的与专利权有关的法律法规有《中华人民共和国专利法》《中华人民共和国专利法实施细则》《专利代理条例》等。

专利法的要点如下：

1）专利权具有独占性。独占性也称垄断性或专有性，是指专利权人对其发明创造享有占有、使用、收益和处分的权利。也就是说，任何单位或个人未经专利权人许可都不得实施其专利，即不得为生产、经营目的制造、使用、许诺销售、销售和进口其专利产品，或者使用其专利方法以及使用、许诺销售、销售、进口依照该专利方法直接获得的产品。

2）地域性。所谓地域性，是指一个国家依照其本国专利法授予的专利权，仅在该国范围内受到法律保护，在其他国家则不予保护。因此，申请人如果认为其发明创造具有国际市场前景，除申请国内专利外，还应向具有良好市场前景的其他国家和地区申请专利。

3）时间性。所谓时间性，是指专利权人对其发明创造所拥有的专有权只在法律规定的时间内有效，期限届满或专利权中途丧失，专利权人对其发明创造就不再享有专有权，其发明创造就成了社会的公共财富，任何单位或个人都可以无偿使用。对于专利权的期限，我国现行专利法规定：发明专利权的期限为20年，实用新型专利权的期限为10年，外观设计专利权的期限为15年，均自申请日起计算。

（3）商标法保护 我国制定并颁布的与商标权有关的法律法规有《中华人民共和国商标法》《中华人民共和国商标法实施条例》《特殊标志管理条例》和《奥林匹克标志保护条例》等。

商标法的要点如下：

1）商标权的客体是作为商品标记的商标。

2）商标权是单一的财产权。著作权、专利权等知识产权都具有人身权和财产权双重内容，而商标权只具有财产内容，不具有人身内容。所以商标权是单一的财产权。

3）商标权的专有性是绝对的，也称独占性或垄断性，是指商标权人对所注册商标享有使用的权利，任何第三者非经商标权人的同意均不得使用。商标权人凭借这种垄断权才能实现自己的经济利益，国家才能实施其管理，保护消费者利益。可以说专有性是商标权最根本的属性。

4）商标权的法定时间性是相对的。法定时间性是指商标权的有效期限。注册商标只在规定的期限内有效，超过规定期限，又未办理续展手续的，商标权自行消失。这一特征主要体现在：一是按照使用取得权利，靠使用建立起来的商标权利有法定时效性，只要其继续使用，权利就不会消灭；二是采用注册制度的国家，虽然规定了注册商标的期限，但都允许不断续展，一个商标只要信誉好，其所有人愿意继续使用，都可以通过不断续展，使之长期有效。

5）商标权具有严格的地域性。商标注册人所享有的商标权一般只能在授予该项权利的国家领域内受到保护，在其他国则不被保护。

（4）计算机软件和集成电路布图设计保护 计算机软件和集成电路布图设计属于著作权保护范围，但大学生的创意成果都牵涉其中，现特别说明：

1）计算机软件。根据《计算机软件保护条例》，计算机软件著作权的内容包括发表权、署名权、修改权、复制权、发行权、出租权、信息网络传播权、翻译权等。自然人的软件著作权，保护期为自然人终生及其死亡后50年，截止于自然人死亡后第50年的12月31日；软件是合作开发的，截止于最后死亡的自然人死亡后第50年的12月31日。法人或者其他组织的软件著作权，保护期为50年，截止于软件首次发表后第50年的12月31日，但软件自开发完成之日起50年内未发表的，本条例不再保护。

2）集成电路布图设计。根据《集成电路布图设计保护条例》，集成电路布图设计专有权包括复制权和发行权，保护期为10年，自布图设计登记申请之日或者在世界任何地方首次投入商业利用之日起计算，以较前日期为准。但是，无论是否登记或者投入商业利用，布图设计自创作完成之日起15年后，不再受本条例保护。

二、大学生创新成果的保护策略

大学生创新成果是大学生根据自己的科研水平和创新能力，对有形的或无形的产品进行改造、改进和改变等实践行为产生的有价值的成果。一般来说，大学生的创新成果表现为创意、科技产品、竞赛作品等形式。按照大学生创新成果的法律认证情况，有以下几种保护形式。

1. 申请商标

现代的商业经营者离不开商标，商标本身包含巨大的品牌价值，但又容易被假冒，所以是知识产权侵权的重灾区。商标侵权行为不仅会损害商标所有者的利益，还会损害商标本身的价值。因此，对商标的保护就成了知识产权保护的重点。如果大学生的创新成果属于某种商品或服务的商标设计，可以通过申请商标的形式保护创新成果。

（1）商标与商标权　商标是经营者为自身产品或服务添加的独特标记。商标的雏形在古代商业活动中就已出现并被广泛使用。在近代，各国都通过立法来对商标进行保护。我国早在 1982 年就通过了《中华人民共和国商标法》（以下简称《商标法》），其中规定"商标"是任何能够将自然人、法人或者其他组织的商品与他人的商品区别开的标志，包括文字、图形、字母、数字、三维标志、颜色组合和声音等，以及上述要素的组合。在通过商标注册程序后，商标即成为注册商标，注册商标受《商标法》等法律法规的保护。商标权即商标所有者（商标权人）对注册商标所享有的权利，包括注册商标专用权、标记权、续展权、处分权等，其中最易被他人侵犯、需要特别注意保护的是注册商标专用权。

> **知识链接**
>
> 　　根据我国《商标法》的规定，注册商标的有效期为 10 年，自核准注册之日起计算。注册商标有效期满，需要继续使用的，商标注册人应当在期满前 12 个月内按照规定办理续展手续；在此期间未能办理的，可以给予 6 个月的宽展期。每次续展注册的有效期为 10 年，自该商标上一届有效期满次日起计算。期满未办理续展手续的，注销其注册商标。

（2）商标注册　商标注册是指商标所有人将其使用的商标依照法律规定的注册条件、原则和程序，向国家商标局提出注册申请，商标局经过审核，准予注册的法律事实。经国家商标局审核注册的商标，便是注册商标，享有商标专用权。商标注册的流程如下：

1）注册准备。商标注册前需要做好准备工作，主要包括选择注册方式、查询商标是否已被注册、准备申请资料。

① 选择注册方式。商标注册的方式有两种：一种是自己到国家商标局办理商标注册事宜（《商标法》允许本国公民直接向商标局提交商标注册申请）；另一种是委托经验丰富的商标代理组织代理办理，但代理组织会收取一定的服务费用。

② 查询商标是否已被注册。查询商标是否已被注册可以看到自己要申请的商标是否被他人抢先注册，避免出现商标无法申请成功的情况。在查询商标的过程中，可能会因数据处理及商标申请审查期等因素，使部分已申请注册的商标无法进入数据库，因而无法被查询到。

③ 准备申请资料。若选择自己注册商标，首先，个人需要准备身份证、个体户营业执照复印件；企业需要准备企业营业执照副本、经发证机关签章的营业执照复印件、盖有单位公章和个人签字的填写完整的商标注册申请书。其次，还要准备 10 张商标图样（应交着色图样 10 张，黑白墨稿 1 张）。最后，还要准备注册费。若委托商标代理组织办理，还需再缴纳数额不等的商标代理费用。

2）申请注册。准备好申请资料后，就可以申请注册商标了。申请时，申请人需要注意以下事项：

① 按商品与服务类别提出申请。我国的商标法将一万多种商品和服务项目分为了 45 个类，申请人申请商标注册时，应按商品与服务分类表的分类确定使用商标的商品或服务类

别。若申请人想在不同类别的商品上申请使用同一商标，应当按商品分类在不同类别提出注册申请。

② 确认商标申请注册的方式。提交商标注册时有纸质申报和网络申报两种申报方式。纸质申报方式的商标申请日为商标局收到申请文件之日，网络申报方式直接以网络申报日为申请日。

> **知识链接**
>
> 申请人必须是依法成立的企业、事业单位、社会团体、个体工商业者、个人合伙或与中国签订协议或与中国共同参加国际条约或按对等原则办理的国家的外国人或外国企业。

3）商标审查。申请人提出商标注册申请后，商标注册主管机关就会对商标注册申请是否合乎商标法的规定进行审查，通过资料检索、分析对比、调查研究，对商标注册申请给予初步审定。

4）初审公告。商标注册申请经审查后，如未违反《商标法》有关规定，并符合商标申请条件的，允许其申请的商标注册，并在《商标公告》中予以公告。

5）注册公告。初步审定的商标自刊登初步审定公告之日起三个月没有人提出异议或提出异议经裁定不成立的，则该商标予以注册，同时刊登注册公告。商标注册生效即受法律保护，商标注册人享有该商标的专用权。

6）领取商标证。个人自己办理商标注册的，注册成功后可在接到《领取商标注册证通知书》后的三个月内，携带领取商标注册证的介绍信、领证人身份证及复印件、营业执照副本原件，复印件应加盖当地工商部门的章戳，商标注册人名义变更的需附送工作部门出具的变更证明等资料，到商标主管机关领取商标证。

通过代理组织办理商标注册的，由代理组织向申请人发送《商标注册证》。

（3）对注册商标专用权的侵犯　注册商标专用权是指商标权人对其商标所享有的独占的、排他的权利。根据《商标法》的规定，有以下行为之一的均属侵犯注册商标专用权：

1）未经商标注册人的许可，在同一种商品上使用与其注册商标相同的商标的。

2）未经商标注册人的许可，在同一种商品上使用与其注册商标近似的商标，或者在类似商品上使用与其注册商标相同或者近似的商标，容易导致混淆的。

3）销售侵犯注册商标专用权的商品的。

4）伪造、擅自制造他人注册商标标识或者销售伪造、擅自制造的注册商标标识的。

5）未经商标注册人同意，更换其注册商标并将该更换商标的商品投入市场的。

6）故意为侵犯他人商标专用权行为提供便利条件，帮助他人实施侵犯商标专用权行为的。

7）给他人的注册商标专用权造成其他损害的。

凡是构成以上侵权行为的，商标注册人可收集相关证据，向工商管理部门投诉或直接向法院起诉，要求侵权行为方立即停止侵权行为并赔偿相应损失，维护自身的合法权益。

2. 申请专利

专利是指获得了国家机关颁发的专利证书的发明创造，也可以称为专利技术。大学生的创新成果如果是基于一项技术发明，并且符合《中华人民共和国专利法》（以下简称《专利法》）关于专利的各项规定，一定要积极申请专利，从而更好地保护自己的创新成果。

（1）专利的类型　我国《专利法》规定，受保护的专利分为发明专利、实用新型专利与外观设计专利3类，每种专利有不同的申请条件与保护年限。

1）发明专利。发明专利中的发明是指对产品、方法或对其改进所提出的新的技术方案，既可以是原创性的技术，也可以是改进型的技术。发明又可细分为产品发明、方法发明两种类型。产品发明是指利用自然规律作用于特定事物而产生的自然界从未有过的新产品或新物质的发明；方法发明是指为解决某种特定技术问题而采用的手段和步骤的发明，如制造工艺、加工方法、测试方法、产品使用方法等。发明专利的法律保护期限为20年。

2）实用新型专利。实用新型专利中的实用新型是指对产品的形状、构造或其结合所提出的适合实用的新的技术方案。产品的形状是指产品所具有的、可以从外部观察到的、确定的空间形状；产品的构造是指产品的各个组成部分的安排、组织和相互关系。实用新型专利只保护经过工业方法制造的、占据一定空间的实体产品，其法律保护期限为10年。

3）外观设计专利。外观设计专利中的外观设计是指对产品的整体或者局部的形状、图案或其结合以及色彩与形状、图案的结合所作出的富有美感并适于工业应用的新设计。外观设计专利的载体必须是用工业方法进行生产的产品。外观设计专利的法律保护期限为15年。

一项发明创造必须由申请人向国家知识产权局提出专利申请，经国家知识产权局依照法定程序审查批准后，才能取得专利权。在专利申请的过程中，申请人还需要缴纳一系列费用。专利生效后，专利持有人还需要逐年缴纳专利年费直至专利失效。

（2）专利权及其特点　专利权是专利权人（专利发明者或专利受让人）对特定的发明所依法享有的权利，在发明人完成申请程序后由国家专利机构授予，受《专利法》的保护。

专利权包括独占实施权、实施许可权、转让权和标示权等。

1）独占实施权。独占实施权是指专利权人独占性地使用其专利，而任何其他个人或组织在未经专利权人允许的情况下都不得使用该专利。

2）实施许可权。发明专利申请公布后，申请人可以要求实施发明的单位或个人支付适当的费用。任何单位或个人实施他人专利的，应当与专利权人订立实施许可合同，向专利权人支付专利使用费。被许可人无权允许合同规定以外的任何单位或个人实施该专利。

3）转让权。专利权人有权将自身的专利权转让给其他公民、法人或其他组织。依法完成专利转让后，转让者即失去专利权，而受让者成为新的专利权人。

4）标示权。发明人或设计人有权在专利文件中写明自己是发明人或设计人。专利权人有权在其专利产品或该产品的包装上标明专利标识。

专利权具有排他性、时间性和地域性的特点。

（3）申请专利的流程　不同类型的专利，其申请的流程不同。

1）申请发明专利。申请发明专利的流程如图3-1所示。申请发明专利需要准备以下资料：

●　请求书。请求书主要包括发明专利的名称、发明人或设计人的姓名、申请人的姓名和地址等。

●　说明书。说明书主要包括发明专利的名称、所属技术领域、技术背景、发明内容、附图说明和具体实施方式。

●　权利要求书。权利要求书需要说明发明的技术特征，清楚、简要地表述专利保护的内容。

● 说明书附图。说明书附图是对技术方案的图示说明，但该内容并不是必需的，若只用文字就能清楚、完整地描述出技术方案，可以不提供说明书附图。

图 3-1　申请发明专利的流程

2）申请实用新型专利。申请实用新型专利的流程如图 3-2 所示。申请实用新型专利需要准备以下资料：

● 请求书。请求书主要包括实用新型专利的名称、发明人或设计人的姓名、申请人的姓名和地址等。

● 说明书。说明书主要包括实用新型专利的名称、所属技术领域、技术背景、发明内容、附图说明和具体实施方式。说明书的内容应当详尽，所述的技术内容应以所属技术领域的普通技术人员阅读后能予以实现为准。

● 权利要求书。权利要求书需要说明实用新型的技术特征，清楚、简要地表述专利保护的内容。

● 说明书附图。与发明专利不同的是，实用新型专利一定要提供说明书附图。

● 说明书摘要。说明书摘要应清楚地反映要解决的技术问题，解决该问题的技术方案的要点和主要用途。

图 3-2　申请实用新型专利的流程

3）申请外观专利。申请外观专利的流程如图 3-3 所示。申请外观专利需要准备以下资料：

● 请求书。请求书主要包括外观专利的名称、发明人或设计人的姓名、申请人的姓名和地址等。此外，请求书中还要提供外观设计图片或照片，要求至少两套图片或照片，包括前视图、后视图、俯视图、仰视图、左视图、右视图和立体图等。

● 外观设计简要说明。申请外观专利应准备外观设计的简要说明。

图 3-3　申请外观专利的流程

知识链接

专利申请有两种方式：一种是申请人自己准备申请文件后，自己到国家知识产权局专利局的受理局或专利局下属的各个地方机构呈交申请文件；另一种是直接委托专利机构代办。此外，除了线下申请外，申请人还可通过中国专利电子申请网申请专利。

3. 著作权的法律保护

很多创新成果往往达不到申请专利的标准，但如果该创意是文学、艺术和科学领域内具有独创性的智力成果，则权利人可以将创意以作品的形式表现出来，通过著作权法寻求保护。

《中华人民共和国著作权法》（以下简称《著作权法》）自 1990 年颁布，于 2001 年、2010 年和 2020 年三次进行修正，其主旨为"保护文学、艺术和科学作品作者的著作权，以及与著作权有关的权益"。下面就著作权的相关知识进行介绍。

（1）著作权与作品　著作权又称版权，是指作者对其创作的作品依法享有的专属权利。著作权的主体即是著作权人，第一著作权人是作者，但通过受转让、继承或赠予等方式取得著作权的公民、法人及其他组织也是著作权人。

著作权的客体是作品，根据《著作权法》的规定，作品是指文学、艺术和科学领域内具有独创性并能以一定形式表观的智力成果，具体包括以下 9 个类别：

1）文字作品。文字作品是指小说、诗词、散文、论文等以文字形式表现的作品。

2）口述作品。口述作品是指即兴的演说、授课、法庭辩论等以口头语言形式表现的作品。

3）音乐、戏剧、曲艺、舞蹈、杂技艺术作品。音乐作品是指歌曲、交响乐等能够演唱或者演奏的带词或不带词的作品。戏剧作品是指话剧、歌剧、地方戏等供舞台演出的作品。曲艺作品是指相声、快书、大鼓、评书等以说唱为主要形式表演的作品。舞蹈作品是指通过连续的动作、姿势、表情等表现思想情感的作品。杂技艺术作品是指杂技、魔术、马戏等通过形体动作和技巧表现的作品。

4）美术、建筑作品。美术作品是指绘画、书法、雕塑等以线条、色彩或者其他方式构成的有审美意义的平面或者立体的造型艺术作品。建筑作品是指以建筑物或构筑物形式表现的有审美意义的作品。

5）摄影作品。摄影作品是指借助器械在感光材料或者其他介质上记录客观物体形象的艺术作品。

6）视听作品。视听作品是指摄制在一定介质上，由一系列有伴音或者无伴音的画面组成，并且借助适当装置放映或者以其他方式传播的作品。

7）工程设计图、产品设计图、地图、示意图等图形作品和模型作品。图形作品是指为施工、生产绘制的工程设计图、产品设计图，以及反映地理现象、说明事物原理或者结构的地图、示意图等作品。模型作品是指为展示、试验或者观测等用途，根据物体的形状和结构，按照一定比例制成的立体作品。

8）计算机软件。计算机软件是指计算机程序及其文档。

9）符合作品特征的其他智力成果。

知识链接

著作权的保护年限

根据作者性质的不同，著作权的保护年限也有所不同，具体请参考《著作权法》第二十三条。作者的署名权、修改权、保护作品完整权的保护期不受限制。

（2）作品著作权登记 依据《著作权法》的有关规定，作者自作品完成之时即自行取得著作权，但是为维护著作权人和作品使用者的合法权益，更好地解决因著作权归属造成的著作权纠纷，我国在 1995 年实施了《作品自愿登记试行办法》，作者可以自愿携带个人有效身份证明、作品样本等资料到所属的省（自治区、直辖市）的版权局进行作品著作权登记，以进一步明确权利归属，方便版权交易，保护权属人权益。

进行作品著作权登记不是必需的，但进行著作权登记也有其优势：一则可以获得作品登记证，明确著作权归属，在遭遇著作权纠纷时作为权威证据；二则登记机关会对完成了著作权登记的作品进行公示，这有利于作品的宣传和传播。

作品著作权登记申请需要准备的资料如下：

1）作品著作权登记申请表。

2）版权图样（一式三份）。

3）作品说明书（一式两份）。

4）法人作品申明（一式两份）。

5）代理委托书（一式两份）。

6）申请人的主体资料，包括营业执照副本、身份证复印件等（一式两份）。

软件著作权登记申请需要准备的资料如下：

1）软件著作权登记申请表。

2）代理委托书。

3）主体资格证明。

4）源代码。

5）文档说明。

（3）对著作权侵权行为的判定 要想更好地保护自身的著作权，了解《著作权法》中对于侵权行为的判定是很有必要的。构成著作权侵权行为必须满足违法性、损害事实、有明确因果关系和主观过错等条件。

1）违法性。违法性是指该行为触犯了《著作权法》，具备违法性质，才能算侵权行为，否则即使该行为侵犯了著作权人的利益，也不能使行为人承担法律责任。

2）损害事实。损害事实是指该行为在客观上对著作权人的利益造成了损害。这里的损害不仅包括物质的损害，也包括精神的损害，如某出版商未经作者许可便发行了其作品，虽然之后向作者支付了稿酬，但该出版商的行为侵犯了作者的精神权利，依然是侵权行为。

3）有明确因果关系。只有当该行为与著作权人的损失之间有明确的因果关系时，行为人才需要承担侵权赔偿责任。

4）主观过错。主观过错是指在适用过错责任的场合（如抄袭的判定），行为人具有主观过错的则应承担相应责任，过错包括故意和过失。在不适用过错责任的场合，则不用考虑主观过错来判定侵权行为。

在遭遇著作权侵权行为后，著作权人可以通过仲裁与诉讼的方式来捍卫自身的权益，侵权者将依法承担赔偿损失、赔礼道歉等民事责任，严重的甚至被追究刑事责任。

4. 反不正当竞争法保护

如果一个创新成果既不能申请商标注册，也不能申请专利或形成作品，那么，如果该创意是不为公众所知悉、能为权利人带来经济利益、具有实用性并经权利人采取保密措施的技术信息和经营信息，则权利人可以将其作为商业秘密获得保护。权利人应当采取合理的保密措施，与知悉该创意的单位或个人签订保密协议，要求其不得泄露或擅自使用该商业秘密。《中华人民共和国反不正当竞争法》对商业秘密有具体的规定。

三、创新成果的阶段性保护策略

创新成果的形成要经历相应的环节和阶段，要根据创新成果形成的不同时期的特点进行相应的保护。

1. 创意阶段的保护

好的创意往往具有敏锐的市场捕捉力、科技的创新力和超前的前瞻力，对于有价值的创意想法要提高保护意识，必要时提前申请法律保护。

2. 研发阶段的保护

在研发过程中，要注重对研发的核心技术、产品模型和设计图稿等原创性作品进行加密处理，强化保密意识，注重研发过程中的安全防患。如果是合作研发，必须与合作单位签订保密协议，为创新成果上一道安全锁。

3. 定型阶段的保护

具有市场开发价值和科技创新力的创新成果，在参加科技作品竞赛、创业创新大赛、科技作品展示等公开活动前要对定型的作品进行法律认证，寻求知识产权保护，避免不必要的法律纠纷。

第三节　创新成果的转化

大学生创业者在开展创新活动的过程中可能会形成一些创新成果，但由于各种各样的原因，很大一部分创新成果没能发挥应有的作用。其实产生创新成果只是创新活动的阶段性成功，只有真正发挥创新成果的作用，将其转化为生产力，才能达到创新活动的最终目的。

一、创新成果转化的意义

创新成果转化是指创新成果知识产权人，通过自己使用，许可使用，转让、特许经营等方式行使创新成果知识产权的财产权利，实现创新成果知识产权的经济价值。创新成果知识产权的转化，既为权利人行使其财产权利提供了渠道，实现新成果的经济价值，又让社会大众分享创新成果的效用，从而实现了激励创造、鼓励传播、促进社会进步的目的。

简言之，创新成果转化是将创新成果进行规模化、标准化的实际运用，凭借其获得经济效益和社会效益的行为。创新成果转化是实现创新成果价值的重要方式，对创新者、推广者和社会都具有重要的意义。

1. 对于创新者而言

对于创新者来说，创新成果转化具有以下重要意义：

（1）获得报酬　将创新成果产业化后，最直接的收益就是金钱报酬。无论是许可他人使用成果还是直接转让成果，创新者都可以获得报酬，这是创新者冒着风险投入资源和精力进行创新活动所应得的利益。在很多情况下，物质报酬也是创新者进行创新活动的动机。

（2）检验成果　创新成果的转化过程从某个角度来看也是将创新成果进行大规模生产

运用并将其投放市场环境中进行检验的一个过程。这种检验是创新者在创新活动中不能实现的，创新者可以根据创新成果生产运用的情况和市场的反应来对该创新成果进行优化和改良，并为其之后的创新活动提供参考。

（3）引起关注　创新成果的大规模生产运用与投入市场会同时给创新者带来不小的名气，一方面可能会吸引其他的创新者或组织注意到创新者，与其进行交流、合作；另一方面，一些有相关创新需要的个人或组织会寻求与创新者合作，以产出创新成果。

（4）自我实现　创新者通过创新成果来改变世界，看着自己的创新成果一步步产业化，投入市场，最终在一定程度上改变了人们的生活，对很多创新者而言是很有成就感的事。创新成果转化是创新者实现自我价值的重要途径。

2. 对于推广者而言

推广者是指将创新成果进行大规模运用并利用其产生价值的人或组织，例如出版商、生产厂家和服务公司等，有时创新者自己也会成为推广者。对于推广者来说，创新成果转化具有以下意义：

（1）获得经济效益　这通常是推广者最直接和最看重的收益。创新成果一般会有特定的优势，如创新的管理方法可以提高生产效率、创新的工艺能够提高原材料利用率、创新的产品设计能够提高附加值等，其最终结果都是产生经济效益。

（2）取得竞争优势　创新成果由于其"新"的特点，往往更能满足消费者的需要或引起消费者的好奇心，创新成果投向市场时往往能够取得竞争优势。

（3）开辟新兴市场　一些创新成果具有独创性，能够满足市面上其他产品不能满足的消费者的需要，或激发消费者的潜在需要，推广者就能凭借创新成果开辟出新兴市场，并在这个市场占据绝对优势。

（4）扩大品牌影响　转化创新成果，开发新产品，会带来更高的话题热度和吸引力，推广者可以借此更好地宣传品牌，扩大品牌影响力，有时一个新产品就能打造出品牌形象。

3. 对于社会而言

创新成果转化对社会的影响是多层次、多方面的，其对社会的作用主要体现在以下几个方面：

（1）节约社会资源　很多创新成果转化后都可以节约社会资源，如改进产品工艺可以降低产品耗材，节约了原材料资源；改进管理方式能够提高生产效率，相对节约了人力资源；改变运输方式，提高运输效率，节约了交通资源和燃料资源等。

（2）提高社会生产力　创新成果转化的本质是将创新成果转化为生产力，如工业机器人能够代替人类从事简单的劳动，大大提高了生产力。

（3）改善人们的生活　创新成果的转化和普及能够改善人们的生活，人们日常生活中接触的所有产品都是人类创新的成果，如食物、衣物、交通工具等。

（4）改变人们的观念　创新成果转化的同时也会使新兴事物走进寻常百姓家，推动人们观念的革新，如天文望远镜的出现破除了一些迷信说法等。

为了促进科技成果转化为现实生产力，规范科技成果转化活动，加速科学技术进步，推动经济建设和社会发展，我国专门出台了《中华人民共和国促进科技成果转化法》，读者可以上网搜索了解其详细内容。

二、创新成果转化的途径

创新成果的转化过程就是将智力成果转化为实际的产品或服务，或对其进行规模化、标准化应用的过程。创新成果转化需要将创新成果与社会资源结合起来，而创新者可以通过自主转化、知识产权转让、授权许可、技术入股与出资等几种途径来实现创新成果转化并获得一定的收益。

1. 自主转化

自主转化是指个人、科研院所、大专院校、企业等创新者的创新成果在内部进行的一种最直接的创新成果转化途径，由创新者自己将其产业化，然后将产品或服务投入市场获取经济效益。这一方法只适用于产品或服务类的创新成果，其他类型，如管理方法创新成果，则无法自主转化。

优势：创新者对自己的创新成果最了解，能够很好地运用创新成果，同时消除了中介，自主转化创新成果的所有收益都属于创新者，转化交易成本较低，转化效率较高，能保证创新成果的转化符合创新者的意愿。

劣势：创新者需要投入财力、人力和其他资源来进行创新成果转化，并且需要独立承担市场风险。一些大学生创新者属于"技术内行、经营外行"，缺乏相关的知识和技能，自身资源也比较薄弱，经营效果可能欠佳。

2. 知识产权转让

知识产权转让是指创新成果的产权所有人依法将其享有的创新成果产权中的财产权利全部或部分转让给他人的行为，包括著作权转让、专利权转让、注册商标转让等。当前许多创新成果正是以产权转让获取利益为主要目的。有偿转让创新成果，是实现其经济价值的主要途径之一。

（1）著作权转让　著作权转让是指著作权人依法将其享有的著作财产权的全部或者部分转让给他人的行为。通过著作权转让，受让人成为该作品全部或者部分财产权的权利人，转让人丧失相应权利。

（2）专利权转让　专利权转让指专利权人依法将其专利权转让给他人的法律行为。转让人有权依照合同收取转让金；受让人有权受让该项专利权，成为新的权利主体。

（3）注册商标转让　注册商标转让是指商标权人依法将其注册商标专用权转移给他人的法律行为。商标权人为转让人，接受注册商标专用权方为受让人。

> **知识链接**
>
> **技术转让**
>
> 技术转让是知识产权转让的下位概念，在现代贸易中，技术转让是知识产权转让的重要内容。技术转让，是指专有技术的所有人将技术转移给他人，并收取报酬的行为。技术转让通常是包括专利、商业秘密、商标、版权在内的综合性的知识产权转让行为。目前，专有技术至少由三种技术构成：专利技术、秘密技术、计算机软件技术。商标不属于技术范畴，虽然在知识产权贸易中，技术转让通常附带有商标的转让或是许可使用，商标可以作为技术转让的标的之一，但单纯的商标转让不是技术转让。

技术转让的模式还有技术开发模式、"政产学研金介用"模式、面向产业集群模式、科技创业孵化模式、公共技术服务平台模式等。

创新者将知识产权通过签订转让合同交予受让方,受让方获得知识产权并向创新者支付转让费用,创新成果的转化则由受让方来实施。

优势:创新者不用承担风险,能获得固定的收益;受让方一般是相关领域有实力的企业,能更好地发挥知识产权的价值。

劣势:创新者只能得到转让费用,受让方在之后获得的所有收益都与创新者无关,并且创新者无法干预受让方的行为。

3. 授权许可

创新成果的授权许可,是指产权人授权他人在一定时期和范围内,以一定的方式行使创新成果的使用权并获得相应报酬的行为。许可是在不转让财产所有权的条件下让渡财产中的权利,这包含了以下几点含义:创新成果产权中的人身权利不得许可使用;许可使用不会导致产权所有权的主体发生变化;许可使用不得超出许可人自身所拥有的权限;被许可人不得超出合同约定范围行使权利。著作权、专利实施和商标都可以进行许可使用。

(1)著作权的授权许可 著作权的授权许可是指著作权人授权他人在一定的地域、期限内,以一定方式行使创新成果的使用权并获得报酬的行为。著作权授权许可是最常见的著作权贸易方式,是著作权人实现其著作财产权的主要方式之一。

(2)专利实施的授权许可 专利实施的授权许可是指专利授权人授权他人在一定地域、期限内,以一定方式(包括使用、制造、销售)实施其所拥有专利并获得报酬的行为。专利实施授权许可是最常见的专利贸易形式,是专利权人获得经济价值的主要途径之一。

(3)商标的授权许可 商标授权许可是指注册商标所有人授权他人在一定地域、期限内,以一定方式使用其注册商标并获得报酬的行为。商标授权许可是现代商标法的主要内容,是商标注册人实现其商标经济价值的主要形式之一。

创新者授权或许可他人或组织行使除所有权以外的其他财产权,并收取一定的许可费用。而被授权方则按照合同约定使用其知识产权,完成创新成果转化。

优势:创新者不用承担市场风险并且仍然保留知识产权的所有权,能够在一定程度上制约被授权方的行为;创新者在授权或许可合同时限期满后,可以更改许可费用、撤回授权许可或更换被授权方;创新者可以同时授权多方。

劣势:合同期内创新者只能享受固定收益,且许可费用一般低于转让费用。

4. 技术入股与出资

创新者将知识产权入股或将知识产权视作出资,其本质是创新者将知识产权转让给公司,将转让费变为股权,成为公司股东。

优势:创新者享有股东身份,虽然失去了知识产权的所有权,但也能影响公司的决策和行为;创新者的收益变为股份分红,能够享受公司发展的红利。

劣势:创新者需要承担公司经营失败的风险,收益不稳定。

大学生创新者可根据自身创新成果的性质,充分衡量以上4种途径的优势和劣势,为自己的创新成果选择最合适的转化方式,同时最大限度保障自身利益。

第四节　实践训练

1. 设计商标

（1）活动人数　不限。

（2）活动场地及用具　教室、工作坊等场地，准备白纸、绘画笔或计算机、打印机等设备用具。

（3）活动组织　学生自由结组，每组 4~6 人为宜。基于本章有关商标权知识的学习以及生活中对各类商标的认知，针对某种商品或者服务设计商标。设计的商标作品以小组为单位提交。

（4）活动步骤

1）各组可结合所学专业运用头脑风暴法确定一种商品或者服务，并针对其提出商标设计方案。商标需要由文字、图形、字母、数字、立体标志、颜色组合、声音等要素构成，设计风格及表现形式不限，各组可自由发挥，要求作品创意独特、构思精巧、文化内涵丰富、视觉冲击力强。

2）提交参赛商标的矢量文件，同时需提交符合商标图样文件格式的 jpg 图片，图形清晰，图样文件大小小于 200KB，且图形像素介于 400×400~1500×1500 像素。如果通过扫描获得商标图样，应按 24 位彩色、RGB 格式、300dpi 分辨率扫描符合《商标法》及其实施条例规定的图形（图形清晰，大于 5cm×5cm 且小于 10cm×10cm）。

3）在教师指导下，各组安排三名代表对所有作品进行评审，评出前三名的作品并给予适当奖励。

4）获奖小组根据商标注册流程，模拟进行商标注册。

（5）活动交流与讨论

1）商标设计技巧与注意事项有哪些？

2）商标注册过程中容易忽视的问题有哪些？

（6）活动体验　谈谈你在本次活动中的感悟与收获。

2. 材料分析

小陈是深圳某职业学院数控技术专业毕业生，通过在校期间的刻苦学习，扎实掌握了数控机床的相关知识和技能，凭借过硬的技术和创新精神，其在与手机配套的雕铣机研制方面取得突破，在老师与学校的帮助下，取得了专利权。由于其研发的雕铣机制作工艺超前，设计功能良好，受到生产厂家的关注，毕业前有六家厂商愿意高薪聘请他入职或者购买其专利权。何去何从，小陈一时很困惑。

后来在电子公司实习的经历让小陈大大开阔了眼界，他萌发了毕业后凭借一技之长自主创业的想法。他首先对自己的专利成果进行了经济价值评估和技术潜力评估，评估报告提升了他的信心。他还对深圳数控机床生产企业和市场进行了深入调查，发现珠三角是中国乃至全世界最大的手机生产基地，与手机制造配套的数控机床需求巨大，而其中高速雕刻机和高速雕铣机存在较大的机会。评估和调查坚定了其创业的决心，在有关部门的帮助和创业基金的扶持下，他与几个志同道合的朋友创立了公司。独家的技术成果、过硬的产品质量和前期的市场调研与推广，为他们的创业打下了良好的基础，创业当年，产值达到250万元；第二年，产值达到600万元。小陈继续开发新产品，重新租赁了厂房，进一步扩大生产规模，第三年公司产值超过1000万元。

目前，该公司已经成为深圳乃至珠三角地区手机行业市场占有率名列前茅的专业数控雕刻机制造企业，产品供不应求，客户需要提前半年订货，产品销往全国各地。由于技术含量较高，国内部分开设数控机床专业的大学也向他订购雕刻机，作为教学和科研设备使用。

请回答以下问题：

1）自主创业和技术转让对于小陈来说，哪种方式更好？

2）如果你是小陈，你会寻求怎样的发展之路？

3）小陈可以通过哪些优惠政策寻求发展？

3. 拓展训练

假如你是一项新技术或新产品的发明人，应该如何利用这项技术或产品成果创业？

第五节　创业故事汇

商海浮沉，迎难而上的创业之路

——记云南峰彩汽车服务有限公司董事长李宗辉

李宗辉，就读于云南省交通高级技工学校（现云南交通技师学院、云南交通运输职业学院）1997届汽车修理专业。毕业后分配到云南经贸运输总公司，公司改制后于1998—2001年间先后在昆明、丽江等地的汽车修理厂做维修工作。2002年开始进入4S店体系，从服务顾问做到服务主管再到4S店总经理，只用了不到三年时间。2012年李宗辉陆续与人合伙跨行创业，所开公司涉足了儿童英语教育培训等，2015年正式开始个人创业，开创了云南峰彩汽车服务有限公司，后加入云南省汽车维修行业协会，担任副秘书长。

筚路蓝缕，奋斗廿载

李宗辉1997年从学校毕业后，被分配进入云南经贸运输总公司，一年后，由于国企改制，他去了一家修理厂做机床加工、车床加工等工作。1999年，年轻有闯劲的李宗辉去了几百公里外的丽江打拼。刚开始在一家汽车租赁公司做修理，后来攒下一些积蓄开了一个维修小门店，这算是他的第一次创业，虽然初生牛犊不怕虎，但由于年轻缺乏经验，这个小门店不到两年就关了门。2001年，李宗辉回到昆明做驾驶员的工作，一年后，他进入了云南最早的4S店，即当时的久宝集团。2002—2003年年底，李宗辉从服务顾问的工作提升到服务主管，2004年加入了奥迪中凯集团，也就是现在的大昌行集团做服务主管及服务经理，一直到2008年。从中凯集团辞职后，加入了一汽马自达做4S店总经理。当时能力突出的他跟其中一个投资人开办了云南第二家马自达4S店，担任集团总经理一职。

2012年开始，李宗辉陆续进行了跨行业创业，他与朋友合伙开办了儿童英语教育培训机构。2015年12月彻底开始个人创业，开办了云南峰彩汽车服务有限公司。谈到创业的动机，李宗辉表示当时作为一名职业经理人，收入很不错，但是当生活条件达到了一定的高度的时候，自己对思想上的需求也相应提高了，这促使他去寻找更多的学习机会，更大的挑战，去攀爬更高的山峰。然而，商海不是好战的，虽然自己在学识上与同龄人比起来不占优势，但是人生阅历很丰富，那些年里在国企、私企的工作经历都收获颇多，对于挫折和失败的阈值也高，不害怕失败，也一直保持着想要公司站在更高的平台的梦想。李宗辉还坦言公司的定位是做服务，不是做修理厂，以社区店的形式发展连锁店。2015 年 12 月开始租厂地，2016 年 3 月试运行，凭借多年在 4S 店积累的工作经验，并且利用"互联网 +"进行宣传外化，结合专业的汽车互联网平台与美团、京东、淘宝等合作，利用媒体、公共网页等做宣传，在李宗辉与同事们的努力下，公司在一年半的时间就达到平均每月新增 300 名客户进店的业绩。

在公司管理方面，他也颇有心得。作为老板，他与公司员工经常进行感情交流，关心员工，让员工明白员工与老板之间是互相成就彼此。也正是他的一颗赤诚之心，让公司在面临困难的时候坚持了下来。2018 年公司各方面都走上正轨，正在快速发展时，厂地却出了问题。三年前签订的场地被认定为违章建筑，7000 多平方米的面积，投入了三四百万的资金，付出了诸如设备、员工培训、工地规划等人力物力。被上级单位通知 15 天内必须搬离，他们只能承受巨大损失搬离场地。不幸中的万幸，在人生的低谷时，没有任何一个员工和合作股东因此离职和撤资。当时每个人都在想办法，竭尽自己所能来缓解局面，这也是大家出于对李宗辉的信任。也正是因为员工们的不离不弃，以及众人的齐心协力，才能快速找到新店，承担下所有损失。李宗辉表示，不关闭公司同时也是对社会的一种责任。2018 年 2 月公司搬至新址。

寄语后辈：珍惜当下、兴趣为先

回忆当年，李宗辉笑着说，自己就是一个"闹"学生，没少给班主任顾成老师惹麻烦，但是闹归闹，在老师的帮助下该学的还是认真学了。"那个年代读技术学校是个不错的选择，技术行业的人员也是有自己的特点的，这个社会的运转离不开技术人员，汽车行业带动了云南多家企业。"李宗辉说。

在母校学习的两年时光对李宗辉的帮助很大，为他后来的创业之路和人生经历奠定了基调。学习的技术让他踏进汽车行业，而学校和老师的熏陶让他学会了做人最重要的是诚信和踏实。

李宗辉给在校的学弟学妹们提了几点建议：首先抓住当下的时机，好好学习，不浪费学校资源和自己的青春时光；其次要充分了解自己的特点，自己擅长什么，然后多读书，丰富和充实自己，无论做什么都需要知识沉淀；有机会多出去实习或者丰富自己的经历，扩大视野，把握未来。对于创业班的学生，李宗辉表示，多年的经历下来，商海难战，对于自己来说创业或许不是最好的路，回过头来还是作为一名打工者承担的风险小，作为一个团队的领头人，几乎所有风险都压在身上，一旦经历失败需要强大的意志和能力才能从头再来。所以，他并不建议同学们刚毕业就创业，最好是能够有些积累，想好自己感兴趣的事情，因为只有兴趣才能带来源源不断的动力。在毕业之前利用好各种假期和时间去实践，毕业后先进入社会打拼几年，有了些沉淀再创业也不迟。但是最重要的一点还是勇气和信念，创业就像过山车，起伏不定，你不知道哪天就从高处跌下来，对风险要有心理预估，但是也要敢想敢做，相信努力下去有一天也能从低谷慢慢往上升。

【案例启发】

同学们，看完李宗辉的创业故事，请结合所学的知识，谈一谈你的感受和启发。

第四章

创业与创业政策

【学习目标】

1. 认识创业的要素和创业精神的内涵。
2. 认识新时代大学生创业活动的类型。
3. 了解大学生创业就业政策。

【能力目标】

1. 有意识地提高个人创业的意识。
2. 熟悉创业政策，并运用于个人创业活动中。

【案例导入】

2014 年 9 月，时任总理李克强在夏季达沃斯论坛开幕式致辞中呼吁，让每个有创业愿望的人都拥有自主创业的空间，让创新创造的血液在全社会自由流动，让自主发展的精神在全体人民中蔚然成风。借改革创新的"东风"，在 960 万平方公里土地上掀起一个"大众创业""草根创业"的新浪潮。

2015 年 1 月，时任总理李克强在瑞士达沃斯世界经济论坛 2015 年年会致辞中，把创新创业定位为新引擎。中国经济要行稳致远，必须用好政府和市场这"两只手"，形成"双引擎"。一是要打造新引擎，二是要改造升级传统引擎。打造新引擎是指推动大众创业、万众创新。

2015 年 9 月，时任总理李克强在河南考察时又指出，大众创业、万众创新既是小微企业生存之路，又是大企业繁荣兴盛之道。大企业通过"双创"更能够集聚全员智慧，迸发更大能量。大企业也要用"双创"与小企业更好对接，合作放出创业创新的连环炮，放大"双创"效应。要把国企改革和"双创"结合，发展混合所有制经济，让各类企业共同撑起中国经济的蓝天。

2017 年 9 月，全国大众创业万众创新活动周开幕，时任总理李克强做出重要批示。批示指出：全国大众创业万众创新活动周是创新创业者碰撞思想、交流成果、展示风采的重要平台。当前，双创与各行各业深度融合发展，精准对接市场需求与社会海量创新资源，有效激发了市场活力和社会创造力，加快推动了新旧动能转换，促进了机会公平和就业扩大。要继续认真贯彻党中央、国务院决策部署，落实新发展理念，以推进供给侧结构性改革为主线，深入实施创新驱动发展战略，进一步培育融合、协同、共享的双创生态环境，着力营造公平竞争的市场秩序，着力完善包容审慎的监管制度，着力构建大中小企业融通发展的新格局，推动数字经济、平台经济发展，努力取得更多高水平的双创成果，以新产业蓬勃发展、新动能持续壮大、新人才不断涌现为经济转型升级提供有力支撑。

2018 年 9 月，国务院印发《关于推动创新创业高质量发展打造"双创"升级版的意见》（以下简称《意见》），提出了八个方面的政策措施。《意见》指出，以习近平新时代中国特色社会主义思想为指导，全面贯彻党的十九大和十九届二中、三中全会精神，按照高质量发展要求，深入实施创新驱动发展战略，通过打造"双创"升级版，进一步优化创新创业环境，大幅降低创新创业成本，提升创业带动就业能力，增强科技创新引领作用，提升支撑平台服务能力，推动形成线上线下结合、产学研用协同、大中小企业融合的创新创业格局，为加快培育发展新动能、实现更充分就业和经济高质量发展提供坚实保障。

【案例思考】

1. 国家为什么鼓励"大众创业、万众创新"？

2. 你如何理解"大众创业、万众创新"是一项重大的经济社会改革？

2015 年 8 月 26 日，在国务院常务会议上，时任总理李克强强调："有人把推进大众创业、万众创新仅仅理解为'保就业'，这远远不够。这其实是一项重大的经济社会改革，是结构性改革！推进大众创业、万众创新，有助于中小企业、小微企业提升竞争力，改善经济结构，也有利于打通社会纵向横向的流动通道，有利于推进收入分配体制改革，更是我们依靠市场机制培育的中国经济的'新动能'。"

第一节　创业与创业精神

一、创业概述

在中国，"创业"一词很早之前就出现了，如《孟子·梁惠王下》中的"君子创业垂统，为可继也"；《抱朴子·逸民》中的"吕尚创业垂统以示后人，而张奇酷之端，开残贼之轨"；司马光的《萧何营未央宫》中的"创业垂统之君，致其恭俭以训子孙，子孙犹淫靡而不可禁，况示之以骄侈乎"。这些文章里面提到的"创业垂统"是指创建功业，传之子孙。诸葛亮《出师表》中的"先帝创业未半而中道崩殂"中，"创业"的意思是始造、开创。《现代汉语词典》对"创业"的解释是创办事业，而"事业"是指人所从事的，具有一定目标、规模和系统而对社会发展有影响的经常活动。由此可见，创办事业是创业的本质。精细管理工程创始人刘先明认为："创业是指某个人发现某种信息、资源、机会或掌握某种技术，利用或借用相应的平台或载体，将其发现的信息、资源、机会或掌握的技术，以一定的方式转化、创造出更多的财富和价值，并实现某种追求或目标的过程。"李志能、郁义鸿等在《创业学》一书中指出："创业是一个发现和捕捉机会并由此创造出新颖的产品或服务，实现其潜在价值的过程。"在西方，许多学者对创业均有不同的定义。经济学家熊彼特提出："强调革新，包含新的产品、新的生产方法、新的市场、新的组织形式。财富就是在满足新的需求的革新的活动中被创造出来的。从这个角度来说，创业者可以被视为那些将各种不同的因素组合在一项革新性的活动中，并以此满足消费者的需求的人。同时，他们也希望实现的价值要超越原来的各因素的价值总和，并且能够创造出新财富。""创业教育之父"杰弗里·蒂蒙斯对创业的定义是："创业是一种思考、推理结合运气的行为方式，它被运气带来的机会所驱动，需要在方法上全盘考虑并拥有和谐的领导能力。"德国前总理科尔把创业定义为："发起、维持和发展以利润为导向的企业的有目的性的行为。"当前，国内外学者将创业的定义分为广义和狭义两种。广义的创业是指所有具有开拓性和创新性特征的、能够增进经济价值或社会价值的各项创业实践活动，其功能指向是成就国家、集体和群体的大业。狭义的创业是指创业者发现商机后而从事的生产经营活动，主要是开创个体和家庭的小业，并通过建立企业整合资源以持续实现机会潜在商业价值的过程。狭义的创业概念是从经济学的视角来理解，特指创业个人或创业团队不拘泥于当前资源束缚，寻找和把握各种商业机会，投入已有的知识、技能和社会资本，调动并配置相关资源、创建新企业，为消费者提供产品或服务，具有创新或创造性的、以创造价值为目的的活动过程。

通过分析国内外有关创业的定义，可以发现其包括 5 个方面的内容：

1）创业的主体可以是个人，也可以是团队，即小规模群体。他们必须是资源所有者和配置者，即掌握知识、能力、社会资本等资源，并对资金、技术、人员和机会等资源拥有支配权。

2）创业的关键是商业机会的发掘与把握，包括信息的收集和研究，以及创业机会的识别与开发等过程。

3）创业的前提是要打破规则和资源约束，这是一个创造、创新的过程，即创业的本质是创新。

4）创业需建立新的社会经济单元，其价值实现有赖于将所提供的产品和服务在市场上转化为商品。

5）创业具有明确的目的性，创业过程必然要求创造价值、转移价值和获取价值，如增加个人和社会的物质财富与精神财富。

二、创业的基本要素

说到创业，相信大家都不陌生，尤其是大学生创业，如今很多大学生一毕业便选择创业。不过，虽然创业已经是一个老生常谈的话题，但是创业成功并不容易。下面我们就来一起了解一下创业的基本要素包括哪些。

1. 充分的资源

充分的资源包括人力和财力，创业者要具备充分的经验、学历、流动资金、时间、精力和毅力，同时也要有一定的人脉基础，没有资源就去创业可以说是寸步难行。所以说创业之前先要有资源才行。

2. 可行的概念

生意概念不怕旧，最重要的是可行，有长久性、可以继续开发、扩展的事业才行，这就需要有可行的概念了。很多人没有这个概念就去创业，人云亦云，别人说好就去创业，结果到头来一无是处。

3. 适当的基本技能

基本技能不是指行业中的一般技能，而是通常性的企业管理技能。很多人在创业时犯了一个错误，那就是只提升自己的专项技能，例如做技术生产的创业者只提高自己的技术，而忽略了企业的管理，殊不知，对于一个企业，管理运营是非常重要的部分。

4. 有关行业的知识

既然要创业，那就必须要了解有关这个行业的知识。尤其是大学生创业，由于没有实操经验，那就必须要了解行业，只有掌握了行业知识，在创业的过程中才能规避一定的风险。

（1）网络知识　如今各行各业都离不开互联网，不懂网络知识，只埋头苦干是行不通的。这就需要创业者具备一定的网络知识，这些都是创业最基本的要求。

（2）良好的执行力　若想创业，作为老板必须要有良好的执行力，切勿把自己当成普通的员工，绝不能有偷懒的思想，只有这样才能更好地规范下属。

三、创业的类型

对于新手来说，选择一个创业好项目固然重要，但是，选择好自己的创业类型也是非常重要的。下面我们从不同的角度，看看创业可分为哪些类型。

1. 机会型创业与就业型创业

从动机角度，创业可分为机会型创业与就业型创业。

（1）机会型创业 机会型创业的出发点并非谋生，而是为了抓住、利用市场机遇。它以新市场、大市场为目标，因此能创造出新的需要，或满足潜在的需求。机会型创业会带动新的产业发展，而不是加剧市场竞争。世界各国的创业活动以机会型创业为主，但中国的机会型创业数量较少。

（2）就业型创业 就业型创业的目的在于谋生，为了谋生而自觉地或被迫地走上创业之路。这类创业大多属于尾随型和模仿型，规模较小，项目多集中在服务业，并没有创造新需求，而是在现有的市场上寻找创业机会。由于创业动机仅仅是为了谋生，往往小富即安，极难做大做强。

2. 自主型创业与企业内创业

按照新企业建立的渠道，可以将创业划分为自主型创业和企业内创业。

（1）自主型创业 自主型创业是指创业者个人或团队白手起家进行创业。自主型创业充满挑战和刺激，个人的想象力、创造力可得到最大限度的发挥；有一个新的舞台可供表现和实现自我；可多方面接触社会、各种类型的人和事，摆脱日复一日的单调乏味的重复性劳动；可以在短时期内积累财富，奠定人生的物质基础，为攀登新的人生巅峰做准备。

（2）企业内创业 企业内创业是进入成熟期的企业为了获得持续的发展和长久的竞争优势，为了将创新成果商品化而得到组织授权和资源保障的企业内创业活动。每一种产品都有生命周期，一个企业在不断变化的环境中，只有不断创新，不断将创新的成果推向市场，不断推出新的产品和服务，才能跳出产品生命周期的怪圈，不断延长企业的生命周期。成熟企业的持续发展同样需要创业的理念、文化，需要企业内部创业者利用和整合企业内部资源创业。企业内创业是动态的，正是通过二次创业、三次创业乃至连续不断地创业，企业的生命周期才能不断地在循环中延长。

3. 大学生创业和兼职者创业

（1）大学生创业 大学生毕业后可独立创业，也可合伙创业；可做所学专业，也可做非所学专业，这在今天已较普遍。自主创业的目的并非以挣钱为主，而是做自己想做的事，体现自我人生价值。独立创业是指创业者独立创办自己的企业。现在个人独立创业也成为一种很平常的现象。独创企业的特点在于产权是创业者个人独有的，相对独立，而且产权清晰，企业利润归创业者独有；企业由创业者自由掌控，创业者按自己的思路来经营和发展自己的企业，无须迎合其他持股者的利益要求及其对企业经营的干扰。但是，独创企业需要创业者面对独自承担风险、筹备创业资金、财务压力和有限的个人才能等问题。

（2）兼职者创业 例如大学教授中有一部分就是兼职创业者，尤其是艺术专业的教授，他们自己建立公司，对外招揽生意。也有一些研究生、博士生在读书期间就兼职为导师做项目。

4. 依附型、尾随型、独创型和对抗型创业

按创业风险分类，创业大致可以分为依附型、尾随型、独创型和对抗型创业。

（1）依附型创业 依附型创业可分为两种情况：一是依附于大企业或产业链而生存，

在产业链中确定自己的角色，为大企业提供配套服务，如专门为某个或某类企业生产零配件，或生产、印刷包装材料；二是特许经营权的使用，如麦当劳、肯德基利用品牌效应和成熟的经营管理模式，大大减少了经营风险。

（2）尾随型创业　尾随型创业即模仿他人创业，所开办的企业和经营项目均无新意，行业内已经有许多同类企业，新创企业尾随他人之后，学着别人做。尾随型创业有两个特点：一是短期内不求超过他人，只求能维持下去，随着学习的成熟，再逐步进入强者行列；二是在市场上拾遗补阙，不求独家承揽全部业务，只求在市场上分得一杯羹。

（3）独创型创业　独创型创业可表现在诸多方面，归结起来，集中在两个层面：一是填补市场需求内容的空白；二是填补市场需求形式的空白。前者是经营项目具有独创性，独此一家，别无分店，大到商品独创性，小到商品的某种技术的独创性。

（4）对抗型创业　对抗型创业是指进入其他企业已形成垄断地位的某个市场，与之对抗较量。这类创业必须在知己知彼、科学决策的前提下，决心大，速度快，把自己的优势发挥到淋漓尽致，把自己的劣势填平补齐，抓住市场机遇，乘势而上，避开市场风险，减少风险损失。

从不同的角度进行分析，可以看出创业的类型其实和创业者将来成功与否有着极大的关系。当然，也并不能单从创业类型来衡量创业者的成败，除此之外，创业者本身的条件也是他将来能否成功的关键。创业的路途非常遥远，且很崎岖，只有那些有毅力的人才能够到达彼岸。

四、创业者应具备的素质和能力

创业者在创业过程中发挥核心作用，是成功的第一要素。创业冒险活动要想成功，创业者就需要具备解决和处理各种挑战与问题的知识及能力、开拓创新的激情、不畏艰难险阻的冒险精神、面对挫折和失败的勇气，以及各种优良的品质素养。

1. 良好的身体条件

良好的身体条件是指创业者有健康的身体、充沛的体力、旺盛的精力、敏捷的思维。美国著名经济学家、诺贝尔经济学奖获得者西奥多·舒尔茨认为："与物力资本一样，体现在人身上特别是劳动者身上的人力资本，包括智力、知识、技能和健康状况等，躯体的健康是人健康的基本条件之一，也是创业者的必备条件。"在创业初期，受资金、环境等方面条件的制约，许多工作需要创业者亲力亲为。任务繁重、压力大、时间长，若无充沛的体力、旺盛的精力、敏捷的思维，必然心有余而力不足，难以承担创业重任。所以，众多企业家都认为良好的身体条件是成功创业的一大前提。

2. 创业的激情与意识

创业的激情指的是持久的追求与不懈的努力，需要百折不挠、坚持不懈的意志，而不是一时冲动。创业是一个漫长的过程，需要长期埋头苦干。一蹴而就、立竿见影的成功毕竟是极少数。创业者一旦确定创业方向和目标，就要朝着既定目标逐步迈进，纵有千难万险也不轻言放弃。时刻保持创业激情，是创业成功的关键因素之一。

创新意识作为创业者的重要素质之一，指的是创业者能在瞬息万变的市场环境和激烈的市场竞争中，不断推出新产品、新服务、新方法来获得企业生存与发展的空间，从而取得成功的思想意识。要想取得创业的成功，创业者必须具有强烈的自我实现、追求成功的创业意识。这种不断推陈出新的创新方式与途径通常来源于创业者对产品服务的认识、开放式的思考、市场触觉和多样化的资料信息。强烈的创业意识能帮助创业者克服创业道路上的各种艰难险阻，将创业目标作为自己的人生奋斗目标。创业的成功是思想上长期准备的结果，事业的成功总是属于有思想准备的人，更属于有创业意识的人。

3. 自信、自强、自主、自立的创业精神

自信是指创业者要对自己充满信心，相信自己能够主宰自己的命运，相信自己有能力、有条件去开创未来的事业，成为创业的成功者。自信心能赋予人主动、积极的人生态度和进取精神。信念是创立事业之本，更是创业的原动力。要想成为一名成功的创业者，必须信念坚定，顽强拼搏，直到成功。自强指的是创业者在自信的基础上，不贪图眼前的利益，不依恋平淡的生活，不断增长自己各方面的能力与才干，勇于使自己成为生活与事业的强者。自主指的是具有独立的人格。具有独立性思维能力，不受传统和世俗偏见的束缚，不受舆论和环境影响的创业者，通常具有敢为人先的胆略和实事求是的科学态度，能把握自己的航向，选择自己的道路，善于设计和规划未来，并采取相应的行动。自立就是不依赖他人，凭借自己的头脑和双手，凭借自己的智慧和才能，凭借自己的努力和奋斗，开创生活和事业的基础。

4. 一定的创业知识素养

创业知识是进行创业的基本要素。实践证明，良好的知识架构对于成功创业具有决定性的作用，创业者要进行创新思维，做出正确决策，必须掌握广博的知识，具有一专多能的知识结构。创业知识通常涉及以下三方面内容：一是专业性知识，指的是与某一创业领域密切相关的专业知识；二是宽口径知识，包括政治意识、经济常识、社会常识、法律常识等；三是经验性知识，包括商业经验、社会经验、生活经验等。但是，并非学历越高，创业的成功率就越高。在知识经济时代，商业竞争日益激烈，创业已转向科技创业和知识创业，知识素养对创业有着举足轻重的作用，强调知识素养的重要性，并不是要求创业者必须完全掌握这些知识才能去创业，而是希望创业者要有不断学习和完善知识结构的自觉性和实际行动。

5. 优秀的创业人格品质

创业人格品质是创业行为的原动力和精神内核。优秀的创业人格品质包含使命责任、创新冒险、坚忍执着和正直诚信等，这些意识品质与创业成败息息相关。尤其是在创业遇到困难和不利的情况下，创业者的人格魅力和优秀品质通常具有决定性作用。使命责任是驱动创业者勇往直前的力量之源。成功的创业者具有极高的使命感和强烈的责任意识，只有对自己、对家庭、对员工、对投资人、对顾客、对供应商以及对社会拥有极高的使命感和负责精神的创业者，才可能赢得人们的信任、尊重和支持。创新意识和冒险精神是进行创业的内在要求。创业机会的发掘需要有开创性思维和冒险精神，同时，在创业实践中也要有风险意识，要注意冒险精神和风险意识的平衡，既要防范风险，又要敢为人先。坚忍执着指的是身临逆境，仍然能够坚持信念、勇挑重担、奋发向上。成功创业的背后往往是创业者废寝忘食、身先士卒的坚忍执着。正直诚信是创业者的立足之本和发展源泉，决定着企业的美誉度与发展空间，讲信誉、守诺言，具有良好口碑的人格魅力可以帮助创业者凝聚人心，鼓舞士气，赢得更多合作者的信任和支持。

6. 强烈的市场竞争意识

市场竞争是企业赖以生存和发展的基础，是市场经济的重要特征之一。改革开放以来，我国社会主义市场经济得到深入发展，竞争愈演愈烈：从小规模的分散竞争发展到大集团的行业竞争；从国内竞争发展到国际竞争；从单纯的产品竞争发展到综合实力的竞争。竞争的过程是优胜劣汰的过程。在创业初期，创业者面对一个充满压力的市场，如果缺乏竞争意识和心理准备，甚至惧怕竞争，实际上等于放弃了自己的生存和发展权利，只能一事无成。创业者只有敢于竞争、善于竞争，在竞争中寻求合作和提高，才能取得成功，开创一片属于自己的天地。

7. 良好的创业心理品质

创业心理品质是指创业者应该具备的心理条件，通常包括自我意识、性格、情感、气质等心理构成要素。国内学者认为，创业者应该具备6个方面的良好心理素质，包括能独立思考、自主判断与选择，善于沟通、交流与合作，勇于担责、敢于冒险、积极行动，善于自我控制、能够避免盲目冲动，百折不挠、坚持不懈、顽强拼搏，善于自我调适。

在市场经济中，创业是摸着石头过河，机会与风险共存。创业之路是充满艰险的，是曲折的。创业规模越大，风险自然越大，创业者不可能完全照搬教科书中的理论或他人的成功经验来解决问题和矛盾，需要在创业的过程中不断探索，持续保持积极、沉稳的心态，即有良好的创业心理品质。良好的创业心理品质在创业实践过程中对创业者的心理和行为起调节作用，反映了创业者的意志和情感。创业之路从来都不是一帆风顺的，一遇挫折就垂头丧气、一蹶不振，这样是走不长远的，只有具有处变不惊的良好心理素质和愈挫愈强的顽强意志，才能在创业的道路上闯出一番属于自己的事业。

8. 交往协调能力

交往协调能力是指创业者能够妥善地处理企业内部成员之间的关系，企业与同业人员、合作伙伴、竞争对手之间的关系，企业与公众（政府部门、新闻媒体、客户等）之间的关系的能力。在创业的道路上，创业者不可能单兵作战，需要广泛的人脉关系资源，由此形成强大的支撑系统。良好的人际关系可以帮助创业者排除交流障碍，在遇到困难时及时得到朋友的帮助，化解交往矛盾，降低工作难度，提高客户的信任度，从而提高办事效率，增加成功的机会。因此，创业者要积极进行有效沟通，团结各界力量，既要做到坚持原则，又要做到求同存异，共同协调发展。

9. 经营管理能力

在激烈的市场经济中，企业要生存和发展，创业者就必须具备良好的经营管理能力。无论规模大小，创业者都要与人、财、物等资源打交道，那么如何管理人、财、物等现有资源，使其效益最大化；如何充分调动每位雇员的积极性，从而全力以赴地为企业工作；如何使自己的产品或服务项目被社会认可，受用户欢迎，这些都需要优秀的管理体系和良好的经营管理才能实现。

10. 专业技术能力

专业技术能力是一种最基本的创业能力。创业者必须精通专业操作，才能使自己的服务或者产品被社会接受。一个具有丰富经验和较高水平的经营管理者，如果不熟悉、不了解某一专业或职业的特殊性，就无法充分施展和发挥经营管理的能力或综合能力。只有掌握了某一专业技术能力，才能对症下药、因事制宜，采取适当的经营管理方法。

11. 综合能力

在创业实践活动中，综合能力是一种高层次能力，具有很明显的综合性特征，主要内容包括把握机遇的能力、信息的获取加工处理能力、交往公关能力、创新能力等。综合能力一旦与经营管理能力相结合，就会从整体上、全方位地影响和作用于创业实践活动，使创业实践活动的方式和效率发生显著的改变。

12. 领导与决策能力

创业活动需要一个灵魂人物，他是整个活动的领导。因为创业需要领导者来整合、利用各项生产要素形成合力，发挥它们的最大效用，所以领导者应有明晰的使命，有很强的感召力，有高瞻远瞩的战略思维，有百折不挠的意志力和宽广的胸怀，有随机应变的灵活性和当机立断的决策力，有统揽全局和明察秋毫的能力，具备高超的管理艺术，对经营管理的事业了如指掌，对生产和消费趋势有研判能力，并且善于选择合作伙伴，有组织或领导他人、驾驭局势变化的能力。

决策能力指的是在创业过程中，创业者能够根据主客观条件，因地制宜地确定创业的发展方向、目标、战略以及具体选择实施方案的能力。决策是创业工作的重要内容之一，是创业顺利进行并取得成功的前提，诸如与组建团队、把握机会、创业融资、商业模式及发展战略等有关的重大决策，都与创业的成败直接相关。因此，创业者的决策能力至关重要。创业者必须具备很强的分析、研判能力，调研充分，以创新思维进行科学民主决策。

企业运营过程中需要处理大量事务性问题，即便再小的店铺或企业也不能例外。因此，创业者需要具备一定的领导与决策能力，把企业的人员与业务安排得井井有条，并能及时处理所遇到的一切问题。

五、创业的步骤

创业过程可以总结为以下 8 个步骤。

1. 选择行业

大学生都可以创业，但并不是人人都可以创业成功。这里面有着许多成功创业的小秘诀，而这些秘诀并非都来自创业成功个案的经验，很多是从失败的例子中反省、领悟而来的。综合这些经验来看，大学生首先要做的便是决定从事哪种行业和项目。

2. 持续加强创业知识学习

大学生要多接触各种信息与资源渠道，如专业协会及团体等组织机构，阅读创业者的自传、创业丛书、商业杂志，帮助自己评估创业机会与自身潜力，尽早让创业计划定位。

3. 慎选品牌或公司名称

大学生在创业时，要进行注册公司名称调查，确定所选择的名称是否未被登记或已在商标法的保护中。品牌或公司名称要具有前瞻性与远见，要能够充分反映产品或服务与众不同的特色及单一性。基本上，品牌或公司名称与产品之间的关系是成正比的，亦即是要能在消费者或顾客群的心目中产生一种紧密的联想力。

4. 决定公司的合法组织与法律架构

在创业之初，大学生必须决定是要自己创业还是合伙创业。如果选择合伙创业，公司的起始资本额如何分配，合伙创业的模式如何选择，大学生应先了解各种公司组织形态的利弊及运筹方式，再选择最适合组合模式的创业计划方式。

5. 评估预算报告

经营一项有利润的新事业必须要有充分的流动资金，并且要能与实际经营运作时所需的开销相平衡。大学生要编制公司首次营运费用及持续营运的每个月开销的年度预算表，不管公司状况如何，一份理想的预算报告在编列预算时，应稍微调高所需预算比例，以确保公司正常运行。

6. 创业选址

大学生在决定了自主创业并选好项目之后，最重要的就是选址的问题。不论创立何种企业，地点的选择都是决定成败的一大要素，尤其是以门市为主的零售、餐饮等服务业，店面的选择往往是成败的关键。在选择经营场地时，要重点关注租金给付的能力和租约的条件等。

7. 筹措创业资金

大学生在创业时要多渠道筹措创业资金，营运资金以能支付公司创业第一年内所有的营运开销为目标。大学生可通过政府创业担保贷款、银行抵押借贷等方式筹集创业资金。

8. 完成公司登记及了解各种法律相关条文

在开始营业之前，大学生要详细了解所有与商业法规相关的条文规定、营业执照或许可证申请的细节等。各县市政府对营利事业单位的规定存在差异，因此大学生要了解创业地所在县市区域内的规范条文。大学生可通过各地的中小企业协会或商会获取信息。

阅读材料

梁伯强抓准市场需求，完成传奇创业

1998年5月的一天，梁伯强看到报纸上一则新闻写到，朱镕基总理在接见全国轻工企业职工代表大会的代表时，谈到了对指甲钳质量的不满，说从没使用过一个好的指甲钳，我们生产的指甲钳剪两天就剪不动了。梁伯强想，一个小小的指甲钳能在总理心中得到挂念，可见绝非小事，这里就有商机。梁伯强倾其所有，在宁波开发区投资了指甲钳生产线，并注册成立了中山圣雅伦有限公司。经过几年的发展壮大，现在的圣雅伦指甲钳已成为中国指甲钳行业的名牌产品，质量名列前茅。

分析： 梁伯强是如何抓准市场需求，使圣雅伦指甲钳成为中国指甲钳行业的名牌产品的？

六、创业精神

1. 创业精神的定义

创业精神是一种抽象的品质，指创业者主观上具有的开创性的思想、观念、个性、意志、作风、品质等的高度凝结，通常被称为企业家精神，是创业者在市场竞争中不断开拓进取，创造新价值的精神概述，涵盖了诚实守信、踏实肯干、坚韧不拔、敢于承担风险等内容。

创业精神也是推动创业者创业实践的重要力量，它可以让创业者发现别人未曾注意到的变化和趋势，遇见别人没有看到的市场前景，在新事物、新技术、新环境、新动向、新需求面前有更强的吸纳力和转化力，可以让创业者不断地寻找机遇，不断地追求创新，不断地推出新的经营方式和新的产品。创业精神是一个创新的过程，在这个过程中，新产品或新服务的机会被确认、被创造，最后被开发，从而产生新的财富创造的能力。也就是说，创业精神的本质在于创新，在于为消费者创造新的满足、新的价值。

2. 创业精神的内涵

创业精神是创业者创业过程中各种素质的综合体现和重要行为特征的高度融合，其内涵主要表现在以下几个方面。

（1）高度综合性　创业精神是多种精神特质综合作用的成果，包括诸如创新精神、冒险精神、拼搏精神、合作精神等特质精神在内。德鲁克认为，创业精神中最重要的就是创新精神，在创新的过程中不可避免地要遇到挑战和承担风险，而团队抵御风险的能力势必要大于个人的单打独斗，团队合作不仅可以增加成功的概率，也可以创造更大的价值。所以，创新精神的内涵中必然包括承担风险和挑战不确定性的冒险精神，以及合作精神。

（2）三维整体性 创业精神无论是内化产生，还是外化显现，都是由哲学、心理学、行为学三个层面所构成的整体：哲学层次的创业观念和思想是人们对于创业的理性认识；心理学层次的创业意志和个性是人们创业的心理基础；行为学层次的创业品质和作风是人们创业的行为模式。缺少其中任何一个层面，都无法构成创业精神。

（3）历史先进性 创业精神的最终体现就是开创前无古人的事业，想前人不敢想，做前人不敢做，创业精神本身必然具有超越历史的先进性。新时代的创业者不单单是为了实现个人财富梦想而创业，其创业精神必然被赋予勇于承担社会责任和甘于奉献的新内涵，这种新品质是超越历史上任何一个时代的创业者的。

（4）鲜明时代性 不同时代的人们基于不同的物质和精神生活条件，创业精神的物质基础和精神营养必然各有不同，创业精神的内涵也会相应发生变化，必然打上时代的烙印。创业精神对创业实践有重要意义，它是创业理想产生的原动力，是创业成功的重要保证。

随着新时代创业者的不断涌现，年轻一代的创业者对精神层面的追求更为纯粹，社会责任成为他们构建新的商业模式时主动考虑的重要内容。未来，中国最好的创业者将会以"社会企业家"的姿态出现。

阅读材料

犹太小伙抓住商机，创建李维斯

19世纪40年代后期，人们在加利福尼亚州发现了金矿，当地掀起了淘金热。犹太青年商人 Levi Strauss（李维·斯特劳斯）并没有跟风去挖金矿，而是带了一批帆布过去供淘金者搭帐篷。结果到了当地他发现对于淘金者来讲，最急需的东西并不是帐篷，而是一条耐磨耐穿的裤子。他当即把积压的帆布试着做了一批低腰、直筒、臀围紧小的裤子，卖给淘金工人。由于这种裤子比棉布裤更结实耐磨，工人们大量选购，不到半年的时间，小镇上一大半的淘金工人都穿上了这种工装裤，甚至连镇上的办事员和官员也爱上了这种耐穿结实的裤子。于是，他索性开了一家专门生产帆布工装裤的公司，并以自己的名字 Levi's（李维斯）作为品牌，李维斯的神话也由此展开。

分析：李维·斯特劳斯是如何抓住商机的？

第二节 新时代大学生创业活动

一、大学生创业的意义

随着高等教育院校数量和规模的扩张，大学毕业生的就业问题也日渐突出。2010—2021年的毕业生人数按照2%~5%的同比增长率逐年增长，近11年间累计毕业生人数达到9000多万人。根据教育部消息，2022届全国普通高校毕业生达1076万人，创毕业生人数新高，就业创业工作面临复杂严峻的形势。为了解决大学生就业难题，近年来从中央到地方都出台了一些应对措施，其中鼓励大学生创业被摆在了突出的位置，"大力支持自主创业、促进以创业带动就业"成为应对就业难题的重大战略。因此，大学毕业生创业具有十分重要的意义。

1. 以创业带动就业是缓解大学生就业难的有效途径

创业具有扩大就业的倍增效应，大学生创业不仅是就业的重要形式，而且能带动就业，为更多的人解决就业问题。调查结果表明，1 个大学生创业平均可以带动 8 个大学生或社会待业人员的就业。因此，培育大学生创业精神和创业技能，提倡和鼓励大学生自主创业，通过创业来解决大学生就业问题无疑是一种可行且有效的途径。

2. 大学毕业生创业有利于大学生自我价值的实现

随着社会的不断发展，创办企业越来越需要创业者具有较高知识水平和技术能力，而拥有专业知识的大学生更有能力通过创业来实现价值创造。大学毕业生通过自主创业，可以把自己的兴趣与职业紧密结合，做自己最感兴趣、最愿意做和自己认为最值得做的事情。创业为大学生创造了发展的机会，提供了增加个人财富的可能性，有利于提高自己的社会地位。对许许多多梦想着开创自己事业的大学生而言，创业不但是一种充分实现自我价值的机会，更是发挥个人潜能的舞台。

3. 大学毕业生创业有利于培养大学生的创新精神

创业的本质是创新，而创新是一个民族的灵魂，是国家兴旺发达的不竭动力。目前，我国技术创新总体水平不高，市场开发还不够充分，在国际分工中优势不大。要改变这种被动状态，就要发展创业型经济，而发展创业型经济的根本，取决于拥有创新创业人才的状况。青年大学生作为最具活力的群体，是社会未来的精英，如果失去了创造的冲动和欲望，那么国家最终将失去发展的动力。大学生的创业活动，有利于培养其勇于开拓创新的精神，把就业压力转化为创业动力，培养出越来越多的各行各业的创新型人才，是我国实现发展创业型经济的最重要的途径，为创业型经济的发展提供根本性支撑。

4. 大学毕业生创业有利于促进中小企业的快速发展

从国际经验来看，等量资金投资于中小企业所创造的就业机会是大企业的 4 倍。一个国家有 99.5% 的企业属于中小企业，65%～80% 的劳动者在其中就业。美国对中小企业的发展一直比较重视，称其为"美国经济的脊梁"。美国企业创新产品中有 82% 来自中小企业。因此，应鼓励大学生自主创业，促进中小企业的快速发展。

5. 大学毕业生创业有利于培养其艰苦奋斗的作风

大学生自主创业的过程中，困难和挫折甚至失败都在所难免，这就要求自主创业的大学毕业生具备顽强的意志和良好的品格，勇于承担风险，自立自强，艰苦拼搏，通过创业培养自立自强的意识、风险意识、拼搏精神和艰苦奋斗的作风。

阅读材料

临川返乡大学生方婷的创业轨迹

2007 年 5 月，厦门大学旅游管理专业应届毕业生方婷以优异的成绩同时被 3 家大型旅游公司录取。谁知，方婷出人意料地做出决定——回乡接过父亲的接力棒，将菌菇产业做大做强。

从厦门回到抚州市临川区罗针镇丁湖村老家的方婷，把目光放在现有菌菇品质提纯和生态驯化新品种上。在父亲的支持下，方婷筹集 36 万元资金，组建了虎奶菇菌种人工驯化实验室。在 400 多个攻关的日夜里，方婷每天不是忙于实验栽培，就是往返于省内外的科研单位及高等院校，向专家学者请教。天道酬勤，经过数百次的实验栽培，2010 年 9 月，"临川虎奶菇"菌种终于人工驯化成功。这一科研项目先后获得抚州市科技进步奖、江西省科技进步奖。

方婷奔跑的脚步并未停歇。菌种驯化成功后，她又与省内外有关高等院校、科研单位联手，开发出了科技含量高的新产品——"临川虎奶菇"成品、系列保健产品，并被评为国家地理标志保护产品、江西省著名农产品。2019 年，"临川虎奶菇"品牌评估价值为 10.81 亿元，产品销售额突破 7000 万元，并连续获第九届、第十届中国国际农产品交易会金奖，产品畅销全国 20 多个省份以及日本、泰国等十多个国家；"临川虎奶菇"生产基地被共青团中央评为"青年就业创业见习基地"。

在"临川虎奶菇"形成规模化种植后，方婷采取"公司＋基地＋农户"的模式，建立集新技术推广，虎奶菇种植、加工、销售于一体的专业合作组织，为种植户提供产、供、销一体化服务，形成完整的虎奶菇产业链条，带动百姓种植"致富菇"。

分析：为什么方婷能创业成功？

二、中国的几次创业热潮

1. 第一次创业热潮

1978 年前后，农村改革解放了农村的劳动力，释放了农村中一部分有创业热情和能力的农民的能量。乡镇企业开始出现，家庭企业迅速发展。同时，回乡知识青年、一些不能就业的市民、部分退伍军人和公务员为了生存，抓住短缺经济时期的商机，创办了小企业、小商店。

横店集团的徐文荣、裁缝出身的改革家步鑫生、希望集团的刘氏四兄弟、傻子瓜子的创始人年广久、木匠出身的亿万富翁张果喜等，都是这一阶段涌现的创业家。

2. 第二次创业热潮

1988 年，全国人大通过的宪法修正案增加了"国家允许私营经济在法律规定的范围内存在和发展"的内容，掀起了我国第二次创业热潮。一批有文凭、有稳定工作的人走上自我创业之路，"下海"一词成为当时的热点，就连大学校园也未逃脱这次巨大的冲击波，许多学生课下就成为"小摊主""小经理"。校园里的经商热也成为各类媒体的聚焦对象。

"打工皇帝"段永平就是在此时只身闯荡广州，虽然他有中国人民大学经济学研究生的学历，本可以获得一份稳定的工作，但他选择了一条艰辛的创业之路。不过"小霸王""步步高"电子产品风靡全国的事实证明了他的抉择是正确的，他是这次创业热潮中的成功典范。被评为"亚洲最佳商人"的柳传志、新时代"革命家"的宋朝弟、"WPS 之父"的求伯君及声名显赫的史玉柱、姜伟、吴炳新、王遂舟等人都是在这一时期开始创业的，他们是时代的创业英雄。

3. 第三次创业热潮

1992 年，中国改革开放的总设计师邓小平在南方视察，针对人们对资本主义和社会主义的疑惑明确指出，计划多一点还是市场多一点不是社会主义与资本主义的本质区别。计划经济不等于社会主义，资本主义也有计划；市场经济不等于资本主义，社会主义也有市场。计划和市场都是经济手段。这些精辟的论述，使热衷于创业的仁人志士如沐春风，同时掀起了我国的第三次创业热潮。

1992 年朱保国在深圳创立公司，生产出中国第一个女性保健品太太口服液。经过多年的市场开拓，公司已成功上市。

4. 第四次创业热潮

2000年1月1日，《中华人民共和国个人独资企业法》开始实施，为中国民营企业亮起了一盏明灯。注册资本限制条件的取消，创业资金门槛的降低，使创业企业不再是有钱人的"专利"，进而开创了一个人人都能创业的新时代。随着市场经济改革的深入和完善以及产业结构的调整，中国人的创业活动也在动态的创业过程中得到发展、升华。

宽松的政策加上新经济带来的机遇，造就了张朝阳、丁磊、王志东、陈天桥等一大批创业者，这些人原来几乎是身无分文的大学生、留学生，凭借技术优势和资本市场的力量，他们迅速成长为新一代的创业企业家，成为年轻创业者的偶像。

5. 第五次创业热潮

2014年9月，时任总理李克强提出"大众创业""草根创业"的号召，并于2015年在政府工作报告中又提出"大众创业，万众创新"这一概念。2015年7月4日，国务院印发《关于积极推进"互联网＋"行动的指导意见》，吸引以80后和90后为主的青年群体依托互联网这个平台，在零售、电子商务等领域掀起新的创业浪潮。

2014年，中国网民数量约6亿多人，网站近400万个，电子商务交易额超过16万亿元人民币。2014年B2B电子商务业务也正在逐步转型升级，主要的平台仍以提供广告、品牌推广、询盘等信息服务为主。阿里巴巴、慧聪网、华强电子网等多家B2B平台开展了针对企业的"团购""促销"等活动，以培育企业的在线交易和支付习惯。

2015年5月18日，2015中国化妆品零售业大会在上海召开，几百位化妆品连锁店店主、百余位化妆品代理商、数十位国内外主流品牌代表与会。面对实体零售渠道变革，会议提出了"零售业＋互联网"的概念，建议以产业链最终环节零售为切入点，结合国家战略发展思路，发扬"互联网＋"的时代精神，回归渠道本质，以变革来推进整个产业的提升。

阅读材料

从小木匠到董事长

杨发根是江西丰城人，少年时学木工，18岁闯武汉，从开始时的小木匠，一直做到如今的武汉市金鑫集团有限公司董事长。

江西丰城素称"手艺之乡"，杨发根受环境熏陶，从小就在家乡学木工。做木工本不容易，但杨发根发现自己有这方面的天赋，一般人要学三年才能出师，他一年多就能独立制作高难度的长凳、木桶了。那时候他有些心高气傲，认为自己很了不起，不懂得尊重别人。一次，他给人家制作柜子，他突发奇想，要把柜脚做成圆的，显得好看一些。东家却不同意他这么做，但他执意按自己的想法去做。结果把柜脚做成圆的不但浪费了很多时间，东家还扣了他的工钱，不仅吃力不讨好，还落了个"不听话"的名声。

在改革开放初期，杨发根离开家乡，靠给武汉汉口简易路一带居民打日用家具为生。几经磨炼，杨发根的手艺日益精湛，再加上踏实肯干，杨发根在古田一带打出了名气。后来，老家陆陆续续来了一些木匠，跟着他一起干，他还被大家推举为当头人。1985年，他的团队发展到十几个人，杨发根也存下了几万元的积蓄，于是他们挂靠到杨园街道办事处经管办，成立了杨园街家具厂，靠承揽零散生意为主。1988年，当时的武汉只有武胜路武汉家具配套销售中心和中南商业大楼有专门的家具展位，这些商家的门槛很高，但商场的客流量巨大，这像吸铁石一样吸引着杨发根。他把家具拖到商场门口进行展销，当天就吸引了几百人围观，火爆的生意也吸引了商场负责人。几经周折之后，杨园街家具厂的产品终于摆进了大商场，令同行羡慕不已。1990年，他在武汉洪山区和平乡余家头江边觅得12亩（1亩≈666.67平方米）地，投入20万元改造里面的旧厂房，同时新建了3栋厂房，从此有了第一块稳固的根据地。5年之后，他把杨园街家具厂更名为金鑫家具公司。为了打造品牌，为企业搭建发展平台，杨发根最大的手笔是于2002年扩建金鑫家具城，他一次性投资2000多万元，整体规划建设金鑫精品家私城，使其营业面积由1万平方米扩大到4万平方米，入驻商户100多家。杨发根的商场给企业提供了这样的地盘，大大提升了家具城的档次和人气。但杨发根并不满足现状，他说金鑫家具公司下一阶段的目标是卖场和工厂同步发展。他不断打拼与规划，使公司最后发展为金鑫集团有限公司。

分析：杨发根为什么能从小木匠做到董事长？

三、大学生应处理好哪些关系

1. 独立性与依赖性的关系

刚刚走向社会的大学毕业生自尊心比较强，希望能够尽快独立，但由于实践经验较少，面临错综复杂的问题时，往往会感到力不从心，从而产生依赖心理。这种独立意识与依赖心理所构成的矛盾，可以通过毕业实习将自己所学的专业知识、所掌握的专业技能与实践紧密地结合起来，并检验自己在校的专业知识是否适用、是否够用，所掌握的专业技能是否能够满足工作岗位的需要。同时，毕业实习也是一个学习社会知识的大课堂和学习人际沟通与交往的机会，大学毕业生应培养自己人格的独立性，减少依赖性，处理好各种关系，使心理从幼稚走向成熟。在进入社会后，则更要提高独立工作、独立思考、独立解决问题的能力，以尽快适应工作环境。

2. 实际角色行为与理想角色行为的关系

每个人在社会关系和社会组织中都处于某个特定的位置，并要按照这个位置所规定的职责办事，这就是人的社会角色。每个人都有一定的社会责任，要以恰当的角色行为待人处世，尽善尽美地完成角色所担负的任务，就是所谓的理想角色行为。但由于个人对角色行为的认识、理解及社会期望受到多种因素的制约，如个人能力、环境条件等，所以其实际行动并不一定能符合理想的角色行为。实际角色行为与理想角色行为的差距越小，人的心理就越稳定，也就越容易获得社会的认同，否则就容易出现角色冲突。

例如，华中科技大学在缩小学生理想角色行为和实际角色行为的差距、探索学生创业新模式时，率先采用了校团委当"老板"、大学生做"经理"的模式，对学生进行"岗前"培训，使学生通过这种预演模式从心理上缩小了理想与现实之间的差距。

3. 主观愿望与客观实际的关系

青年学生往往对现实的估计和对自我的设计过于理想化，对就业抱有过高的期望值，而步入社会后很容易出现个人主观愿望与现实状况发生冲突的情况。因此，充分了解社会，正视现实，降低期望值是解决这一问题的关键。

4. 原有文化知识与客观要求矛盾的关系

学生在校期间，通过几年的理论学习和技能训练，掌握了一定的文化知识和工作技能，但还远远不能满足实际工作的需求，仍然有诸多未知的知识和技能需要在工作中获取，需要不断地完善知识体系结构，不断地提升知识水平和工作能力。

第三节　大学生就业创业的政策

一、就业与创业的关系

就业是相对安全的，创业是有风险的；就业是被动的，创业是主动的；就业是劳动力与具体化的单位之间建立的关系，创业是去开创某种事业。

就业是指在一定年龄阶段内的人们所从事的为获取劳动或经营收入所进行的活动。如果再进一步分析，则需要把就业从三方面界定，即就业条件，指一定的年龄；收入条件，即获得一定的劳动报酬或经营收入；时间条件，即每周工作时间的长度。就业人口是衡量就业的一项重要指标，反映了一定时期内全部劳动力的实际利用情况，是研究我国基本国情国力的重要指标。

创业是指创业者对自己拥有的资源或通过努力能够拥有的资源进行优化整合，从而创造出更大经济或社会价值的过程。创业是一种劳动方式，是一种需要创业者组织、运用服务、技术、器物作业的思考、推理、判断的行为。创业作为一个商业领域，致力于理解创造新事物（新产品，新市场，新生产过程或原材料，组织现有技术的新方法）的机会，如何出现并被特定个体发现或创造，这些人如何用各种方法去利用和开发它们，然后产生各种结果。创业人必须具备很好的财力，而且需要贡献出时间，付出努力，承担相应的财务的、精神的和社会的风险。

1. 就业是创业的基础

就业是劳动者与生产资料相结合，从事一定的社会劳动并取得劳动报酬或经济收入的活动。告别校园走向社会，每个人都希望踏出一条灿烂的人生之路。但面对现实，大学毕业生往往心怀美好憧憬，遥望远大理想，却又不知从何做起，面对理想与现实间的巨大差距，应该如何解决好这一矛盾呢？

学校到社会之间存在着较大的落差和转折，大学毕业生要对此有足够的认识和充分的准备。此时大学毕业生最佳的选择是先解决就业，到单位接受锻炼、学习，适应角色转换，不断积累经验、完善自我，为今后的发展积累资本、打好基础。

2. 创业是就业的延伸和发展

学校要帮助学生培养创业意识和创业能力。通过教育部门的努力，培养出越来越多的不同行业的创业者，就可以为社会创造更多的就业机会，对维护社会稳定和繁荣各项社会事业发挥更大的作用。

进入21世纪以来，科学技术日新月异，生产高度社会化、科学化，人们已进入了一个知识经济的全新时代。随着高新技术的广泛应用，社会需要越来越多灵活运作的创新企业和产品，因此独立创业对未来劳动力市场的重要性越来越大。自主创业不仅能解决自己的就业问题，还能为社会创造更多的就业岗位，同时也创造了自我价值，实现了自我发展。在自主创业已然成为一种风潮的同时，青年学子以其敏捷的思维、蓬勃的朝气、不畏挫折的勇气，定会成为自主创业的中坚力量。

就业不是人生的最终目标。随着我国经济体制改革的不断深入，在产业结构的调整过程中，不可避免地会率先淘汰低素质劳动力，同时也会出现原来公有制经济吸收的大量劳动力逐步向社会排放、农村劳动力进入城镇工作等现象。这些趋势的发展，都将进一步增加就业压力，就业岗位的竞争将表现得更加激烈。如果安于现状、不思变化、不谋发展、不开拓进取、不寻求更大的发展空间，则将会面临被社会淘汰的危险。而提前做好准备，主动迎接社会的发展变化，进行职业规划，才是最好的选择。

孵化企业的 SYB（Start Your Business，创办你的企业），是来自美国百森商学院的创业培训课程，其基本内容包括四个方面：一是申报经济组织的程序；二是与企业相关的政策法规；三是开办企业需要具备的条件；四是认识企业家的特征。

知识链接

创业的七大必备条件

1）资源（Resources）：包括人力资源和财物资源。

2）概念（Ideas）：概念不怕旧，最重要的是可行性技能。

3）基本技能（Skills）：基本技能指的不是行业中的一般技能，而是通常性的企业管理能力。

4）行业知识（Knowledge）：不能只陶醉于自己的理想，实现梦想需要充足的知识储备。

5）才智（Intelligence）：不一定要有多高的智商，但一定要善于把握时机做出决定。

6）人际关系网（Network）：为了获得更多人才，应不断扩大人际关系网的范围。

7）目标（Goal）：只有确定目标，才有努力拼搏的方向。

将七大条件的首字母相连能组成 RISKING（冒险）一词。

二、毕业生到基层就业的相关政策

基层就业就是到城乡基层工作。国家近几年出台了一系列优惠政策，鼓励高校毕业生积极参加社会主义新农村建设、城市社区建设和应征入伍。"基层"既包括广大农村，也包括城市街道社区；既涵盖县级以下党政机关、企事业单位，也包括社会团体、非公有制组织和中小企业；既包括自主创业、自谋职业，也包括艰苦行业和艰苦岗位。

本节将以云南省为例，介绍毕业生到基层就业的相关政策。

1. 基层服务项目

鼓励高校毕业生到基层就业，继续组织实施"三支一扶"计划、农村教师特岗计划、大学生志愿服务西部计划等基层服务项目，合理确定项目规模。

2. 高定工资级别

对在基层（县级以下）机关事业单位工作的大中专毕业生，在机关工作的，试用期工资可直接按试用期满后工资确定，试用期满后级别工资高定 1~3 档；招聘为事业单位正式工作人员的，见习期工资可直接按见习期满后工资确定，转正定级时薪级工资高定 1~3 级。

3. 享受补贴津贴

在乡镇机关事业单位工作的在编在岗人员可享受每人每月 500 元的乡镇工作岗位补贴；到列入艰苦边远地区范围的县（市、区）机关事业单位工作的，按所在地类别的补贴，可享受每月 150～2320 元的艰苦边远地区津贴标准。

4. 放宽职称评定条件

高校毕业生在中西部地区和艰苦边远地区县以下基层单位从事专业技术工作，申报相应职称时，可不参加职称外语考试或放宽外语成绩要求。对到省会及省会以下城市的社会团体、基金会、民办非企业单位就业的高校毕业生，在专业技术职称评定方面享受与国有企事业单位同类人员同等待遇。对长期在艰苦边远地区和县以下单位工作的基层专业技术人员，申报评审专业技术职称时，除国家执业准入制度对学历及专业技术工作年限有明确要求的职称系列外，适当放宽学历和专业技术工作年限要求。

5. 优先选聘招录

对有基层经历的高校毕业生在研究生招录和事业单位选聘时实行优先，在地市以上党政机关考录公务员时进一步扩大对其招考录用的比例。2012 年起，省级以上机关录用公务员，除部分特殊职位外，均必须从具有 2 年以上基层工作经历的人员中录用。对艰苦边远地区乡镇招录公务员和事业单位招聘工作人员，可适当降低考录招聘门槛。离校未就业的高校毕业生到见习基地参加见习或到企业、事业单位参与项目研究的经历，视为公务员招考条件中的基层工作经历。对具有参加基层项目经历的人员，其基层服务经历视为基层工作经历。

6. 代偿助学贷款

按照国家有关学费补偿和助学贷款代偿政策，对符合条件应征入伍以及到云南省艰苦边远地区、老工业基地县以下基层单位就业，履行一定服务期限的高校毕业生，按规定给予学费补偿和国家助学贷款代偿。

7. 取消落户限制

对到省会及省会以下城市的社会团体、基金会、民办非企业单位就业的应届高校毕业生，可凭普通高等教育学历证书、与用人单位签订的就业协议书或劳动（聘用）合同在就业地办理落户手续；可凭普通高等教育学历证书，在原户籍地办理落户手续。非应届毕业生凭与用人单位签订的劳动（聘用）合同和普通高等教育学历证书办理落户手续。

8. 落实社保参保政策

参加各基层服务项目的高校毕业生在服务期间，未参加社会保险的，从 2009 年起，按照当地规定，参加相应社会保险。社会保险的单位缴费部分，由负责发放高校毕业生工作、生活补贴的部门缴纳，个人缴纳部分由负责发放高校毕业生工作、生活补贴的部门在个人补贴中代扣代缴。

9. 给予基层就业奖补

毕业 3 年内高校毕业生在云南省辖区内乡镇村企业就业，签订 6 个月以上劳动合同并按规定缴纳社保费，且基层服务期满 6 个月的（从 2022 年 1 月 1 日起算），给予个人 5000 元的一次性基层就业奖补。

三、毕业生自主创业的相关政策

以云南省为例，离校未就业高校毕业生自主创业（个体经营），可享受税费减免、行政事业性收费减免、免费创业服务、创业担保贷款及贴息、创业补贴扶持、取消落户限制等政策。

1. 税费减免

持人社部门核发《就业创业证》（注明毕业年度内自主创业税收政策）的高校毕业生在毕业年度内从事个体经营的，自办理个体工商户登记当月起，3 年（36 个月）内按每户每年 12000 元为限额依次扣减其当年实际应缴纳的增值税、城市维护建设税、教育费附加、地方教育附加和个人所得税。限额标准最高可上浮 20%。

2. 减免有关行政事业性收费

毕业 2 年以内的高校毕业生从事个体经营的（除国家限制的行业外），自其在工商部门首次注册登记之日起 3 年内，免收管理类、登记类和证照类等有关行政事业性收费。

3. 云南省鼓励创业"贷免扶补"政策

根据《云南省鼓励创业"贷免扶补"实施办法》规定，"贷免扶补"是指各级政府和有关单位为创业人员在云南省自主创业提供贷款支持、税费减免、创业扶持、资金补助等方面的政策措施。

1）"贷"是指对在云南省创办企业或从事个体经营的城镇登记失业人员、就业困难人员（含残疾人）、退役军人、刑满释放人员、高校毕业生（含大学生村官和留学回国学生）、化解过剩产能企业职工和失业人员、返乡创业农民工、网络商户、脱贫人口和监测对象、农村自主创业农民等已进行注册或登记的创业人员，提供 3 年期个人最高不超过 20 万元、合伙创业不超过 110 万元的创业小额贷款扶持。

对上述群体中的女性创业者，应纳入重点扶持对象范围。扶持对象范围由金融管理、财政、人力资源社会保障部门在国家政策指导下适时调整完善。

2）"免"是指对创业人员按照规定减免有关行政事业性收费，减免有关税收，申请贷款免反担保、按照国家政策规定减免个人贷款利息并享受财政贴息。

3）"扶"是指对创业人员提供创业扶持政策咨询、创业培训服务。提供"一对一"创业导师帮扶，协助解决创业过程中遇到的困难问题。对还款积极、带动就业能力强、创业项目好的借款个人和小微企业，可继续提供"贷免扶补"创业贷款并贴息，但累计次数不得超过 3 次。

4）"补"是指对享受"贷免扶补"创业小额贷款扶持且稳定经营 1 年以上的创业人员，根据带动就业人数，给予一次性创业吸纳就业补贴。对承担创业帮扶任务的承办单位，给予扶持创业服务补贴。对经办"贷免扶补"业务的承贷金融机构、担保机构等部门按照有关规定给予奖励性补助资金。

4. 创业担保贷款和贴息支持

在云南省自主创业高校毕业生，均可在创业地或户籍所在地申请最高 20 万元的创业担保贷款；合伙经营或创办企业的，可按每人 20 万元，申请总额度不超过 110 万元的创业担保贷款。

（1）申请步骤

1）符合创业担保贷款条件的创业人员，到户籍所在地、工商注册所在地或创业经营场所所在地的有关承办单位提出申请。同时应提供：身份证明材料（如身份证、普通高校毕业生证明等）；就业状况材料（如《就业创业证》等）；婚姻家庭情况材料（如结（离）婚证、居住地址等）；经营情况（工商营业执照或场地租赁协议、税务登记证明、经营地址等）；担保情况（如反担保人、反担保证明等）；承办单位要求的其他材料。

2）填报《创业担保贷款申请审批表》一式三份。

3）等待相关部门的调查、审查、审批。

4）办理借贷手续，签订担保合同、借款合同，发放贷款。

（2）还款方式　"贷免扶补"创业小额贷款本金偿还方式为3次偿还全部本金。即贷款合同签订第12个月偿还本金的10%，贷款合同签订第24个月偿还本金的20%，贷款合同签订第36个月偿还本金的70%。借款人与承贷金融机构协商一致后，可按照贷款合同约定提前还款。个人创业担保贷款，到期一次还清，或由借款人与担保机构、经办银行约定分期还款。

（3）贴息政策　"贷免扶补"创业小额贷款、个人创业担保贷款（含合伙创业贷款）在3年财政贴息期内由财政按照国家普惠金融规定贴息。

5. 免费创业服务

有创业意愿的高校毕业生，可免费获得公共就业和人才服务机构提供的创业指导服务，包括政策咨询、信息服务、项目开发、风险评估、开业指导、融资服务、跟踪扶持等"一条龙"创业服务。对大学生创业孵化基地内的大学生创业企业可享受免费培训和指导服务，可免场租费、水电费，孵化期不超过2年。

6. 享受创业补贴扶持

毕业3年内高校毕业生在云南省辖区内乡镇村创业且稳定经营6个月以上，给予不超过3万元的一次性创业补贴。其中，高校毕业生在乡村振兴领域创业并从事过省内相对成熟劳务品牌行业的，直接按3万元补贴上限给予奖补。

7. 取消高校毕业生落户限制

允许高校毕业生在创业地办理落户手续，昆明落户实施零门槛。

阅读材料

放弃高薪职业的大学生农场主

张小宁大学毕业后顺利进入一家大型企业工作，但每天朝九晚五与平淡无奇的生活让他渐渐感到迷茫。对未来的生活渐渐失去热情的时候，张小宁想到了回到家乡农村创业。他回忆起在荷兰出差时看到很多的家庭农场，他们用自动化程度很高的机械设备运作，农场主过得轻松又快乐，这与家乡人的劳作情形相比，有着天壤之别。张小宁的梦想是开办一家荷兰式的农场。

张小宁回家创业得到了所在乡镇的大力支持。经过对村民做工作，他从4个村民小组的农民手里流转到一大片耕地，托管农民责任田。

他和大学一位学农学的同学共同参股，一起谋划生产，投入资金约35万元，添置机械设备组建了种植业合作社，还聘用了当地20多个农民前来打工。

创业之路从来不是一帆风顺的。第一道难题是大片农田病虫害的防治——沿用传统的治虫方法，根本来不及治，且人工喷药并不安全。

张小宁运用自己所学的专业知识对无人机喷药控制系统进行升级改造，优化农药喷洒系统，喷药时间大大缩短，4个人合作，只需要一天时间就能喷完整个农田的农药。不仅如此，与人工在田间来回走动喷药防治的方式相比，这样还不会伤害庄稼。

张小宁经常回母校，向农学专业教授请教关于农业种植和农业机械方面的知识。2021 年，张小宁与深圳一家科技有限公司深度合作，通过代理的形式对外销售、租赁植保无人机，同时提供飞防植保服务和培训服务，让更多的农户享受到自主飞行的智能植保无人机精准喷洒和高效作业带来的实惠。与此同时，张小宁在当地县农委的支持下，拓展互联网＋农业创新发展模式，投入 50 万元注册成立了一家电子商务有限公司。这家公司在网上销售稻谷，全年销售粮食收入达 160 万元，年利润达 40 万元左右，并吸纳当地 60 人就业。

如今，张小宁的创业已经走上正轨。在提高产量的同时，他正在谋划提高粮食质量，种植黑色大米、优质香米，从事粮食加工，由过去卖稻谷变成卖优质生态米。张小宁还申请注册了农业植保专业合作社，利用无人智能飞机为全国各地农民种田提供防病治虫服务，将更多的种田人从繁重的劳作中解放出来。

分析：张小宁为什么能创业成功？

第四节 实践训练

1. 简述创业的含义、类型和过程。
2. 以小组为单位，讨论如何理解以下内容。
1）结合自身体会，谈谈你对创业核心精神的认识。
2）结合自身实践，谈谈你对培养创业素质和能力的理解。
3. 创业者应具备的素质有哪些？
4. 谈谈如何在最新的创业热潮中寻找好的创业机会。
5. 大学生就业政策有哪些？
6. 大学生创业政策有哪些？

第五节 创业故事汇

万学教育的创办之路

张锐，万学教育的创始人，他凭借在大学时培养的超强能力，将万学教育集团从最初的 8 个人发展到 1200 多人，省级分支机构从 2 家扩张到 26 家，覆盖全国 4 个直辖市和 22 个省份，在所属行业中，企业规模和市场份额遥遥领先。而传统的教育公司发展到万学今天的规模，一般至少需要 10 年。

直到今天，张锐打造他的创业团队的过程仍被人称为经典案例。2006 年，他取得了博士学位之后，在 11 天内说服了 5 个朋友。和张锐一样，他的 5 个朋友都是全国研究生主席联合会的成员。

"从中国人民大学水穿石咖啡屋，北大万柳公寓，一直到清华大学粤华园，还有南开大学马蹄湖畔。我们本来只想说服他们其中一部分，没想到他们全部放弃了原有的高职高薪就业机会，和我一起选择了创业之路。"

怎样才能让优秀的人认可自己的项目并且参与进来，这是很多创业者在创业之初都要考虑的一个问题，当时的张锐面临的就是这样的局面。

"在我启动创业之初，我用强势的方法去否定掉我的团队成员其他的选项，可能这和中国传统道德理论是相悖的，因为很多人愿意自己创业，不愿让他的朋友去冒险，其实这是他对项目信心不足的缘故，而我对我的项目非常有信心，所以我大胆、强势地要求他们放弃一切跟我走。"

8名创始人民主讨论，根据各自的能力贡献确定股份比例，取得一致后根据股份比例实际出资，在法律上大家都成为真正的股东。如果有人出不起现金，就采用私人借钱的方式解决。

万学教育的培训完全是一种个性化服务，而个性化服务是很难大规模复制的，面对这个问题，用一个简单的例子就可以说明运用技术能将复杂事务简单化。报考清华大学电子工程系被认为是最难的研究生考试。假设一个民办高校的文科生毕业10年后想考这个专业，也就是说水平跟目标相差最大的一种。如果用1年的时间来复习，他所要经历的所有步骤如果是200步，那么其他所有人的考试步骤都包含在其中，将这200个模块量化、细化，就能覆盖所有的考生模块。其他的只需要在其中抽取一些应用就可以了。万学教育将所有科目、所有考试类型都进行了模块化、量化。张锐就靠这种技术去各地整合资源，而事实证明，应用这套技术培训的学员升学率也远远超过了普通培训机构。

提及万学的教育技术和服务模式，张锐说："我们的技术和服务能让一个学生以很高的成功率通过最难的考试，在最艰难的战斗里，万学形成的技术一定是最强的技术。"对万学这个技术模型和服务模型的价值，张锐也充满信心："万学面对的消费者是最挑剔的。因为大学生都不太有钱，又很有研究精神，他们会翻来覆去地比较培训机构的教学质量、服务质量、口碑等，我们可以把这个群体'伺候'得很好，我们的技术模型和服务模型沿着价值链往下走，即使是做高中、做初中、做小学的培训都奠定了很好的模板作用。"

除了考研培训，万学的触角渐渐延伸到学历考试以外的行业教育。按照金融、新闻、工程制造等20多种行业的不同特点，万学从研究生课程中筛选出有针对性的知识点组成教学资料，帮助学习者将理论学术能力与实际应用能力进行对接。

张锐经常引用他导师的话来鼓励这些未来的成功者："一个人理想的高度决定了他生命的档次，如果一个人能实现他力所能及的最高理想，那就是一种幸福。中关村是一个充满奇迹的地方，只要有能力你就能做得到。最初，正是在这样一个信念的感召下，几个既情趣相投、志同道合，又素质优秀、富于创业精神，更能放弃短期利益、看到长远利益的精英们聚集在一起，共同开创了万学的天下。"

张锐的成长和创业经历，不仅是所有在校大学生的楷模，更是所有毕业或即将毕业的学生的典范。张锐不仅完成了自身价值的升华，而且为社会、为国家直接和间接培养了更多的人才，甚至是精英，其社会价值和社会责任的实现和升华是广大青年值得学习和借鉴的。

梦想是美丽的，实现梦想则需要更多的付出。要建造一流的非学历教育机构，单靠自己一个人是不够的，得有一支优秀的团队。而创业团队管理的关键是如何将创业团队成员各自的专用性资产整合成"共有专用性资产"，整合大家的意愿和力量。团队创业像一场足球赛，球星固然重要，更重要的是能否发挥集体优势。

【案例启发】

同学们，看完张锐的创业故事，请结合所学的知识，谈一谈你的感受和启发。

第五章

创业者与创业团队

【学习目标】

　1. 认识创业者应具备的素质与能力。

　2. 了解创业团队的组建和管理方法。

【能力目标】

　1. 有意识地提升素质与能力，并将其运用于创业实践活动中。

　2. 组建自己的创业团队并形成管理制度。

【案例导入】

　《西游记》是一部值得一读的巨著，书中描述了由4种不同性格的成员组成的团队，如何克服重重困难，最终取得真经的艰苦历程。

　在追求成功的过程中，我们离不开团队合作，因为没有一个人是万能的，即使神通广大的孙悟空，也无法独自完成取经大任。然而，我们却能通过建立人际关系，通过别人的帮助来弥补自身的不足，取得个人与团队的共同成功。

　《西游记》中4位成员各有特色，他们的性格分别如下：

　● 完美型的唐僧：他目光远大，目标明确，有组织设计能力，注重行为规范和工作的高标准，他担任了团队的主管。如果一个团队中没有唐僧，这样的团队就只是一群乌合之众，不会有什么远大的前程。

　● 力量型的孙悟空：干劲十足，崇尚行动，及时解决问题，注重工作的结果，能够迅速理解和完成团队的任务，是团队的业务骨干。如果一个团队中没有孙悟空，唐僧的远大抱负将很可能化为泡影。

　● 活泼型的猪八戒：热情奔放、感情外露，善于制造工作气氛，他承担了团队的公共关系工作。他帮助每一位同事，并使工作变得有趣。如果一个团队中没有猪八戒，这个团队将感到工作枯燥乏味。

　● 和平型的沙和尚：他平和、冷静、有耐心，承担了团队的事务性工作。事实证明，他能够胜任这份工作并且持之以恒，而且能够在压力下保持冷静。别看他默默无闻，可每次到了最后关头，都是靠他来稳定局面。

　各尽所能、不可取代，唐僧团队是一个凝聚力非常强的取经团队。尽管人物是虚拟的，事情是虚构的，可师徒四人历尽艰辛求取真经的故事不但人人皆知，而且成为中国文化的代表之一。这个团队最大的优势就是互补性很强，领导有权威、有目标，可是能力较差；员工虽然有能力，可自我约束力差，目标也不够明确，有的时候还会开小差。不过，从总体上看，这个团队是一个十分成功的团队，尽管历经九九八十一难，可最终还是取得了真经，修成了正果。

有效的团队需要有不同性格的成员，而每一种性格都有其不可替代的优势，但同时也无法取代别人的长处，而每一位职场成员都属于企业团队内的一分子。

【案例思考】

1. 你认为自己属于创业团队中哪一类型的成员？
2. 你的优势是什么？是否好好把握了自己的优势？

第一节　创业者的素质与能力

一、什么是创业者

创业者（entrepreneur）一词有两个基本含义：一是指企业家，即在现有企业中负责经营和决策的领导人；二是指创始人，即将创办新企业或者是刚刚创办新企业的领导人。经济学家熊彼特则认为创业者应为创新者，因此，一个创业者必须具有发现和引入新的、更好的、能盈利的产品、服务和过程的能力。在国外学术界和企业界，创业者被定义为组织、管理一个生意或企业并承担其风险的人。

总体来说，创业者主要是指认识到市场机会，通过发起创立企业试图获得机会带来的收益，而同时又必须为错误的决策承担风险的人。这一定义，主要强调以下几个方面：

1）创业者必须是市场机会的发现者，创业者凭借其信息的优势、知识（不仅包括一般意义上学习获得的知识，在工作过程中积累的经验也是重要的知识）的积累和特殊的敏感性，发现新的市场需求（当然这个需求能够在现代时空的约束下制造出产品用于满足它），以更低的价格提供现存市场产品和未被完全识别出的需求。

2）通过开创企业或在现有组织中，组织人、财、物等要素，开发市场机会，企图获得机会带来的收益。

3）创业者必须要为自己对机会价值判断的失误而承担风险。如果自己投入资本，则面临着资本和名誉的双重损失；如果没有注入自己的资本，同样也会因为声誉受损，影响自身未来的市场价值。

阅读材料

褚时健，云南红塔集团有限公司和玉溪红塔烟草（集团）有限责任公司原董事长，褚橙创始人，先后经历两次成功的创业人生，被誉为中国烟草大王、中国橙王。

回望褚时健的一生，是波折不断的一生，更是坚持奋斗的一生，他的经历值得每一位创业者学习。1979—1994 年，褚时健成功将红塔山打造成中国名牌香烟，使玉溪卷烟厂成为亚洲第一、世界前列的现代化大型烟草企业。1994 年，褚时健当选全国"十大改革风云人物"。褚时健成为"中国烟草大王"。1999 年 1 月 9 日，71 岁的褚时健因经济问题被处无期徒刑、剥夺政治权利终身。2001 年 5 月 15 日，因为严重的糖尿病获批保外就医，回到家中居住养病，并且活动限制在老家一带。2002 年，保外就医后，74 岁的褚时健与妻子在玉溪市新平县哀牢山承包荒山开始种橙，开始第二次创业。2004 年获假释，后减刑为有期徒刑 17 年，2008 年减刑至有期徒刑 12 年，2011 年刑满释放。2012 年 11 月，85 岁的褚时健种植的"褚橙"通过电商开始售卖，褚橙品质优良，常被销售一空。褚时健成为"中国橙王"。2012 年，褚时健当选云南省民族商会名誉事长。2014 年 12 月 18 日，荣获由人民网主办的第九届人民企业社会责任奖特别致敬人物奖。

褚时健从贫穷的少年时期，到青年时期下放农场改造，后任新平县畜牧场、堵岭农场副场长、曼蚌糖厂、戛洒糖厂厂长，再到 51 岁被派到面临倒闭的云南玉溪卷烟厂"救火"，从而成就了中国烟王，每一次他都亲自改写了"命中注定"。而 74 岁保外就医后，更是没有听天由命，褚时健选择了创业。这一切都离不开褚时健的不断创新与不懈奋斗。褚时健信奉科学、喜欢钻研、注重实践的精神值得每一位创业者学习。

分析：人人都可以成为创业者，但不是人人都可以成功。

二、素质与能力

创业者的创业品格和技巧也是决定创业能否成功的重要因素，是创业的关键所在。创新素养与才能，是指创业人所具有的促进创新取得成功的各种专业知识、技术和心态的总和，包含多个内容，具体如下：

1. 完备的知识储备

（1）坚实的专业知识　大学生在开展企业家素质评估以及对中小企业想法甄选之时，一般都会从自身专业出发做出创业选择，此时则需要扎实的专业知识，这也是大学生的竞争力。而艺术、体育、语言类的学生在创新的时候表现得更为明显，虽然他们大部分并没有强大的人脉资源，也没有足够的资金，但通过运用自己的知识和网络，往往能成功，例如鞋服私人订制，开设艺术画室、音乐室、语言培训学院等。

（2）企业管理方面　在公司运营流程中，还包括一些财务、公司管理、人力、营销等领域的知识，这些内容可以帮助创业者在公司运营中正确进行资源分配。另外，创业者还必须系统地掌握所要创业领域的专业内容，包括管理培训行业标准、服务行业准则等。

（3）在知识创新活动期间　一切机构和个人均必须在法律规定的区域内经营。尤其是对于初创公司，必须全面掌握相关法律知识，包括税法、工商法规、环保法等，做到依法执业、依法创业、合法经营，唯有如此方可长久开展下去。

（4）金融及经济综合性信息　创业身为商务活动的一项，必然要遵循市场运行规律，因此关于在市场运作中经常出现的金融市场商业知识、物流、投资金融机构等专业知识，都应该掌握，并在积累知识的过程中，逐渐培养自身的商业意识，对市场情况及时跟进。只有系统地了解各领域的知识，才能够克服创业中存在的困难，创业成功的可能性才会更大。

2. 丰富的个人技能

创业者除了需要拥有全面的知识储备之外，还需要超常的技能，这种技能就是达到创业目的的基本知识与能力，是大学生基本素质的体现。但由于大学生创业的社会实践条件受限，实践能力和生产活动技能都较差，故而在创业时这些技能就变得尤为重要。

（1）创新能力 创新涉及生产技术创新、管理模式创新、市场营销技术创新等。对于生产技术创新，可以对既有商品进行更新换代，及时发现原来商品的缺陷，并据此寻求有效的解决办法，以便实现改革发展。在管理模式上，积极探索尝试适合团队的管理方式，建设合理的考核机制，提高工作效率。在营销创新中，把握市场动向，及时根据市场调整营销模式。

（2）人际交往技巧 首先，好的沟通能力是创业者职业长期发展的关键因素，能正确处理好内部人际关系、上下级人际关系、生意往来问题等。其次，人脉关系也是创业过程中不可缺少的元素，借助广泛的人脉对创业内容提供人力、财力等支持，利于创业的推进。与组织内外的人员在交往中实现彼此充分了解，在互动中达成共识。

（3）运营管控技术 优质的产品质量和良好的售后服务是实现成功创业的重要条件，但若要获得广大消费者的青睐就必须采用更有效的市场营销策略。营销策略的选取，一定程度上影响产品的销量与名声，只有通过对市场形势精确分析，制定出合适的营销方案，才能助力创业的成功。

（4）判断及解决问题的能力 创业过程是一个持续发展的重要过程，对于变革能否冷静处理、果断决策，有时候也可以确定创业的发展命运，但决策失误必将使得创业受损。

3. 完备的人格特质

创业者在创业时应具备的个性、意志、思维、价值观和态度等，都是衡量是否适合创业的关键因素。作为创业者，必须拥有敏锐的洞察力、广阔的沟通能力、充足的信息源、必要的探索精神和强烈的社会责任意识。充分的民族禀赋和合理的社会认知，将有助于创业者有效利用各种优势、选择最佳环境，进而促进社会创新的顺利开展。

4. 成熟的心理品质

创业过程十分考验人的心理素质，特别是在初创阶段，对于创业者来说是一个巨大的挑战。除了身体健康之外，还要有一颗成熟的心。在创业过程中，创业者要具有很好的心态调整能力和抵抗挫折能力，坚韧不拔的敬业精神，以及不怕困难的吃苦耐劳的能力。

阅读材料

1987年，43岁的任正非在经历重重打击下，因生活所迫，向朋友借款，与志同道合的朋友共同筹集资金，成立了一家技术公司——华为技术有限公司。谁能想到，这家在当时注册资金为21000元、员工14人的公司，在未来会改变中国乃至世界通信制造业的历史，成为开创5G时代的全球通信行业领跑者。这一切，都与华为的当家人卓越的领导才能密切相关。

华为创立之初，虽名为技术公司，实际上却是一个贸易公司，主要业务是卖一些电子产品，如火灾警报器、气浮仪等。任正非认识到这并非长久之计，于是经过熟人联系，开始代理销售交换机。但数月后，任正非发现，代理销售是一种没有技术可言的行当，因此，他一边以服务获取订单，一边打算自己研制产品。

当时，国内通信设备市场基本被瑞典爱立信公司、德国西门子公司、比利时贝尔公司等国外大企业垄断，任正非意识到，本土企业要想占有一席之地，必须有自己的核心技术。刚开始，华为的研发组只开发用作配件的板件，再买其他配件组成整机，并且，为了开发市场，先攻占农村，目的是先活下来，再谋求发展。

之后，华为开始研发局用模拟程控电话交换机，从用户小交换机的"红海"发展到局用交换机的"蓝海"，主攻电信设备，并在市场上采用"免费技术培训"的以技术为主导的推广策略，获得了不错的市场反响。任正非有自己做企业的原则，他看准的事就要花血本投入。当时，我国的交换机市场中大型局用机和用户机基本上被来自国外的电信企业及其在中国的合资企业垄断。国外产品成熟，技术更新快，而华为起步晚，研发方法和设备滞后。在电信行业不发展就死亡的强大压力下，任正非咬牙坚持，并通过借贷研发新设备、布局全国各地的销售、动员员工顽强拼搏等，在公司内形成狼文化，即敏锐的嗅觉，不屈不挠、奋不顾身的进攻精神，群体奋斗的意识。任正非要求分部做"狼狈组织计划"，同时对销售人员培训，为员工灌输团队意识、责任感，着重培养销售人员的纪律性（服从命令）、执行力、归属感和统一性，倡导以客户为中心、以奋斗者为本的核心价值观，辅以极具吸引力的激励措施、专业技能培训等，提升员工对企业的归属感、对客户的服务意识，建立华为企业形象，并以华为的愿景目标激励员工。

为了培养人才，华为寻求高级技术人才进行各种形式的合作，鼓励"外援"合作；为了规范销售队伍，华为建立了绩效考评相关制度等。2003 年，华为收入已超过千亿元，而华为也在不断创新业务，开拓自主研发之路。2011 年，华为开始调整策略，致力于从以电信为主的设备制造商转型成全能型的 IT 供应商，并在董事会上提出，"在未来 10 年内，华为不仅要成为一家技术领先者，还要成为一家年营业收入高达 1000 亿美元的科技公司，与思科、惠普、IBM 等西方科技巨头比肩"，并将华为公司业务改组为运营商、企业网和终端部门 3 个事业部，发展云计算产品、手机产品、电子商务等。在手机市场，更是采用了争夺高端市场、兼顾低端市场的战略。之后，任正非带领华为进军 PC 行业，其战略是以手机为中心，将手机的优势延伸至 PC，打通移动办公场景，实现多屏互联互通，最终实现全场景连接，并在 2016 年 2 月发布了全新二合一笔记本计算机。2016 年，华为销售收入达 5200 亿美元，跻身全球 500 强前 75 名。

2019 年，华为突破 5G 技术，领先全球。仅 2019 年的前 3 个季度，华为就获得了全球 60 个 5G 商用合同，收入增长了 24%。2020 年，多家研究机构的调查数据显示，华为智能手机出货量首次超越三星，登顶全球第一。

华为不仅在技术上取得了卓越成就，任正非"工者皆有股（员工可购入公司股票）"的制度创新，通过利益分享，也极大地激励了员工。创新在华为的发展中起到了不可忽视的作用，任正非不仅强调自主创新，更提到要跨国创新，拥抱全世界的人才共同创新。也正是任正非开放的、博采众长、家国情怀的精神理念，让华为成为当代优秀民族企业的典范，他们用实际行动向世界证明了"中国创造"的宗旨——更好地为世界人民服务。

分析：
1）在任正非的身上你看到了什么品质与能力？
2）任正非身上的哪些能力是创业者应具备的？

三、创业者的养成

培养自己的创业能力对大学生创业非常重要。根据创业者应当具备的素质和能力，大学生可以从以下几个方面不断培养自己的创业能力。

1. 找准目标并拉近距离

在创业的过程中，创业者也需要精神榜样，这样能激发创业者形成坚定的创业信念，树立创业信心，提升创业能力。因此，大学生创业者不妨问问自己，自己所向往和崇拜的人是谁？以自己的榜样为目标，关注和学习其好的方面，这就是一个成功的开始。在追随、学习自己榜样的过程中，大学生可以激发使自己变得更好、与偶像比肩的激情，从而在创业过程中保持充分的活力，培养创业能力，并积极拓展创业资源。

创业者要想创业成功，就要多与优秀、成功的企业家来往，学习他们身上的优点，而不是与悲观者为伍。要转变自己的心态，以一个企业家的标准要求自己，使自己逐渐具备一个企业家应有的眼光、心态、思维模式和分析处理事务的能力。

创业者要想拉近与目标之间的距离，就要不断向这个方向努力。把自己目前拥有的和将来自己想要达到的情况相比较，明确两者之间的差距，将差距转换为动力，通过不断学习和积累新的知识、经验，慢慢缩短自己与目标之间的距离。要坚信，只要坚持不懈地努力，自己一定可以成为一名优秀的企业家。

如果创业者身边没有可以作为参考的成功企业家，那么可以通过阅读世界上知名成功企业家的传记来学习他们的心态和他们具备的能力。久而久之，在潜移默化中，创业者自身会受到这些成功企业家的影响。

2. 获得良好的人际关系

人际关系代表了创业者构建的人际网络或社会网络，良好的人际关系可以帮助创业者减少创业过程中的阻力，使其领先于其他没有人际网络的创业者。一个目标明确的创业者，在创业之前就应该注重积累，扩展自己的人际圈。大学生拓展人际圈的途径主要有以下几种：

（1）加入社团组织　高校中的社团组织包括学生会、社团、高校自建的基金组织等，多种多样，且因各高校的差异而有所不同。有志于创业的大学生可以加入这些组织，一方面可以锻炼自己的综合能力，另一方面可以结交一些有能力的学生、老师和其他社会工作人员，为今后的创业打下基础。

（2）参加社会实践　大学生应该多参与校内、校外的竞技比赛，还可以利用课余时间多参加一些志愿者活动，这不仅是大学生展现自我的机会，还是一个与志同道合的同伴结交的机会。此外，大学生还可以主动利用空闲时间参与兼职活动。大学生不仅可以借此获得一些收入，还可以锻炼自己的人际交往能力、为人处世能力，促进自我成长。

（3）保持定期联络　随着人际圈的不断扩大，与某些朋友的接触时间可能会变得越来越少。此时，就需要大学生对自己的人际关系进行梳理和维护，例如，通过聚会、聚餐等形式定期和朋友保持联系；如果没有时间，也可以通过打电话的方式予以问候，拉近与朋友之间的距离。

3. 做好创业前的心理准备

创业的过程是艰辛的，创业的结果却不一定是成功的。创业是一项具有风险且需要创业者长期坚持、付出努力的活动。创业者在进行创业前，应该有良好的心理准备，不要因为后期的压力或挫折半途而废。要有成功的信心，相信自己能行，不畏惧创业过程中遇到的任何挫折。既然立志通过创业改变自己，就要始终坚持自己的目标。

阅读材料

从街道工人到"中国杀毒软件之父"

王江民 1951 年出生，3 岁时因患小儿麻痹留下了腿部残疾。上小学一年级的时候，他那条不方便的腿又被人骑自行车压断了一次。可是王江民并没有向命运低头，反而变得更加顽强，他用爬山、骑自行车、游泳去对抗命运的不公。可惜这些并没有让他得到命运的眷顾，初中毕业的王江民发现，因为他腿部残疾，根本没有工厂愿意要他。直到 1971 年，走投无路的王江民以"不要工资，免费打工"的方法，才勉强进入了一家街道工厂。对于来之不易的工作机会，王江民比普通人更加卖力，不服输的性格，让他短短两年便成为厂里的技术能手，后来先后成为烟台机械厂和烟台光学仪器厂技术员、烟台轴承仪器总厂高级工程师，拥有 20 多项专利，还被授予了"全国新长征突击手标兵""全国青年自学成才标兵""全国自强模范"等诸多荣誉称号。

1988 年，王江民意识到要搞光机电自动化，必须依靠计算机来控制，不学计算机肯定会落后。他说："我 38 岁开始学计算机，没有感觉我老了，没有感觉我不行，只感到我的英语基础不好。再说，计算机是实践性非常强的学科。我搞计算机是用计算机，不是学计算机。"1989 年，他买了一台中华学习机，开始自学编程。当时王江民的儿子刚上小学一年级，老师要求家长每天给孩子出 50 道口算练习题，王江民为了偷懒，就尝试开发了一个辅导软件，后来这套软件在《电脑报》中夺得亚军奖杯，当时的冠军是金山开发的 WPS。首战告捷，王江民更加坚信计算机的重要性，所以，他又陆续编写了不少程序，但随着用户规模的增多，王江民收到了很多用户反馈——软件使用一段时间后，就无法正常使用。

开始王江民以为是软件有问题，经过仔细研究才发现，原来是有恶意程序干扰软件运行。为了提高用户的体验感，王江民开始研究杀毒，并写了一个杀毒软件 KV6。

经过几年的探索和实践，1996 年，45 岁的王江民离开了机电厂，带着他刚研发出来的 KV300，只身来到了北京中关村，在一家写字楼里租下了两间房子，创办了江民科技。中关村是当年的创业硅谷，当王江民把自己的经典产品 KV300 拿到经销商面前的时候，经销商们嗅到了巨大的商机。KV300 大卖，王江民"进村"一周便赚到了150 多万，成了百万富翁。从 1996 年到 1998 年，KV 系列一度占据了杀毒软件市场80% 的份额，将同时代的其他杀毒软件厂商远远抛在后面。在那个盗版泛滥的年代，KV 系列还能拥有 100 万的用户，堪称是软件界的奇迹。到 2001 年，王江民成为中关村首富，身家过亿并跻身中国 IT 富豪榜 50 强。

后来，江民科技遇到金山毒霸，为了抢占王江民的杀毒软件市场，金山毒霸采用了免费策略。当时，王江民并没有把金山毒霸放在眼里。之后，CIH 病毒肆虐全球，王江民承诺无偿帮助消费者修复计算机，但是瑞星杀毒首先做出了能够清除 CIH 病毒的软件，成功占据了杀毒软件老大的地位。2008 年，360 杀毒凭借永久免费拿下了 4成市场，之后金山毒霸和瑞星杀毒也承诺永久免费，但是王江民却还是固执地采用收费模式。此后，江民杀毒市场份额逐渐被蚕食。另外，由于江民科技只做杀毒软件，没有涉及其他领域，而360和金山早已经多元化发展，再加上江民杀毒经常误报，进一步加速了江民科技没落。

2010年4月4日，我国最早的计算机反病毒专家、江民杀毒软件创始人、北京江民新科技有限公司董事长王江民因病逝世。奇虎360董事长周鸿祎在微博上表示哀悼，他写道"王江民老师走得太突然了，让人痛惜。他是杀毒行业的老前辈，做出了很大的贡献。更难得的是，他年近40才开始学计算机，四十五六岁才创业，取得了巨大的成功。这不是一般人能做到的，值得所有创业者学习。在此向他的家属致以慰问和哀悼，希望他能一路走好。另外提醒IT行业的朋友们，一定要注意身体健康。"

分析： 王江民凭借在工作中的积累和积极学习，发现了市场需求，自主创业成功，但他没有持续创新，没有遵循市场规律，最终导致失败。

第二节　创业团队的组建

一、创业团队概述

共同创业有利于分散创业的失败风险，团队成员之间的技能互补可提高应对环境不确定性的能力，从而降低新创企业的经营失败风险。更为重要的是，共同创业具有更强的资源整合能力，能同时从多个融资渠道获取创业资金等资源，保证创业企业的成功。本节将从创业团队的定义及要素、创业团队的特征及价值等多方面阐述创业团队。

1. 创业团队的定义及要素

创业团队是指在创业初期（包括企业成立前和成立早期），由一群才能互补、责任共担、愿为共同的创业目标而奋斗的人所组成的特殊群体。

创业团队需具备五个重要的团队要素，即目标（Purpose）、人（People）、定位（Place）、权限（Power）、计划（Plan），简称5P。

2. 创业团队的特征

创业团队并不是随意拼凑而成，一个好的、完整的创业团队至少应满足以下特征：

（1）共同的价值观　共同的价值观是创业团队成立和存在的基石，对创业团队具有导向、凝聚、约束和激励作用。

（2）共同的目标　创业团队需要有一个共同的既定目标，为团队成员指引方向。在创业企业成立初期，目标常以创业企业的愿景、战略等形式体现。

（3）有能力的团队成员　团队成员是创业团队成功的关键因素，只有适合创业的成员加入创业团队，并充分发挥各自的能力，创业企业才能稳健经营。

（4）明确的定位　创业团队的定位有两层含义：一方面指创业团队在创业企业中所处的位置，创业团队对谁负责等；另一方面指团队成员在创业团队中扮演的角色。只有定位明确，创业团队才能发挥它的力量。

（5）合理的计划　计划是创业团队的行进指南，能够保证创业活动有序开展。只有团队成员按照计划执行，才能够不断接近并实现创业目标。

知识链接

1. 首席执行官（Chief Executive Officer, CEO）

CEO 是一个企业中负责日常经营管理的最高级管理人员，是公司的一把手，具有最终的行政管理决策权。CEO 对董事会和公司负责，为董事会成员之一，也是公司股东的权益代言人。

国内比较著名的 CEO 有京东集团创始人兼 CEO 刘强东，海尔集团的前 CEO 张瑞敏，联想集团董事长兼 CEO 杨元庆等。

2. 首席运营官（Chief Operating Officer, COO）

COO 同样是公司的最高层领导人，其主要工作是负责公司的日常运营，协助 CEO 工作，协助制订公司发展规划等。某些公司的 COO 同时也兼任总裁。

国内比较著名的 COO 有搜狐的前 COO 兼总裁古永锵等。

3. 首席财务官（Chief Financial Officer, CFO）

CFO 是公司治理发展到一定阶段的必然产物，CFO 的出现使得公司的治理结构更加完善。CFO 的一个重要职责，就是将公司的经营状况和财务结算传达给投资人，让投资人了解公司的运营情况。同时，CFO 也要负责财务、会计、投资、融资和法律等事物。

国内知名公司的 CFO 有联想集团的前 CFO 马雪征，雅芳的李苑君等。

4. 董事长和董事局主席（Chairman of the Board）

董事长、董事会主席、董事局主席在意义上是等同的，称"主席"主要是受了英语的影响。董事长的职责主要是召开董事会议，决定和指导公司对外事务、公司财务工作中的重大事项及公司重大业务活动，代表公司签署重要文件等。

国内著名公司的董事长有联想集团前董事长柳传志，格力集团前董事长朱江洪等。

5. 总裁（President）

这通常是在集团公司中才使用的称谓，是仅次于 CEO 的公司"二把手"，也可以算是"责任小组"的负责人。

国外知名公司的总裁有日本松下电器前总裁松下幸之助等。

3. 创业团队的价值

有关调查发现，70%以上创业成功的企业都有多名创始人。其中企业创始人为 2~3 人的占 44%，4 人的占 17%，5 人及以上的占 9%。尤其是在高科技领域，团队创业比个体创业多得多。下面从两个方面来进一步理解创业团队的价值。

相对个人创业而言，创业团队具有以下突出优势：

1）工作目标及责任共同承担。

2）团队成员能力互补、认知共享。

3）更有效的决策。

4）更高的工作绩效。

5）更加迅速地应对技术变革的能力。

6）创业机会的识别、开发和利用能力大大提高。

相对于一般群体而言，创业团队同样具有明显的优势。团队本身是一个群体，但是又不完全等同于群体，两者的区别如下：

1）所做的贡献不一样。团队中成员所做的贡献是有互补性的，而群体中成员之间的工作在很大程度上是互换性的。

2）所承担的责任不同。团队中成员共同承担团队目标成败的责任，同时承担个人责任，而群体成员一般只承担个人成败的责任。

3）绩效评估标准存在差异。团队的绩效评估主要以团队的整体表现为依据，群体的绩效评估则是以个人表现为依据。

4）目标实现方式完全不同。团队的目标实现需要成员之间彼此协调且相互依存，群体的目标实现则不需要成员间的相互依存。

阅读材料

新东方合伙人团队："三驾马车"

20世纪80年代，以俞敏洪、徐小平、王强为主的创业新星将新东方做成了中国教育第一股，而这三位被称为新东方"三驾马车"。新东方昔日"三驾马车"中，俞敏洪和王强于1980年一同考进北京大学西语系英语专业，两人风格完全不同。王强多才多艺，后来成为北大艺术团团长，是绝对的"风云人物"；而俞敏洪出身农村，对城市生活充满陌生感。因为都喜欢读书，两个人交往密切。1983年，徐小平来到北京大学团委担任艺术团的指导老师，3人随后产生交集。徐小平以亲身经历告诉大家一个答案："俞敏洪当年的创业伙伴是北大英语系的同学，还有谁比北大英语系的同学更适合做俞敏洪的创业合伙人呢？"即使徐小平和王强离开新东方后，这样的校友关系使三个合伙人仍然保持着同志般的友谊。

携程合伙人团队："四君子"

携程创业"四君子"中，除CEO梁建章是复旦大学毕业之外，沈南鹏、范敏、季琦均是上海交通大学校友。早在1982年中学生计算机竞赛上，沈南鹏和梁建章这两个数学"神童"同时获奖，从此产生交集。1999年春节后的一天，梁建章与季琦、沈南鹏等上海交通大学校友聚会，几个年轻人就互联网话题热烈地讨论了一夜。最后的结论是：一起做一个向大众提供旅游服务的电子商务网站。因此，校友关系是联结携程合伙人团队的纽带。

腾讯合伙人团队："五虎将"

1998年秋天，马化腾和同学张志东、曾李青、许晨晔、陈一丹合资注册深圳腾讯计算机系统有限公司。他们5人共同经历了腾讯由一只"企鹅"成长为一个"帝国"的过程，且在过程中保持了超级稳定的关系。腾讯的5位创始人在创业前最主要的关系是同学和同事，其中马化腾、张志东、许晨晔和陈一丹是从中学到大学的校友，前三位在深圳大学里甚至是一个系（计算机系）的，而曾李青本科毕业于西安电子科技大学，是马化腾的姐姐的同事，也是许晨晔的同事。马化腾认为，这样的关系在心态上会好很多，可以相互吵架不记仇，而在外面萍水相逢的人，遇到争执的话很容易出问题。

分析：脱离团队的支持，上述创业都难以成功。没有绝对优秀的创业者，但是有绝对优秀的创业团队。

二、创业团队的类型

创业团队的类型并不单一，常见的有"核心式"创业团队、"圆桌式"创业团队和"虚拟核心式"创业团队。

1. "核心式"创业团队

这种类型的创业团队中，一般由一个核心人物充当领队的角色。这种创业团队在形成之前，一般是核心人物有了创业的想法，然后根据自己的设想组建创业团队。这种创业团队有以下几个明显的特点：组织结构紧密，向心力强，核心人物对组织中的其他个体影响巨大；决策程序相对简单，组织效率较高；容易形成权力过分集中的局面，从而增加决策失误的风险；当组织内发生冲突时，由于核心人物有特殊权威，其他团队成员在冲突发生时往往处于被动地位；在冲突较为严重时，其他成员一般会选择离开团队，因而对组织的影响较大。

2. "圆桌式"创业团队

这种创业团队的成员一般在创业之前就有亲密的关系，如同学、亲友、同事等。一般是成员在交往过程中就创业达成了共识以后，才开始进行创业。

这种创业团队在组成时没有明确的核心人物，各成员根据各自的特点进行自发的组织角色定位。因此，在创业初期，各成员基本上扮演的都是协作者或伙伴的角色。这种创业团队有以下几个明显的特点：团队没有明显核心，整体结构较为松散；一般采用集体决策的方式，通过团队成员的沟通和讨论达成一致意见，决策效率相对较低；由于团队成员在团队中的地位相似，所以容易在组织中形成多头领导的局面；当团队成员之间发生冲突时，一般采取平等协商、积极解决的态度消除冲突，团队成员不会轻易离开，但是一旦团队成员间的冲突升级，某些成员撤出团队，就容易导致整个团队的涣散。

3. "虚拟核心式"创业团队

这种创业团队是由"圆桌式"创业团队转化而来的，可以说是前两种创业团队形态的中间形态。在这种创业团队中，团队成员协商确定一名核心成员，核心成员是整个团队的代言人，而不是主导型人物，其在团队中的行动必须充分考虑其他团队成员的意见，权威性低于"核心式"创业团队中的核心人物。

阅读材料

江氏兄弟"桥香园"

1983年，在蒙自火车站"待业青年队"工作了两年的江勇、江俊两兄弟，萌生了合伙开餐馆的创业念头。遂以2000元的资金在火车站旁开了一家小餐馆，取名"铁路小吃"。前后历时4年，兄弟俩凭着踏实苦干，小餐馆开得红红火火，为今后的事业进行着最初的原始积累。1994年，兄弟俩合伙在青年路开设分店"桥香园"，并且分店数量逐年增多，走上了多家并进、连锁经营的良性发展道路。1995年，两兄弟注册了"江氏兄弟""桥香园"商标，并在工商局正式注册了"昆明江氏兄弟桥香园过桥米线连锁店"，开始有意识地培养自己的品牌。之后，桥香园以全新的环境，与众不同的经营模式，吸引了巨大的客源，每日店内人流如潮，为企业带来了良好的经济效益。"桥香园模式"一时成为同行争相效仿的对象。1999年，为适应公司发展需

要，江氏兄弟建立了桥香园连锁事业总部，开始筹划、拓展加盟连锁店，使"桥香园"品牌走向全国。几年后，"昆明江氏兄弟桥香园过桥米线连锁店"已经达到了无人不知无人不晓的境地。这个由云南蒙自江氏兄弟——江勇、江俊二人从一家火车站旁的小吃店，经过20多年发展而来的连锁企业，铸就了云南的"米线王朝"。

然而，2011年8月，桥香园召开临时股东会、董事会，免去了江勇作为公司副董事长的职务，一向兄弟情深的江氏兄弟突然对簿公堂。从那时起，江氏兄弟官司缠身，纷争不断，使得桥香园错过了一个又一个的发展机会，开始走上了下坡路。

分析：创业团队的各种类型均有利弊，无论选择何种类型，都需要扬长避短。

三、创业团队组建的步骤

创业团队的组建是一个相当复杂的过程，不同类型的创业项目所需的团队可能不一样，创建步骤也不尽相同。但一般来讲，常见的创业团队组建主要包括以下几个步骤：

（1）明确创业目标　创业团队的总目标就是要通过完成创业阶段的技术、市场、规划、组织、管理等各项工作，实现企业的从无到有、从起步到成熟。总目标确定之后，为了推动团队最终实现创业目标，再将总目标加以分解，设定若干可行的、阶段性的子目标。

（2）制订商业计划　在确定了一个个阶段性子目标以及总目标之后，紧接着就需要制订周密的商业计划来实现这些目标。商业计划是在对创业目标进行细分的基础上，以团队为整体来考虑的计划。商业计划确定了在不同的创业阶段需要完成的阶段性任务，通过逐步实现这些阶段性目标来最终实现创业目标。

（3）招募合适的人员　招募合适的人员也是创业团队组建关键的一步。关于创业团队成员的招募，主要应考虑两个方面。一是考虑互补性，即考虑其能否与其他成员在能力或技术上形成互补。这种互补性既有助于强化团队成员间彼此的合作，又能保证整个团队的战斗力，更好地发挥团队的作用。一般而言，创业团队至少需要管理、技术和营销三个方面的人才。二是考虑规模适度，适度的团队规模是保证团队高效运转的重要条件。具体规模应根据战略目标和重点确定。团队成员太少则无法实现团队的功能和优势，而过多又可能会产生交流的障碍，降低效率。人员规模适中有利于股权的分配、内部统一集中管理及高效率地执行任务。

（4）职权划分　为了保证团队成员执行商业计划、顺利开展各项工作，必须预先在团队内部进行职权的划分。创业团队的职权划分就是根据执行商业计划的需要，具体确定每个团队成员所要担负的职责以及相应所拥有的权限。团队成员间职权的划分必须明确，既要避免职权的重叠和交叉，也要避免某些职权无人承担而造成工作上的疏漏。此外，由于还处于创业过程中，面临的创业环境又是动态复杂的，会不断出现新的问题，团队成员可能不断更换，因此创业团队成员的职权也应根据需要不断进行调整。

（5）构建制度体系　创业团队制度体系体现了创业团队对成员的控制和激励能力，主要包括团队的各种约束制度和各种激励制度。一方面，创业团队通过各种约束制度（主要包括纪律条例、组织条例、财务条例、保密条例等）指导其成员避免做出不利于团队发展的行为，实现对成员的行为进行有效的约束，保证团队的稳定秩序；另一方面，创业团队要实现高效运作需要有效的激励机制（主要包括利益分配方案、奖惩制度、考核标准、激励措施等），才能使团队成员看到随着创业目标的实现，其自身利益将会得到怎样的改变，从而达到充分调动成员的积极性、最大限度发挥团队成员作用的目的。要实现有效的激励，就必须把成员的收益模式界定清楚，尤其是关于股权、奖惩等与团队成员利益密切相关的事宜。需要注意的是，创业团队的制度体系应以规范化的书面形式确定下来，以免带来不必要的混乱争议。

（6）团队的调整融合　完美组合的创业团队并非创业一开始就能建立起来，很多时候是在企业创立一定时间以后随着企业的发展逐步形成的。随着团队的运作，团队组建时在人员匹配、制度制定、职权划分等方面的不合理之处会逐渐暴露出来，这时就需要对团队进行调整融合。由于问题的暴露需要一个过程，因此团队调整融合也应是一个动态持续的过程。

> **阅读材料**
>
> 携程是我国旅游业中领先的在线旅行服务公司，公司旗下的平台可面向全球用户提供一套完整的旅行产品、服务及差异化的旅行内容。
>
> 携程创业团队的领导者季琦是一个充满激情的创业者。1989年，季琦考上了上海交通大学机械工程系机器人专业的研究生，读研期间，他接触到计算机，并认识到该新兴行业存在的发展机会，开始学习掌握计算机的使用、装机以及组网技术，甚至在校期间还与同学合开了计算机公司。毕业后，季琦进入上海计算机服务公司工作了两年半，之后又去国外做技术工作。1995年，季琦回国发展，在中化英华智能系统有限公司工作了一段时间之后便自主创办了一家名为"协成"的公司，做系统集成业务。1999年，他因缘结交了甲骨文公司咨询总监梁建章。
>
> 梁建章从小就十分聪明，接触计算机也早，13岁时就参加了计算机兴趣小组，他编写的辅助写诗的程序获得了第一届全国计算机程序设计大赛的金奖。15岁，梁建章进入复旦大学计算机本科少年班，在国外读硕、读博之后便进入甲骨文公司。有一次回国，国内火热的创业气氛和隐藏的巨大商机让他震惊，他认为自己的发展机会还是在国内。于是他认识季琦之后，两人便决定一起做网站。做什么网站呢？
>
> 梁建章当时看到国外的网上书店和招聘网站发展得很好，于是想做这两个方面的内容。而季琦思路不同，他看到了家庭装潢市场的爆发式增长，因此想进入网上家装市场。但网上书店和家装由于当时成本较高而难以实现成功经营，网络招聘又在国内已经有一定发展，以此创业没有太大优势。想法一个个被否决，两人一筹莫展。一次出门游玩的契机让两人诞生了建立一个旅游网站的想法。
>
> 对他们这个创业团队而言，虽然有梁建章负责技术，季琦负责市场和管理，但还缺一个懂财务和融资的人才。这时，梁建章向季琦介绍了一个人——沈南鹏，季琦的校友。耶鲁大学MBA毕业后，沈南鹏先后进入花旗银行和雷曼兄弟公司，当时已是德意志银行的投资银行部——德意志摩根建富的董事。当梁建章和季琦找他创业时，他毫不犹豫地答应了。之后便开始确定股份，梁建章和季琦分别出资20万元，各占股30%，沈南鹏出资60万元，占股40%。在后续讨论开办旅游网站的过程中，他们发现还缺少一个真正熟悉旅游行业的人，于是便找来时任上海新亚酒店管理公司副经理的范敏。于是，被誉为我国企业史上"第一团队"的"携程四君子"正式组队成功。季琦等依据自身经验大体定下了人事架构，沈南鹏任首席财务官，范敏任执行副

总裁，梁建章与季琦相继出任执行总裁。1999年10月，携程旅游网上线。

这4人有共同的梦想，有各自的性格特点和专长，各掌一端，因此他们的创业才有非常好的发展。季琦有激情、锐意开拓，沈南鹏严谨稳妥、一股老练的投资家做派，梁建章细腻敏锐、眼光长远，范敏则踏实专注、善于经营。这个创业团队凭借团队协作，优势互补，只花了4年时间，就在美国纳斯达克交易所成功敲响了携程上市的钟声。

分析：创业团队的组建可以理解为创业者们优势互补的过程。

第三节　创业团队的管理

一、创业团队的发展阶段

创业团队的发展大致要经历初创时期、发展时期、稳定时期、成熟时期四个阶段。

（1）初创时期　在这一阶段，创业团队的特点是成员间的个性大于共性，具有不同动机和需求，对组织的目标也拥有各自的认识，非正式组织和非正式关系尚未建立，团队的规范不明确，成员间的矛盾多、分歧大、内耗严重。因此，这一阶段的主要任务是：明确创业目标，制订商业计划，确定总目标和阶段性子目标，并获得成员认可；选择合适的组织结构，保证组织正常运营；进行角色分工和搭配，通过分工实现成员间的互补性，使不同的角色在组织中发挥应有的作用，鼓励合作以提高组织绩效；制定组织的制度体系，通过约束体制的建立规范成员行为，维护组织利益，通过激励奖惩体制的确立调动员工的积极性，将团队目标与个人目标结合，维护团队成员利益。

（2）发展时期　创业团队初步形成后，成员开始熟悉并逐步适应团队工作方式，明确各自的存在价值。同时，团队隐藏的问题开始暴露，矛盾会层出不穷，这些矛盾主要来源于成员与成员之间、团队成员与环境体制之间及职权划分等各方面。因此，在这一阶段，要让矛盾和分歧充分暴露的同时，将各种冲突公开化，并对创业团队进行必要的调整。团队的调整融合是一个动态循环的过程，团队经过不断调试直到矛盾解决，有利于团队尽快步入下一个阶段。值得注意的是，在这一阶段，需要保证团队成员之间的沟通和交流，确保沟通渠道通畅，加强协调与合作，保证团队的可持续性。

（3）稳定时期　在这一阶段，团队管理进入规范阶段，团队成员的任务和角色更明晰，有明确的组织目标，共同的愿景；成员对团队的认同感加深，成员间建立了非正式的合作关系，并开始尊重各自的差异，重视互相之间的这种依赖关系，合作成为团队成员间的基本规范。这个阶段的工作便是继续协调成员之间的竞争关系和矛盾，建立起和谐的合作模式。

（4）成熟时期　成熟时期又称为高效运作阶段，是团队的收获期，团队成员开始忠实于团队，执行自己相应的角色，减少了对领导的依赖性，能高效地完成工作。团队成员相互鼓励、相互信任，积极提供建议，并做出迅速反馈。

二、创业团队的管理模式

1. 打造团队精神

团队精神是各个成员的精神支柱，是创业成功的基石，是否拥有和谐向上的团队文化是进行团队管理的灵魂。团队精神和团队文化能充分调动整个小组成员的团队意识，相互理解和支持，为实现团队的目标服务。

2. 重视团队精神

一个没有团队精神的团队或者企业，一切美好的想法和愿望都将成为"零"；没有团队意识的员工，无论学识有多高、技术有多精，对企业来讲都是"零"。只有具备团队精神的团队，才会形成一种无形的向心力、凝聚力和塑造力。

3. 形成团队精神

（1）培养团队成员的敬业精神　敬业是积极向上的人生态度，而兢兢业业做好本职工作是敬业精神中最基本的一条。要做到敬业，就要求创业者具有"三心"，即耐心、恒心和决心。任何事情都不是一蹴而就的，不可只凭一时的热情来工作，也不能在情绪低落时就马马虎虎、应付了事，特别是在创业的初期，要勇敢地面对并解决困难，而不是一遇困难就退缩。

（2）建设学习型团队　每个成员的学习、每次团队的讨论，就是团队成员思想不断交流、智慧火花不断碰撞的过程。英国作家萧伯纳有句名言："两个人各自拿着一个苹果，互相交换，每人仍然只有一个苹果；两个人各自拥有一个思想，互相交换，每个人就拥有两个思想。"如果团队中每个成员都能把自己掌握的新知识、新技术、新思想与其他团队成员分享，集体的智慧势必大增，团队的学习力就会大于个人的学习力，团队智商就会大大高于每个成员的智商，整体大于部分之和。

（3）建立竞争型团队　人类社会发展遵循着优胜劣汰的法则，在激烈的市场竞争条件下，竞争意识应渗透到团队建设之中，从而建立一个竞争型团队。竞争型团队必须具有竞争意识，敢于正视自己，敢于面对强手。竞争型团队要不断提高自身水平和技能，能有效完成团队任务。竞争型团队在建立内部竞争机制时，要注意成员之间的关系是建立在理性基础上的竞争，而不是斗争。协作是团队的核心，要用争论来激活团队的气氛，激发成员的竞争意识。要以发展来吸引人，以事业来凝聚人，以工作来培养人，以业绩来考核人，用有情的鼓励和无情的鞭策，让团队的每一个人都能以积极的心态工作，实现自我和超越自我，最大限度地发挥团队威力。

4. 塑造团队文化

高效的团队注重团队文化的塑造，尤其是共同价值观的培养。团队文化是由团队价值观、团队使命、团队愿景和团队氛围等要素综合在一起而形成的。塑造团队文化的关键就是在团队形成与发展的过程中确立团队的价值观、团队使命和团队愿景，并以此为基础逐渐形成相应的团队文化氛围。

5. 设置创业团队的组织结构

团队在设置组织结构时，必须以自己的战略任务和经营目标为依据，这是设置企业组织结构的出发点和归宿。在设置组织结构时要注意以下几点：

（1）权责分明　团队的任何一项工作都离不开其他人的配合，只有协作配合好，才能顺利完成工作。对于初创立的创业团队，人员的分工一般都比较粗放，很多事情不分彼此，一起决策、共同实施，但一定要注意落实责任、权责分明，避免出错或者失误后互相推诿，造成团队成员之间的矛盾。

（2）分工适当　在设置不同的组织结构时，分工要适当。分工并不是越细越好，分工过细会导致工作环节的增加，往往会造成工作流程延长，削弱分工带来的好处。

（3）适时联动 适时联动是为了完成特定任务，成立打破部门分工、跨越部门职能的专门工作小组。小组成员具有双重身份，既要向本部门主管汇报工作，又要向跨部门小组组长负责。这种模式适用于已经具有一定规模的大学生企业。创业团队初期由于没有专门的跨部门功能小组，各成员各司其职，在企业规模不是很大的情况下，运行状况还比较好。但是随着企业规模的不断扩大，尤其在新产品更新速度不断加快和一些比较重大的项目上，缺乏全盘的统筹和协调，会造成企业运转困难。因此，一个专门负责新项目或一些重大项目的组织协调工作的机构就显得尤为重要。当有新项目时，组织各职能部门职员成立一个跨部门功能小组，小组成员在向本部门主管负责或报告的同时要向小组组长报告该项目所辖职能的进展状况，直到项目完成，小组解散，当有新项目时重新组织新的跨部门功能小组，不断滚动。这样跨部门功能小组在组长的协调下充分发挥团队精神，提高工作效率。跨部门功能小组从组织结构上保证了团队精神的实现，但要充分发挥相关部门和小组成员的团队意识和能动性，还应该讲究一定的方法和途径，并按部门职能或小组成员特长进行合理分工，协调和监督各小组成员的工作进度，朝着团队的既定目标前进。

6. 优化创业团队的运作机制

（1）做好决策权限分配 创业团队内部需要妥善处理各种权力和利益关系，确定谁适合于从事何种关键任务和谁对关键任务承担什么责任。在治理层面，创业团队主要解决剩余索取权和剩余控制权问题。治理层面的规则大致可以分为合伙关系与雇佣关系，同时，还必须建立进入机制和退出机制，约定以后创业者退出的条件和约束，以及股权的转让、增股等问题。而在管理层面，最基本的原则有三条：平等原则，制度面前人人平等；服从原则，下级服从上级，行动要听指挥；秩序原则，不能随意越级指挥，也不能随意越级请示。大学生创业团队内部的管理界限没有那么明显，但一定得把决策权限厘清，做到有权有责。

（2）制定员工激励办法 创业团队需要妥善处理创业团队内部的利益关系。大学生创业的资金筹措本来就是难题，团队的报酬体系就显得尤为重要，分配就应更加合理谨慎。团队的管理者要认真研究和设计整个团队的报酬体系，使之具有吸引力，并且使报酬水平不受贡献水平的变化和人员增加的限制，即能够保证按贡献付酬和不因人员增加而降低报酬水平。

（3）建立绩效评估体系 业绩考核必须与个人的能力、团队的发展、扮演的角色和取得的成绩结合起来。传统的绩效评估体系和绩效管理只关注个人绩效如何，而不去考虑个人绩效与团队绩效更好地进行结合。造成这种状况的原因多种多样，包括评估不及时，各方意见不能真实反映实际情况，评估含糊不清，易掺入情感因素，忽略了被评估人的绩效给他人带来的影响等。成功的绩效管理不再限定于只注重个人的绩效，而是更加注重整体表现。这样的交流能让员工个人了解团队合作的重要性，个人需要不断进行自我调整以适应不断变化的环境和业务发展。

三、创业团队管理中存在的问题及对策

1. 创业团队管理中存在的问题

（1）信息整理不完整 在大学生创业团队建设管理的问题当中首先面临的就是货源信息杂乱。大学生刚刚踏入社会，并不了解当地市场的情况，难免会出现货源偏差的问题。创业团队所面临的第二个问题就是出货信息杂乱无章。由于大学生创业初创团队没有一个完善

的出货链，出货信息杂乱无章也确实在意料之中。校园当中所学习的知识并不能完全符合当地市场，如果仅使用调查问卷的方式进行市场调研，所得到的信息显然是不完全的。

（2）资金管理不周全　大多数大学生创业发展团队面临资金支出问题时一般会就支出资金进行简单的团队讨论。但是大多数大学生创业初创团队对于支出资金的程序并不合理，支出资金核对程序有误会导致资金的过量支出。这也极易使创业团队由于资金处理不善而引发团队资金链断裂。只是简单地用"（售价－进价）×数量＝利润"的公式绝不能完全涵盖收入的实际利润。在此没有核算人工成本、商铺成本、运输成本，也没有引入周全的会计核算办法。收入、支出、利润概念的混淆，收入利润核实办法不完善，就会引发另外一个连带问题，即团队当中的按劳分配方法有异议。

（3）管理方式不科学　根据实际情况调查得出，大学生创业初创团队所出现的第三个问题为团队管理方式不科学。由于大学生创业初创团队的成员大多数都是志同道合的大学同学，所以不涉及员工这个名词，只有合作伙伴。作为平起平坐的合作伙伴，团队内部的管理还是以人情化为主，这也导致团队当中关系混乱，很多细节无法落实。员工管理人情化也使团队凝聚力有一定的问题。上级命令难落实，上级下达给合作伙伴的命令会因为人情化而落实不足，这也导致对接人员无法进行有效对接。团队当中管理方式不严格，说到底还是因为管理程序不细化。

（4）资金链断裂　大学生创业初创团队由于经验不足，时常会出现资金链断裂的情况。经验不足就会导致初选商品无法满足市场需求。市场不认可初选商品，导致大学生创业团队不得不二次选品，其间所产生的费用都需要团队来承担。另外，由于创业团队的能力有限，所以启动资金自然有限。团队由于启动资金不足，抗风险能力远远低于普通创业团队，资金链断裂会导致整个团队的崩溃。

2. 创业团队管理问题的解决办法

（1）整合市场信息链　想要解决大学生创业初创团队面临的"信息整理不完善"的问题可以从两个方面入手。首先，大学生创业初创团队应该根据自身的商品定位方向寻找最佳货源，整理当地的货源信息，对比价格后确定最佳货源初选，根据商家所给出的书面保障政策进行落实，再次核对，然后确定最佳货源供货商。其次，要根据出货信息数据化的要求，使用互联网的方式规范出货信息，将出货信息登记在册，便于接下来的账目核对，以此缓解管理信息不完善的问题。

（2）科学分配团队资金　创业团队当中应该有财务和会计两个部门，财务部门负责支出核算，会计部门负责日常工资以及利润核算。两个部门相互监督，相辅相成，使资金科学分配。大学生创业初创团队也应该使用绩效分配的原则，按照销售绩效来进行利润分成，避免团队当中有浑水摸鱼的情况发生。

（3）引入科学有效的团队管理方式　根据大学生创业初创团队的实际情况解决管理方式不科学的问题，还是要从管理方式细化入手。只有创业团队当中完善了管理方式和管理细则，才能够在最大程度上保障团队整体的利益。大学生创业团队是一个整体，每一个创业团队成员各司其职，才能使团队稳定持续地进行下去。如果因为没有良好的管理方式而使团队成员的个人主义严重，则会在极大程度上危害团队利益。

（4）寻找稳定的合作伙伴　寻找稳定的合作伙伴能在一定程度上解决大学生创业初创团队由于资金链断裂导致的团队解散，可以提高团队的抗压能力。至于大学生创业初创团队怎样寻找稳定的合作伙伴，还要基于完善的市场调查基础之上，通过详细的市场调研，与供货商恰谈合作事宜，方能达到寻找稳定合作伙伴的目的。

第四节　实践训练

1. 盘古开天

（1）活动人数　不限。

（2）活动场地及用具　教室、工作坊等场地，准备白纸、绘画笔等用具。

（3）活动组织　学生自由结组形成一个创业团队，并做团队展示。

（4）活动步骤

1）10 分钟内在班级中寻找合作伙伴，每个团队 3~5 人。

2）参考本章所给的三种团队类型组建队伍，并确定好团队管理模式。

3）完成创业项目、队长、团队名字、口号的选择。

4）团队轮流个性展示。

5）在教师指导下，投票选择最具潜力的创业团队。

（5）活动交流与讨论

1）团队组建技巧与注意事项有哪些？

2）团队组建过程中容易忽视的问题有哪些？

（6）活动体验　谈谈你在本次活动中的感悟与收获。

2. 西游记

（1）活动人数　不限。

（2）活动场地及用具　教室、工作坊等场地，准备白纸、绘画笔等用具。

（3）活动组织　学生对自己的团队成员进行评估，并做团队展示。

（4）活动步骤

1）团队成员每人一张纸，将各自的技能、个性写到纸上。

2）队长组织成员在组内进行技能展示、个性展示，并确保成员的每项技能都被注意到。询问每个成员是否有什么技能被忽视了，如果有，将它们添加上去。针对每个成员，确定团队正在对其全力开发的技能和未全力开发的适合创业的技能。为每个成员至少选择一个未全力开发的适合创业的技能，并与团队成员讨论如何更好地发挥此技能。

3）团队轮流展示本团队和每个成员的创业优势。

（5）活动交流与讨论　团队成员与创业项目不合适该如何应对？

（6）活动体验　谈谈你在本次活动中的感悟与收获。

第五节　创业故事汇

志同道合，携手共进创业之路

——记云南志豪汽车服务有限公司董事长莫兴民及合伙人二股东李强

莫兴民，云南省交通高级技工学校（现云南交通技师学院、云南交通运输职业学院）2006 届钣漆工 2 班学生。2005 年进入云南联迪汽车服务有限公司（以下简称联迪）实习，

2007年进入云南德凯宝马汽车技术服务有限公司（以下简称德凯宝马）做漆工管理，一年后回到联迪做漆工管理，直到2017年辞职开始创业。2017年与合伙人一起开办了云南志豪汽车服务有限公司。

李强，云南交通技师学院（云南交通运输职业学院）2012届铜技2班学生。2011年进入联迪实习，2015年被提升为维修技师。之后进入昆明启迪汽车维修服务有限公司做钣喷工作。2016年年底开始与合伙人策划开办云南志豪汽车服务有限公司，担任二股东。

组建团队，追逐梦想

莫兴民2003—2006年在云南交通高级技工学校学习铜漆工专业，毕业前夕进入长安铃木实习，做铜漆工三个月，之后又进入联迪做漆工工作。正式毕业后转岗管理钣喷，因为能力出挑，2007年3月跳槽进入德凯宝马担任漆工管理。基于各方面的原因，一年后莫兴民又回到联迪做回漆工管理，直到2017年辞职开始创业。创业不是一件容易的事情，初期的困难就会让许多蠢蠢欲动的人退缩。莫兴民并不惧怕，他面临的第一个难关是启动资金困难，思考后首先想到寻找合伙人。李强作为同校同门的小师弟，再加上几年来在联迪的朝夕相处，成为莫兴民创业路上的第一位合伙人。

李强2012年从云南交通技师学院铜漆工专业毕业，2011年实习时进入联迪钣喷车间做钣喷工作，四年后凭借出色的技术晋升为维修技师，在这期间与莫兴民达成志同道合的意愿，于是辞职加入创业。有了合伙人，他们的启动资金还是远远不够，只能到处向亲朋好友求助，以房子抵押贷款。筹足第一桶金后，为了节省开支，他们没有办公室，甚至在路边开会；第一次建好厂房，因为没有事先了解相关政策，房子被当成违章建筑拆除；后来又面临招工困难，没有管理经验，对于税收、环保等相关政策和法律法规不了解，等等。但是这些并没有磨灭他们心中燃烧的梦想的火焰。不懂政策就去了解学习，没有管理知识就去参加培训，学习员工管理、汽车售后市场、企业发展规划等。技术工人难招就提高福利待遇，或者找到从前在公司认识的有个人发展意向的技术工人组建团队，再或者让技术骨干持股等，以此来一一解决困难。

没有团队，就没有前行的生命力；没有资源，就没有发展的推动力。在莫兴民看来，组建一支优秀团队的关键是他能在一开始就遇到志同道合的合伙人，大家都怀揣一颗渴望成功的心，梦想以创业找到自己的人生价值，从而共同奋斗前行。作为公司的领导者，个性随和、公私分明、赏罚分明、组织员工培训等也是公司能够从开业第一个月营业额七八万，一年后就迅速增长到每个月三十万的成功的关键。对于优秀的员工，不仅有资源奖励、项目奖励，还经常会有现金奖励，这些都激励着员工们不断进步，与公司共同迅速成长。近十年来，汽车行业发展迅猛，国家对于创新创业的政策扶持力度很大。这些都是促使他们创业的大环境因素，但最重要的还是心里渴望做出自己的一番天地，有所为的志气鼓励着莫兴民和李强一路前行。

叱咤校园，风光无限

莫兴民和李强在校园时代就是积极分子。莫兴民进校后就加入了学生会文体部，每次学校有文体活动时，作为干事的他都会尽职尽责完成每一次任务，以确保学校活动能够顺利进行。在学习方面，他也十分努力认真，老师们都很喜欢他。而莫兴民觉得对自己现在创业给予最大启发和帮助的就是班主任田玉华老师。田老师经常会给热爱学习的他带来一些杂志和课外书籍，当时有一本杂志是讲如何发展人际关系的，莫兴民在读的过程中深受启发，也默默学到了一些社交技巧，为未来的创业道路做了很好的铺垫。

作为已从母校毕业十几年的过来人，莫兴民对学弟学妹们表达了创业的经验和寄语。首先要干一行爱一行，对于事业更是要专注，不能眼高手低，踏实做事是成功的根本；其次一定要有实战经验再决定要不要创业，前期也要做足充分的准备工作，例如足够了解市场，以及了解有多少人愿意跟你一起创业；再次，在校期间不要浪费了寒暑假的机会，要去实地实践学习，实践是检验真理的唯一标准，从实践中汲取养分和精华才能成长得更快更好！

李强在学校时就是学校的风云人物，他跟几个热爱音乐的同学组建了一支名叫晨曦的乐队，吉他、贝斯、键盘、鼓手、主唱，小小的乐队也是五脏俱全的，他们还有自己创作的歌曲，每次学校的文艺会演、社团活动等，李强的乐队都会发挥很大作用。课余生活的丰富并没有让李强忘记学习，李强感慨当时很幸运由肖林老师教授涂喷，让自己学到最好的涂喷技能，同时也要感谢当年的自己没有浪费机会，认真学习了每一项技能，扎实的技能知识帮助他在后来的职场和创业道路上走得一帆风顺。对于在校的学生们，李强最想告诫师弟师妹们，要抓紧时间，学好基本功，做人要以诚信为本，多积累社会经验和人脉。如果是想创业的同学，要知道自己要的是什么，不能盲目追随别人的脚步，市场很大，每个人都想分蛋糕，就看你怎么做才能争取到机会和成果。

在公司不断发展的同时，他们也没忘记做慈善回报社会。为了感恩母校的栽培，他们为云南交通技师学院捐赠了体育用品。下一代的教育至关重要，关系着未来云南乃至祖国的发展，2018年他们又为昭通彝良县的贫困小学捐赠了物资。关于公司的发展目标，李强表示："未来三年内，首先我们要把维修项目发展到昆明的东南西北，由目前的四家分店再发展壮大，并往地州辐射；其次就是把实体店共享给想要创业的人，我们鼓励创业，为有想法有能力的人提供保证金、人脉和资源，同时提供店面、技术设备以及服务，让创业者直接当老板。"

【案例启发】

同学们，看完莫兴民和李强的创业故事，请结合所学的知识，谈一谈你的感受和启发。

第六章

创业的机会与风险

【学习目标】

1. 了解创业机会的内涵。
2. 了解创业机会的识别方法。
3. 了解创业风险的类型和特征。

【能力目标】

1. 运用合适的方法对创业项目进行评估。
2. 识别不同创业时期的风险并能有效防范。
3. 正确选择适合大学生的创业模式。

【案例导入】

张红超出生于河南商丘，家里并不富裕。在他读大学期间，为减轻家里的负担，他一边读书一边打工。然而就在打工的过程当中，一个意外的发现竟然让他撬开了财富的大门。郑州的夏天特别热，张红超想喝上一口冷饮却辗转几条街都没买到。这时候张红超想到为什么不把家乡的冷饮刨冰拿到郑州来卖呢？经过一系列的市场调查之后，他发现郑州竟然没有卖刨冰的，这一发现让他如获至宝，于是他马上行动了起来。1998年毕业后，张红超拿着奶奶给的3000元"天使投资"开启了他的创业之路。万事开头难，张红超也不例外，一年多时间里，张红超尝试过三次，都因为各种原因最终失败：第一家店开在城中村，人流虽大，但是消费能力不佳，生意渐渐冷落；第二家店没开多久就赶上修路被封；第三次张红超跟人合伙，他管销售，合伙人管账，张红超感觉生意红火，可合伙人竟以生意不佳为由没分给张红超多少钱，两人不欢而散。初次创业张红超便历经波折。但他并没有因此放弃，并在1999年创建了蜜雪冰城。

2006年，蛋筒冰淇淋火爆郑州街头，20元一支的价格依然挡不住市场的热情。张红超嗅到了商机，立刻买来一台二手冰淇淋机，一遍一遍地试做，功夫不负有心人，刚一入秋，冰淇淋在蜜雪冰城开卖，定价2元钱。"极致"的价格，让蜜雪冰城的蛋筒冰淇淋在那个秋冬供不应求。直到2007年夏天，张红超几次添购机器扩充产能都满足不了客户的需求，弟弟张红甫加入蜜雪冰城，开了第一家加盟店。到年底，蜜雪冰城加盟店达到了36家。2008年，张红超注册蜜雪冰城商贸有限公司，在浙江、安徽、河北、陕西、山西、湖南等地开了180余家蜜雪冰城门店，正式从河南走向全国。2009年，蜜雪冰城从产品矩阵到品牌形象、战略推广全面升级。蜜雪冰城将前期的标准化流程理顺之后，开放了加盟渠道，开启高速扩张模式。2022年，蜜雪冰城门店数量达到2万多家。

【案例思考】

1. 创业成功的首要因素是什么？
2. 创业是否有风险？如何防范风险？

张红超的创业历程起起伏伏，他不断地尝试、失败，不断地创新、改革，终于迎来自己创业的成功。张红超创业成功在于他发现市场需求并抓住了机会。发现创业机会并且把握好创业机会，是创业的首要环节。此外，应该看到创业机会与创业风险并存，创业者应尽可能识别创业机会中所蕴含的风险，并制订相应的防范措施，从而实现创业目标。那究竟什么是创业机会？怎样确定创业机会是否可行？如何识别和防范创业风险？

第一节　创业机会的识别与评估

一、创业机会概述

创业机会无处不在，在我们的生活中到处都可以看到。它可以来源于一个新的想法，也可以从现有行业中钻研出特定细分市场，以获得竞争优势。拥有了创业机会，创业者可以投入资金、人力以及技术，在市场中开拓自己的业务。那么，什么是创业机会呢？

1. 创业机会的概念

创业机会是创业者可以利用的商业机会。创业者据此可以为客户提供有价值的产品或服务，并同时获得收益。

有的创业者认为自己有好的创意，就对创业充满信心。有好的想法固然重要，但并不是每个创意都能转化为创业机会，许多创业者就是因为仅凭创意去创业而遭遇失败。因此，要正确认识创业机会，了解创业机会的特征。

创业机会具有以下三个方面的特征：

1）有市场需求，能为客户带来价值和利益，无论创业的形式表现为产品还是服务，都必须能为客户带来价值。

2）具有潜在的营利性，能在目前的商业环境中行得通。创业者创业的目的是获得财富，如果一个机会在目前的商业环境中行不通，没有盈利的可能，就不能成为创业机会。

3）具有一定的时效性，创业机会所蕴含的价值是一定的，那些最先抓住机会的创业者会获取较大的收益，而后来的人所获得的回报会大大降低，甚至不及原本的预期。

> **知识链接**
>
> **机会窗口**
>
> 机会窗口指特定商机存在于市场之中的一定的时间跨度。新产品市场建立起来，机会窗口也就打开了。当达到某个时间点，市场成熟，机会窗口也随之关闭。当一个产品或产业处于生命周期的成长期，往往也是机会窗口的打开时期，也是创业者把握创业机会的时期。当产品或产业处于生命周期的成熟期，由于前期大量企业的涌入，产品或产业的成长空间越来越小，新建企业想要进入并获得成功已经非常困难，此时机会窗口关闭。

> 一般情况下，市场规模越大，机会窗口越大，创业者才越有可能抓住这个机会。创业者在机会窗口中创业才有望获得相应的投资回报，否则就可能血本无归。

2. 创业机会的来源

创业机会无时不在，无处不在。创业机会主要来源于以下三个方面：

（1）市场需求　市场需求可以反映出客户希望获得什么样的服务和产品，当某一种需求没有得到满足时，那就是一个潜在的创业机会。因此，寻找创业机会的一个重要途径是去发现和体会自己和他人在生活中还有哪些需求没被满足。例如牛仔裤的发明，19世纪美国西部淘金热，李维斯的创始人发现矿工们由于高强度的劳作，衣料非常容易破损，人们迫切希望有一种耐穿的衣服，在这样的背景下，他制作的结实耐用的牛仔裤获得了淘金者的喜爱，在1853年正式成立了自己的牛仔裤公司。

（2）环境变化　环境的变化会给各行各业带来商业机会，如政策调整、产业结构的变化、生活观念的变化、人口结构的变化等，都可以在这一系列的变化中发现新的市场前景。例如，国家对新能源汽车的政策扶持，促进了新能源汽车行业的发展，创业机会也蕴含其中；随着我国人口老龄化时代的到来，养老、养生、疗养等行业兴起，也会催生出各种创业机会。

（3）技术变革和创新　技术变革不只是让新的产品或服务出现，更为人们带来了大量基于新科技的创业机会。例如，互联网的迅猛发展，在对传统商业造成冲击的同时，电子商务方面的创业机会也随之而来。

创业机会的来源有很多，大学生创业首先要从自身条件出发，把自己的专业知识和能力作为创业的基础，结合当下市场发展趋势，发现创业机会，从而实现自身价值和个人夙愿；其次，要结合市场需求，看看哪些领域可以提供解决方案，把握时机起步创业；再次，各类政策的出台也是创业的重要支撑，例如政府的资金支持可以极大地激励创业；最后，要时刻关注投资者和市场的变化，灵活调整自身发展方向，找到最适合自己的创业机会。

阅读材料

借助电商新业态，紧跟消费需求新变化

章燎原只有中专学历，初入社会时不到20岁。他年轻时尝试过很多事情，后来就职于安徽一家农产品企业，从业务员一直做到总经理，把一个销售额不足400万元的小公司，打造成销售额近2亿元的当地知名品牌。2012年，在深耕坚果行业9年之后，他对这个传统的农产品行业有了更深的了解。章燎原说："蓬勃发展的互联网唤醒了我的创业梦想——借助电子商务打造一个全国化的品牌。"

2012年，章燎原来到芜湖创业。凭借对行业的深刻理解和一份十几页的PPT，章燎原拿到了150万美元的风险投资，创下了当时农产品行业融资新纪录，"三只松鼠"成为安徽省首家有外资背景的电商企业。"创业初期，当地政府积极支持新业态发展，提供了一系列扶持政策，我们在芜湖安了家。"当年创始团队成员、"三只松鼠"松鼠小店总经理郭广宇感慨道。

2012年6月19日，"三只松鼠"在淘宝（天猫商城）试运营；上线65天，在天猫坚果类目销售跃居第一名；2012年天猫"双十一"购物狂欢节上，单日销售额达766万元；2018年，"三只松鼠"营收70亿元。"在阿里巴巴平台上，从2015年开始，

‘松鼠'的搜索指数已超过‘坚果'的搜索指数，成为坚果和零食的代名词。""三只松鼠"行政总经理潘道伟自豪地说。

从创业第一天起，章燎原就坚持"把顾客真正当主人"的创业兴业理念，开创了"三只松鼠"独特的消费者的体验和企业文化，树立了行业新标杆。章燎原说："'三只松鼠'抢抓'互联网+'的时代红利，借助电商这个新业态新模式，在产品研发、消费体验、包装设计、品牌IP化、新零售等各方面紧跟消费需求变化，得到了市场的充分认可，连续7年保持快速增长，已经成为一个全国性品牌。"

分析："三只松鼠"是借助互联网发展起来的电商品牌，不仅为消费者提供性价比高的产品，还抓住消费市场的需求点，注重消费体验。此外，它的蓬勃发展正是得益于我国全面深化改革开放，为创新、创业、创造营造了一个好环境。经济转型、深化改革释放出巨大的发展红利，敢于打破旧模式，善于拥抱新经济，迎难而上，抓住机遇，就可能冲上时代的前沿。

二、创业机会的识别

创业机会的识别是指创业者从日常经历中搜寻有创业潜力的机会的过程。创业机会的识别是创业的起点，创业过程就是围绕着机会进行识别、开发、利用的过程。

1. 创业机会的识别过程

识别和选择创业机会是一个动态的过程，在这一过程中，创业者通过对机会的潜在预期价值以及自身能力之间的反复权衡，来明确创业机会的定位。这一过程称为创业机会的识别过程。创业机会的识别过程可分为以下三个阶段：

（1）搜寻机会　由创业机会的来源可知创业机会出现的形式多种多样，创业者利用自身的能力和已经具备的资源对市场中可能的创意展开搜索，如果意识到某一创意可能是潜在的商业机会，具有潜在的价值，则进入下一阶段。

（2）识别机会　这里的识别机会指的是从创意中筛选合适的创业机会。对机会的识别包括标准化识别和个性化识别两个步骤：一是通过对整体的市场环境以及一般的行业分析来判断该机会是否属于有利的商业机会，这称为机会的标准化识别阶段；二是特定的创业者和投资者还需对机会的潜在价值进行考察，也就是个性化的机会识别阶段。

（3）评价机会　对机会进行评价主要是对创业机会的市场与效益进行评估，分析项目的市场定位、市场占有率、成本构成、资本回报率、创业团队的构成等因素，在此基础上，创业者决定是否正式组建企业、吸引投资。

2. 创业机会的识别方法

创业机会是客观存在的，且稍纵即逝，创业者想要准确识别创业机会，就需要运用一定的方法。

（1）系统分析寻找机会　目前，市场经济进入成熟阶段，企业间的竞争日趋激烈，创业者在如此背景下寻找创业机会，需要通过系统分析，在不断变化的环境中发现新的商机。系统分析主要包括两方面：一是分析当下企业所处的宏观环境，包括政策导向、产业结构、市场环境、人们生活观念等的变化；二是借助市场调研的方式分析微观环境，包括竞争对手的优势与不足、市场供求状况、顾客的需求是否得到满足等。通过对宏观环境和微观环境进行系统分析，找到不断变化中所蕴含的创业机会。

（2）以需求为导向发现机会　以需求为导向发现机会是指创业机会识别着眼于个人或组织的某种需求或者生活中面临的各种问题。创业者创业的目的是为顾客提供产品或服务，并从中获利。分析顾客的需求是识别创业机会快速和有效的办法。以需求为导向的机会识别，应该意识到机会不能从所有顾客身上寻找，因为共同的需求很容易被识别，市场已经成熟，创业的机会窗口已经关闭。实际上，不同类型的人需求是有差异的，创业者可以对顾客进行分类，针对不同的消费群体来研究对应的需求特点，从而发现更多的机会。特别值得注意的是有的需求是隐形的，创业者能够敏锐地发现隐藏的需求，往往能避开竞争，抢占市场先机。

（3）从创新变革中获得机会　从创新变革中获得机会常见于互联网行业中。通常是对目前明确的市场需求，利用新技术、新方法、新商业运营模式或者某项技术发明来实现新的商业价值。创业者凭借具有变革性的新产品或新服务，能快速占领市场，获得最大收益。但同时应该看到新生事物的发展总是曲折的，存在一定的不稳定性，从创新变革中获得机会比其他方式难度大，风险也高。

创业机会的识别作为一种主观的意识活动，还受到创业者个体因素的影响，主要包括创业者的先前经验（处于某一产业内的人会比从产业外观察的人更容易看到产业内变化带来的新机会）、专业知识、社会关系网络和创新思维等。

阅读材料

广东财经大学创业故事：一件小班服，绘出大天地

瞄准细分领域班服定制创业，从8.8平方米小空间闯出一片大天地，目前年营业额近千万，对于广东财经大学2015级学生冯泽权来说，创业成功似乎是水到渠成的事情。他的秘诀是什么？底气又在哪里？

偶然契机，瞄准班服定制

瞄准班服定制行业创业，源起于大一时的一次偶然交谈。冯泽权发现，前来宿舍推介班服业务的班服代理并不太懂服装面料，但他却有这方面的经验。原来，高中时冯泽权就曾同时运营12家服装网店，营业额累计达到1000万元，那段经历让他对服装面料颇有研究。冯泽权心想，用自己的"专业"去做别人"不专业"的事儿，赢的可能性更大，于是就有了创业的想法。

第一轮业务推广，冯泽权将力量集中在"朋友圈"。那段时间，他抓住一切机会动员身边同学找他下单。他还精心编辑了一段长长的推介语用于微信朋友圈推广，冯泽权清楚地记得，那次朋友圈发布后，很快他就拿到了6个订单。

拿到订单只是开始，做班服定制，关键点之一在于供应链。冯泽权说，创业初期，因为他的订单量太小，工厂出货不及时，冯泽权干脆就住在工厂里，和车间师傅一起赶进度，以保证按时完成订单。

入驻创业园，前路渐宽

一度，冯泽权觉得自己很幸运，创业路走得很是顺利。在一次跟学长的聊天中，

冯泽权了解到广东财经大学创业教育学院有个专业很适合他，专门面向有创业想法的学生——国家级人才培养模式创新实验区工商管理专业。这串长长的名字一下就在冯泽权心里扎了根，"我当时一听特别激动，感觉很对路。"冯泽权说，当时他赶紧抓住机会各方打听"取经"，终于如愿转入这个专业。

后来，学校支持有项目的学生进入校内大学生创业孵化园进行项目孵化。经过遴选，在回到广州校区报到前，冯泽权便顺利拿下了入驻机会，他憧憬着在那里开始稳扎稳打的创业路。

2016年8月，在创业园里的一间8.8平方米的办公室里，NI自设计项目诞生了。一位大四学姐、一位广州美术学院毕业的设计师，再加上刚刚升入大二的冯泽权，最初的团队就这样组成了。

很快，冯泽权发现，大学生班服定制的路似乎不太通，于是团队果断把目标客户从大学调整到了中学。针对高中生的特点，团队改进了宣传方式，"哪里有中学生，哪里就有我们的身影。"冯泽权说。他们进驻一切可能有中学生出没的线上平台，在线下则借助传统宣传册子加大推广力度。为了打磨宣传画册，冯泽权一个月跑了十几次工厂，终于设计出令人满意的宣传画册。

对于团队而言，2017年是个转折点。这一年，有过核心成员离开的"插曲"。同时，团队项目在各大创业竞赛上斩获佳绩，公司的业务量也稳步提高，文化衫产品覆盖数百所高中校园，营业额达到200多万元。"不算多，但已经是我们过去的4倍左右。"冯泽权说。

不断蓄力，探索新领域

2018年，公司业务再进一步，拥有了2个自营工厂，年营业额接近1000万元。值得一提的是，他还累计为400多位同学提供了工作和实习岗位。毕业后，冯泽权把公司从学校创业园搬了出来，公司新址距离学校不远，场地面积达300多平方米。

"兴趣才是最好的老师，如果没有兴趣，我可能做一半就放弃了。"回看这些年的创业路，冯泽权坦言，创业之初，他也不敢断言自己选的路就是对的，但谁又能一开始就知道呢。他的"门路"就是不断地探索、不断地调整，慢慢方向就会越来越对。

2021年，公司发展更加成熟稳健，拥有4家自营印花厂、两大独立仓库，聚焦文化衫定制，客源稳定，供应链、生产线运转良好，年营业额近1000万元。同年，NI自设计工作室获评"广东财经大学校外实践教学基地"。

一路走来，深知实践分量的冯泽权也愈发感受到理论指导的重要意义。"生意要做，书也要读"，恩师的教导对他影响至今。如今，他抓住一切机会向前辈学习请教。接下来，他还想攻读工商管理硕士学位，继续蓄力，追求新的突破。

（资料来源：《广州日报》，2021年10月13日教育版头条）

分析：冯泽权创业成功的秘诀在于，他利用自己先前运营服装网店的经验敏锐地发现蕴含在校园里班服定制这一创业机会，并凭借着对服装行业的兴趣以及坚韧不拔的毅力在这一领域深耕。同时，在创业过程中不断地调整和探索，精准识别目标客户，提供差异化产品以区别传统班服的定制，使得企业可持续发展。

三、创业机会的评估

前文介绍了创业机会的识别方法，但并不是所有的创业机会都适合创业，更不意味着创业就一定会成功。创业者盲目开始创业，将面临巨大的创业风险。对一些条件不具备、进入市场时机不对的创业机会，创业者如果能客观评估，按照自身条件状况进行相应的筛选，将提高创业成功的概率。因此，对创业机会进行评估显得十分重要。

1. 创业机会评估方法

（1）蒂蒙斯（Timmons）创业机会评价体系 "创业教育之父"杰弗里·蒂蒙斯总结概括出了一个评价创业机会的体系，其中涉及行业与市场、经济因素、收获条件、竞争优势、管理团队、致命缺陷、创业家的个人标准、理想与现实的战略性差异8个方面53项指标，以便创业者通过定性和定量方式对创业机会进行基础评估。现实中有诸多适合创业者的特定机会，可能与这个评价体系不能完全契合，但这个体系是目前包含评价指标比较完全和科学的一个体系。蒂蒙斯创业机会评价体系见表6-1。

表6-1 蒂蒙斯创业机会评价体系

评价要素	评价指标
行业与市场	1. 市场容易识别，可以带来持续收入
	2. 顾客可以接受产品或服务，愿意为此付费
	3. 产品的附加值高
	4. 产品对市场的影响力大
	5. 将要开发的产品生命长久
	6. 项目所在的行业是新兴行业，竞争不完善
	7. 市场规模大，销售潜力达到1000万~10亿元
	8. 市场成长率在30%~50%之间，甚至更高
	9. 现有厂商的生产能力几乎完全饱和
	10. 在五年内能占据市场的领导地位，达到20%以上
	11. 拥有低成本的供货商，具有成本优势
经济因素	1. 达到盈亏平衡点所需要的时间在1.5~2年，或1.5年以下
	2. 盈亏平衡点不会逐渐提高
	3. 投资回报率在25%以上
	4. 项目对资金的要求不是很大，能够获得融资
	5. 销售额的年增长率高于15%
	6. 有良好的现金流量，能占到销售额的20%~30%或以上
	7. 能获得持久的毛利，毛利率要达到40%以上
	8. 能获得持久的税后利润，税后利润率要超过10%
	9. 资产集中程度低
	10. 运营资金不多，需求量是逐渐增加的
	11. 研究开发工作对资金的要求不高

（续）

评价要素	评价指标
收获条件	1. 项目带来的附加价值具有较高的战略意义
	2. 存在现有的或可预料的退出方式
	3. 资本市场环境有利，可以实现资本的流动
竞争优势	1. 固定成本和可变成本低
	2. 对成本、价格和销售的控制较高
	3. 已经获得或可以获得对专利所有权的保护
	4. 竞争对手尚未觉醒，竞争较弱
	5. 拥有专利或具有某种独占性
	6. 拥有发展良好的网络关系，容易获得合同
	7. 拥有杰出的关键人员和管理团队
管理团队	1. 创业者团队是一个优秀管理者的组合
	2. 行业和技术经验达到了本行业的最高水平
	3. 管理团队的正直廉洁程度能达到最高水准
	4. 管理团队知道自己缺乏哪方面的知识
致命缺陷	不存在任何致命缺陷
创业家的个人标准	1. 个人目标与创业活动相符合
	2. 创业家可以做到在有限的风险下实现成功
	3. 创业家能接受薪水减少等损失
	4. 创业家渴望进行创业这种生活方式，而不只是为了赚大钱
	5. 创业家可以承受适当的风险
	6. 创业家在压力下状态依然良好
理想与现实的战略性差异	1. 理想与现实情况相吻合
	2. 管理团队已经是最好的
	3. 在客户服务管理方面有很好的服务理念
	4. 所创办的事业顺应时代潮流
	5. 所采取的技术具有突破性，不存在许多替代品或竞争对手
	6. 具备灵活的适应能力，能快速地进行取舍
	7. 始终在寻找新的机会
	8. 定价与市场领先者几乎持平
	9. 能够获得销售渠道，或已经拥有现成的网络
	10. 能够允许失败

蒂蒙斯创业机会评价体系需将定性分析与定量分析相结合来判断创业机会的可行性及对不同的创业机会进行优劣排序。该评价体系涉及的项目比较多，在实际运用过程中可作为参考选项库，结合使用对象、创业机会所属行业特征及机会自身属性等进行重新分类、梳理简化，提高使用效能。

（2）标准打分矩阵　标准打分矩阵是指将创业机会评价体系的每个指标设定为三个打

分等级，例如最好3分，好2分，一般1分，形成打分矩阵表。经由专家打分后，求出每个指标的加权平均分。标准打分矩阵（见表6-2）中列出了几项评估创业机会的主要指标，在实际使用过程中可以进行适当的增减。

表6-2 标准打分矩阵

指标	专家评分			
	最好（3分）	好（2分）	一般（1分）	加权平均分
市场接受性				
市场规模				
进入市场容易度				
可操作性				
投资收益				
增加资本的能力				
成长潜力				

这种方法简单易懂、易操作，主要用于不同创业机会的对比评价，其量化结果可直接用于机会的优劣排序。只用于一个创业机会的评价时，则可采用多人打分后进行加权平均的方法。如果其加权平均分越高，说明该创业机会越可能成功。

2. 创业机会评估内容

无论采用何种方法评估创业机会，都存在共通的评价内容，这是评价的基础内容，概括起来主要包括市场吸引力、产品或服务的竞争力、支撑性资源和获利能力。

（1）市场吸引力 市场吸引力主要是指评估创业机会所在的市场是否具有前景和进入的可能，包括市场定位、市场结构和市场规模三方面的内容。

1）市场定位。一个好的创业机会，必然具有其市场定位，在满足顾客需求的同时能为顾客带来增值。因此，可以通过市场定位是否明确，是否真正满足顾客需求，产品或服务是否有衍生价值等来判断创业机会所蕴含的市场价值。产品或服务带给顾客的价值越高，创业成功的机会也越大。

2）市场结构。市场结构的分析包括进入障碍、供货商及顾客的议价能力、替代性竞争产品的威胁和市场内部竞争的激烈程度。由市场结构分析可以得知新企业未来在市场中的地位以及可能遭遇竞争对手反击的程度。

3）市场规模。市场规模的大小和成长速度也是影响新企业进入难易程度的重要因素。一般而言，市场规模大，进入障碍相对较低，市场竞争激烈程度较小。应当注意的是，如果要进入的是一个十分成熟的市场，纵然市场规模很大，但由于已经不再成长，利润空间必然很小。

（2）产品或服务的竞争力 一个好的创业机会必须具备某些竞争优势，核心在于所提供的产品或服务具有竞争力。产品或服务在市场上的竞争力主要体现在产品或服务的差异性和成本优势上。创业者至少要对三个满足相似市场需求的竞争对手的产品或服务进行对比，分析自己产品或服务的差异性。在同一市场中，所提供的产品或服务的差异性越大，则越具有竞争力。而在同质产品或服务中，成本低者竞争力较大。如果一个创业项目可以通过扩大产量、引进技术、改进工艺或优化管理来降低产品或服务的成本，那么这个创业机会就是值得考虑的。

（3）支撑性资源 评估一个机会是否适用于创业，还需分析创业者是否具有利用这个机会所需要的资金、技术以及人力资源等支撑性资源。在进行机会评估时要考虑自己是否拥有初始启动资金以及是否具有增加资本的能力，团队中至少要有一人具备创业所属行业领域的相关经验，而且团队成员要对所开发的项目感兴趣，以保证机会的成功开发。

（4）获利能力 创业的目的之一便是获得经济回报。创业者应尽可能在成本效益原则的指导下，在短时间内以较低成本获得较高的回报。获利能力的评价主要包括毛利率、税后净利率、投资回报率、投资回收期等。

1）毛利率。毛利率是毛利润（销售收入减去销售成本后的净额）占销售收入的百分比。毛利率越高，说明企业的获利能力越强。

2）税后净利率。税后净利率是净利润（净利润是税前利润减去所得税的净额）占销售收入的百分比。税后净利率越高，生产成本越低，企业的获利能力越强。

3）投资回报率。投资回报率是指企业从一项投资活动中得到的经济回报，是年利润或年均利润与投资总额的百分比。投资回报率越高，企业的获利能力越强。

4）投资回收期。投资回收期是指投资方案所产生的净收益补偿初始投资所需要的时间。投资回收期越短，企业的获利能力越强。

创业的可行性研究就是对上述四方面评估内容讨论和调查的过程。创业者需要考虑以上相关问题并以创业计划书的形式展现出来。一份市场论证严密、文字表述清晰、内容简洁有效的创业计划书也在评估的范围内。

总之，创业机会的评估是一个复杂的过程，需要仔细考虑市场的潜力、产品的优势竞争力以及创业的可行性，同时还要了解可能存在的机会成本和风险。此外，评估时还应考虑管理团队的背景和经验，以及他们是否具备执行其创业计划所需的实施步骤和资源。另外，竞争对手的动态也是需要充分重视的，避免由于竞争对手的发展而面临更大挑战。

第二节 创业风险的识别与防范

创业是不可能没有风险的，尤其是大学生在缺乏资源和经验的情况下，在创业过程中遭遇风险几乎是不可避免的。而且，由于创业初期规模小，资金实力弱，各项工作处于起步阶段，此时创业者抗风险能力最弱。因此，要想避免在创业时期遭受巨大的损失，就必须对当中存在的风险进行有效的识别和防范。

一、创业风险的识别

1. 创业风险的概念及分类

创业风险是指创业者在创业过程中面临的不确定性潜在威胁。创业环境的不确定性，创业机会与创业企业的复杂性，创业者、创业团队与创业投资者的能力与实力的有限性，是创业风险的主要来源。

在创业的过程中要面临众多的风险，那么风险有哪些呢？根据不同的划分标准可将创业风险划分为不同的类型。

（1）根据创业风险来源的主体划分 根据创业风险来源的主体可分为系统风险和非系

统风险。

1）系统风险指由企业外部环境的不确定性引发的风险，如政策调整、经济衰退、通货膨胀等社会政治经济的变化所带来的风险。这类风险是创业者无法控制或排除的，只能在创业过程中进行识别和规避。

2）非系统风险指由企业内部环境的不确定性引发的风险，如项目选择风险、技术风险、财务风险、创业团队风险等。非系统风险是创业者可以通过努力进行控制或消除的，因此在创业过程中对此类风险应该正确识别和控制。

（2）根据创业风险的内容划分　根据创业风险的内容可分为市场风险、技术风险、管理风险、生产风险、经济风险等。

（3）根据创业过程划分　根据创业过程可分为创业机会的识别与评估风险、准备与撰写创业计划风险、确定并获取创业资源风险和新创企业管理风险。

1）创业机会的识别与评估风险指在机会的识别与评估过程中，由于创业者主观因素和外部环境客观因素的影响，信息获取不全，政策把握不准确，消费需求理解有偏差等，致使创业一开始就面临方向性错误的风险。

2）准备与撰写创业计划风险指在创业计划制订过程中由于各种不确定因素或者创业者自身能力的限制给创业活动带来的风险。创业计划往往是投资者决定是否投资的依据，因此创业计划是否合适，将对具体的创业活动产生影响。

3）确定并获取创业资源风险指由于存在资源缺口，创业者无法获得所需关键资源，或者即使可获得所需资源，但成本较高。

4）新创企业管理风险主要包括管理方式、战略制定、组织架构、人力资源、生产营销等各方面的管理中存在的风险。

2. 创业风险的特征

虽然创业风险种类繁多，且贯穿于整个创业过程，但这些风险都有着共同的特征，把握创业风险的特征才能更好地识别创业风险。

（1）客观性　创业者无论身处何时何地，创业企业规模无论大小，创业过程中的风险始终是客观存在的，不以人的意志为转移。它存在于一定的市场环境中，企业的内外部环境的发展变化本身就是不确定的，因而创业风险也是客观存在着的。例如产品的结构、质量、更新换代速度等方面与市场需求不匹配，产品缺乏竞争力就会被市场淘汰。正因如此，客观性特征要求创业者能够采取正确的态度认识任何形式的风险，积极应对风险。

（2）不确定性　创业风险最主要的特征是不确定性，创业风险会伴随着环境的变化而产生，也会随着环境的变化而消失。例如国家宏观经济政策的变化、遭受意外事故、人员失职等，虽有其发生的具体原因，但是发生的时间是难以预计的。客观条件的不断变化导致风险的不确定性，造成人们对风险的识别困难。因此有人认为创业的过程就是对各种风险进行有效的防范，把不确定性变为确定性的过程。

（3）转化性　事物具有两面性，创业风险也不例外，创业风险具有损益双重性。创业风险会给企业造成损失，同时也会带来机遇，风险越大收益越大。风险对于创业不仅有负面影响，如果正确认识并且充分利用风险，反而会使风险很大程度地受到控制，并转化为新的创业机会。例如2019年年底席卷全球的新冠肺炎疫情，给各行各业带来了巨大的冲击，但在线娱乐、网络教育、互联网医疗、数字营销、网络购物、远程办公等新兴产业得到了飞速发展。

（4）传递性　创业风险有大也有小，但无论是何种风险，都会带来一系列的影响。再小的风险也会产生蝴蝶效应。例如企业有可能因为某处细节没有注意到，引发资金链的断裂、产品的问题等，最终导致新创办的企业功亏一篑。

3. 创业风险识别的方法

创业风险存在于创业过程的各个环节，创业风险识别的过程就是运用各种方法系统地、连续地发现风险的过程。创业风险的识别一般从企业所处外部环境以及企业自身内部运营状况两个方面着手进行分析。常见的创业风险识别的方法有以下两种：

（1）环境分析法　环境分析法是指通过分析企业内外部的环境条件对企业运营活动的影响，发现风险的方法。通过环境分析，一方面可以发现企业所处的社会环境中政治、文化、经济、人口等要素的变化；另一方面使创业者可以及时获得企业内部资源人员竞争能力等因素的变化情况。通过对这些因素的变化进行分析找出因变化而带来的损失。

（2）流程图法　流程图法是指通过建立一系列的流程图来展示企业运营活动的全过程，对每一个环节逐一进行调查分析，运用潜在的损失一览表来确定企业所面临的损失，从中发现潜在风险的一种风险识别方法。

二、大学生创业常见的风险及防范

随着社会经济的发展和就业压力的增大，大学生创业已成为一种越来越普遍的现象。虽然大学生群体具有较为丰富的知识储备，但却缺乏社会实践经验和能力，这导致了他们创业的风险更高。大学生创业常见的风险主要有以下几种：

1. 项目选择风险

项目选择风险是指在项目选择的过程中，由于各种主客观因素的影响导致信息获取量不足，市场需求把握不准确，致使创业一开始就面临方向性错误的风险。大学生创业时如果缺乏前期市场调研和论证，只是凭自己的兴趣和想象来决定投资方向，甚至仅凭一时拍脑袋做决定，创业成功的概率微乎其微。

应对项目选择风险的方法如下：

（1）做好市场调查　市场调查包括市场供求状况调查、消费者需求调查、分析现有商品的不足等。

1）市场供求状况调查。市场需求总量和供给总量之间总是存在一定的差额，大学生创业者在创业初期首先要对市场的供求进行分析，调查即将进入的目标市场的产品供应量，以及预测需求量。例如，通过调查得知某地区某种产品的需求量为100%，而市场供应量只有80%，那么对于创业者来说就有20%的市场机会。

2）消费者需求调查。创业者只要善于调查分析目标人群工作或生活中有困难的地方，也就找到了消费者的需求点。准确把握消费者的需求，在了解市场的基础上创业，是创业成功的基础。例如当下流行的私厨到家服务，就是找准了当下一些年轻人不会或不想做饭，一些上班人群工作和家庭压力较大，下班后不想下厨这一生活中的难点，于是专门上门为顾客做饭的服务便开始出现。

3）分析现有商品的不足。市场上销售的商品总会存在功能和性能方面不够完善、颜色单一等这样或那样的问题。创业者经过调查分析，可以选择一种有问题的商品进行改进和完善，以此作为创业项目，往往成功率很高。

（2）结合自身条件进行选择　创业者的自身条件包括专长、性格以及所拥有的资本等。

1）创业者的专长、经历是选择项目的主要依据之一，这有利于创业者在进入创业领域时快速熟悉行业规则和把握最新发展动向。大学生创业者拥有丰富的专业知识，在选择创业项目时可以结合自身专业进行选择。当然，这也并不意味着不能选择自己专业外的项目，因为能力较强、实践经历丰富者也能很好地把握行业方向。

2）创业者的性格也是影响创业项目选择的因素之一。例如性格冲动的创业者，不适宜选择娱乐服务项目，因为娱乐服务等项目需要温和耐心地对待客户，以满足其需求，甚至有时会遇到顾客提出刁钻的要求，此时也考验着创业者的忍耐底线，性格冲动的创业者将难以坚持下去。所以，大学生在选择创业项目时要对自己的性格有清醒的认识，尽量避免选择与自己性格特点不符合的创业项目。

3）创业者所拥有的资本也是选择项目的主要依据之一。一般来说，大学生创业者资金实力较弱，在创业项目的选择上适合选择启动资金不多、人手配备要求不高的项目，从小本经营做起。

（3）分析项目发展前景　创业项目的选择不仅是开始创业的基础，同时也是企业未来的发展方向。因此，创业必须选择市场空间大且有一定发展前景的项目。创业者要对创业项目的未来趋势做研究，对以后的发展前景做全面的规划。

2. 资金风险

在创业初期，资金风险是创业者避不开的风险。创业者遇到的第一个现实问题是能否有足够的资金创办企业。在企业创办起来后，还必须考虑是否有足够的资金支持企业的日常运营。对于初创企业来说，如果连续几个月入不敷出，或者因为其他原因导致企业的现金流中断，都会给企业带来极大的威胁。相当多的企业在创办初期会因资金紧缺而严重影响业务的拓展，甚至错失商机。刚入社会的大学生资金来源单一，更多是靠父母或从银行进行小额贷款，融资渠道单一，资金数额小，因此资金缺乏是大学生创业面临的普遍问题。

应对资金风险的方法如下：

（1）选择适当的融资方式　大学生创业者在创业初期，采取的融资方式除了依靠父母朋友的资助外，还可以利用国家为扶持自主创业出台的各种优惠政策。例如2021年《国务院办公厅关于进一步支持大学生创新创业的指导意见》中明确提出，加强对大学生创新创业的金融政策支持，落实创业担保贷款政策及贴息政策，将高校毕业生个人最高贷款额度提高至20万元，对10万元以下贷款、获得设区的市级以上荣誉的高校毕业生创业者免除反担保要求；对高校毕业生设立的符合条件的小微企业，最高贷款额度提高至300万元。

（2）分散与转移财务风险　国家对创新创业高度重视，在全国各地都建有创业产业园、创业促进中心、创业孵化器等。例如大学生创业孵化器，大学生创业者可以把创业孵化器当作规避风险的基地，利用创业孵化器提供的场地来减少房租成本支出。同时还可以利用创业孵化器提供的公共设施、共享设备等，来减少设施设备的购买，从而减少固定资产的投入比例，以此转移自己购买固定资产、设施设备所造成的财务风险。

3. 市场风险

市场风险指新创企业在从事经营活动时所面临的盈利的不确定性，主要表现在市场需求量的不确定性、市场接受时间的不确定性和竞争程度的不确定性三个方面。

市场风险主要分为市场进入风险和市场竞争风险。市场进入风险指在进入市场过程中，由于各种因素的变动使得市场进入后的实际效果与进入前预期不相符造成损失的可能性。市场竞争风险是指由于竞争环境或竞争对手发生变化给企业经营带来冲击的风险。

大学生是富有创新精神的一个群体，热衷于推出新产品或新服务。如果创业企业推出的是全新的产品，顾客在不易及时了解其性能的情况下容易做出错误判断，因此创业企业很难准确判断市场需求量以及市场接受的时间。如果市场需求量较小，市场接受时间较长，投资难以收回，会给企业带来重创。如果所选择的是传统行业，市场较为成熟，则竞争激烈，形成供过于求的情况，利润小，从而使企业步履维艰。

应对市场风险的方法如下：

（1）合理规避市场进入风险　规避市场进入风险首先要进行市场的宏观环境（政治条件、经济条件、社会条件、技术条件）和微观环境（市场需求、竞争环境、资源环境）分析，根据市场分析结果对市场进入进行精确定位。企业必须根据自己的优势进入某一市场，在目标市场上确定自己的经营优势。因此，在进入市场时必须既要考虑消费者又要考虑到竞争者。

1）消费者分析。消费者分析首先需要细分不同的消费者群体，可以按照不同的人群特征来进行划分，例如根据消费者的年龄、性别、职业、收入等的不同划分不同的消费群体。然后根据对消费者群体的划分来细分市场。最后依据企业的优势和掌握的资源选择目标市场。

2）竞争者分析。企业盈利的能力取决于企业的竞争优势，而企业的竞争优势又在一定程度上取决于企业所进入市场的竞争结构。根据迈克尔·波特的行业竞争结构分析模型，市场竞争结构包括五个方面，即潜在竞争对手的入侵、替代品的威胁、现存对手之间的竞争、客户讨价还价的能力和供应商讨价还价的能力。因此有必要对市场中的竞争者进行分析。企业在进入市场时应密切关注竞争者的动向，针对不同竞争者，选取自身拥有竞争优势的市场进入。

（2）合理选择市场竞争策略　由于企业实力不同，参与市场竞争的地位也有所不同。因此，所选取的竞争策略应根据企业实力、产品类型和市场状况等条件来考虑。

1）低成本策略。低成本策略就是努力降低成本，通过削减成本来降低商品价格，从而获得企业竞争优势。可以从生产环节、营销环节、管理服务环节等方面严格控制成本。生产环节方面，可以通过改进产品设计、改进生产技术或者节约人工费等方法来降低成本。营销环节方面，可以通过变革营销渠道、改变促销策略等来降低成本。管理服务环节方面，可以采取将售后服务外包的方式来减少维护成本。

2）差异化策略。差异化策略指能够将本企业所提供的产品或服务与竞争对手相区别。差异化策略的重点在于提供的产品或服务别具一格，如功能多、款式新等，也就是产品或服务的差异化。实现产品或服务的差异化，主要从产品或服务的质量、产品或服务的特征及产品或服务的设计方面来实现，通过为自己的产品或服务注入新的元素来吸引顾客。

4. 管理风险

管理风险包括管理经验不足、管理方法不当、管理决策错误等。管理经验不足不仅会影响管理者对企业情况的准确判断，而且会加重企业的风险。管理方法不当是指如果企业采取不合理的管理措施，会导致企业面临财务和运营风险。管理决策错误则是说管理者做出的决策很可能会是错误的，这也会将企业置于风险之中。一些大学生创业者虽然技术出类拔萃，但是营销、沟通、管理方面的能力普遍较弱。创业失败者，很多都是管理方面出了问题，其中包括决策随意、信息不通、理念不清、用人不当、忽视创新、急功近利、盲目跟风、意志薄弱等。特别是大学生知识结构单一、经验不足、资金实力和心理素质明显不足，更会增加其在管理上的风险。

那么如何应对管理风险呢？针对管理经验不足、管理方法不当等问题，大学生创业者可以考虑与风投公司合作，邀请有经验的人士参与经营管理，也可以聘用职业经理人负责企业的日常运作。当然，创业者也需要加强管理方法的学习，不断提高自身的管理水平。

5. 人力资源管理风险

人力资源管理风险主要包括创业团队的风险、人员选择的风险、重要员工流失的风险等。人员匹配不科学，激励措施达不到预期效果，这些人力资源管理的问题往往会造成内部消耗巨大，重要员工流失，会给企业带来巨大的损失。

现代企业越来越重视团队的力量。创业企业在诞生或成长过程中最主要的力量来源一般都是创业团队，一个优秀的创业团队能使创业企业迅速地发展起来。但与此同时，风险也蕴含其中，团队的力量越大，产生的风险也就越大。一旦创业团队的核心成员在某些问题上产生分歧，极有可能会对企业造成强烈的冲击。事实上，做好团队的协作并非易事，特别是与股权、利益相关联时，很多初创时很好的伙伴都会闹得不欢而散。

重要员工一般熟悉企业的主营业务，了解企业的客户资源，掌握核心技术，重要员工流失，企业的有形资产和无形资产将遭受损失，从而削弱企业的竞争力。

应对人力资源管理风险的方法如下：

（1）正确选择人才 创业团队的组建不是以个人的能力或技能作为参考，而是重点考察个人的素质，因为个人的职业技能或能力在企业发展过程中能够不断地得到提升，但是个人的性格、品德等隐性的素质却很难改变，因此创业团队组建初期应着重于评价成员的个人素质。

（2）控制人员流失 要留住人才，创业者就需要根据不同类型人才的特点采取不同的措施。例如针对管理技术型人才，需要明确利益关系，可以考虑分配一定比例的公司股份，并制定有效的激励机制。针对销售服务人才，应根据业绩评估及时提高工资和福利待遇，建立完善的晋升制度，做到奖惩分明。

6. 创业者自带的风险

对于创业者来说，一个人的能力和认知是有限的，这就会使创业过程存在诸多的不确定性。例如创业认知出现偏差导致创业决策的失误，能力的缺陷使得很多大学生将创业计划运用于实际时才发现自己根本不具备解决问题的能力，这样的创业无异于纸上谈兵。

如何应对创业者自带的风险呢？创业者应加强自我认知，发现自己的优缺点。如果大学生想创业，却发现自己的某些能力很差，例如没有发现机会的能力、抗风险能力差等，而这些能力又是创业中所必需的能力，那么就需要谨慎考虑自己是否适合创业。同时，对自身优势和劣势要有清醒的认识，在创业项目的选择上能够扬长避短，避免盲目跟风。

大学生创业过程中所遇到的阻碍并不仅限于上述所可能遇到的风险，在企业发展过程中，风险总是伴随其中。大学生创业者应保持积极的心态，多学习和借鉴优秀经验，结合自身既有的特长优势，规避不可控风险和防范可控风险。

缺乏得力的团队，创办求职网站失败

小黄，毕业于西安理工大学，一次次的求职失败令他萌发出一个想法——办一个不同寻常的求职网站。这个网站是为企业和大学生搭建起一个长期稳定的接触平台，只要大学生和企业注册登录，双方就可以通过这个平台相互了解，企业甚至可以跟踪大学生在校期间的各方面表现，决定其毕业时是否录用。

后来，小黄开始市场调研。他拜访了 20 多家企业，与人力资源管理部门负责人沟通了这一想法，网站的特色服务内容得到 70% 的人的肯定。另外，小黄已明确了网站的盈利模式。至于网站的长远规划，小黄也已制订了相应的计划。

尽管制订了自己的创业计划，确立了盈利模，进行了市场调研，也得到了父母兄长的资金支持，但小黄却忽视了创业最为关键的因素之一——组建得力的团队。小黄说，目前高校内具备这方面技术的人太少，而有丰富经验和能力的人却不愿意放弃工作跟他一起创业，这就好比没有左膀右臂，小黄孤军奋战的结果只能是退下阵来。

分析：小黄的创业失败在于他对自己的能力没有清晰的认识，属于创业者自带的风险。小黄虽然发现了创业机会，但是却没意识到创业所必需的合理的创业方案、资金和团队三大要素缺一不可。最终，再好的创业机会也难逃夭折的命运。

第三节 适合大学生的创业模式

在创业之初首要的选择就是寻找一个适合自己的创业模式，那么不同的创业模式有哪些特色？大学生创业者应如何按照自己的现实状况选择创业模式呢？

一、大学生创业模式的分类

创业的方式是多种多样的，根据创业所采取的经营模式，可以将适合大学生的创业模式分为四类，即小微企业、依托型创业、互联网创业和"互联网＋"。

1. 小微企业

大部分大学生都是"白手起家"，他们的创业都是从零开始的，他们需要不断地学习，不断地积累自己的资金，等到一切都具备了，他们就可以开始创办自己的小公司了。但这种模式要求条件较高且需要有很好的承受能力。要想获得这样的成功，必须具备四个要素：广泛的社交网络，优秀的计划和成果，良好的声誉和品格，以及努力工作的态度。

2. 依托型创业

依托型创业的经营方式主要有经营经销（代理）和加盟。

（1）经营经销（代理） 代理是一种非常普遍的经营模式。所谓代理，就是利用其他公司的产品和品牌，以独立的平台进行自己的产品销售。目前许多厂家并没有直接对消费者进行最终的销售，而是选择了代理商，通过各个层次的代理进行最终的销售。所以，要进入某个厂家的营销系统，或者代理销售某个厂家的产品，都需要找一个合适的厂家。

（2）加盟 加盟的关键在于对经营企业的选择。一般而言，加盟店的挑选要综合考虑行业、品牌等因素，选择有生命力的产业和具有活力的品牌。

3. 互联网创业

互联网创业是一种新兴的创业方式，分为线上和线下两部分，成员一般都是技术人员、大学生和上班族。随着互联网技术的飞速发展，互联网创业的门槛大幅度下降，许多人开始通过在线开设店铺来进行自己的创业。前期投入少，创业成本低，这也是大多数人选择互联网创业的理由。开展互联网创业要注意以下几点：

（1）供应商的选择　网络商店以盈利为目标，物美价廉的商品可以为创业者节省成本。一般情况下，可以到创业者所在的批发市场或者批发网站寻找供应商。

（2）后勤保障　物流是网店经营中的一个关键问题，要确保顾客在最短的时间内收到商品，并确保商品的完好无损。这就需要企业选择具有良好信誉和价格合理的物流企业。

（3）售后服务　无论是实体商店还是网上商店，都注重对顾客的服务。与实体店相比，网络商店无法与顾客进行面对面的沟通，所以在网络上要注重沟通技巧，要有耐心，在与顾客在线沟通时，可以运用更多的谦辞，如"请""您"等，让顾客感到真诚。

（4）做好宣传　与实体商店相比，网上商店的竞争更为激烈，顾客可以通过互联网找到同一商品的不同店面，而不会受到地理位置的制约。企业要做好店面的广告宣传，提升店面的知名度，增加顾客的流量。所以，对于创业者而言，有必要了解网上销售的相关知识。

4. "互联网＋"

所谓"互联网＋"，就是"互联网＋所有的传统产业"，但这并不是将两者简单地结合起来，而是通过网络技术将互联网和传统产业进行深度融合，从而形成新的发展模式。

"互联网＋"是指充分利用网络对社会资源进行整合以达到最优配置，把网络的创新成果与社会经济各方面深度融合，提高社会创造力和生产力，从而形成更加广泛的以网络为基础设施和实现工具的经济发展新形态，例如直播带货、在线辅导等。

上述四种大学生创业模式各有其特点，具体应该选择什么样的模式进行创业，还要结合创业者的个人能力、资金状况以及所选择的创业项目综合分析。其中关键点在于创业项目的选择。

二、大学生创业项目的选择

创业项目的选择是创业开始的第一步，是指引创业活动的方向标，选对了创业项目，几科等于创业成功了一半。

1. 大学生选择创业项目时应考虑的因素

（1）自身条件　创业者本身所具备的各种条件主要包括所学习的专业、优缺点、兴趣、所拥有的资金等。在广阔的市场中可供选择的项目种类繁多，创业者选择何种项目首先要从自身的条件出发，根据自身的优势条件，选择与自己的专业、经历、兴趣相符合的创业项目。另外，还需要考虑自身的客观条件，如手中可用于创业的启动资金的数额等。

（2）外部环境　项目所属外部环境主要包括产业发展状况、发展前景、政府对产业的相关政策、经济政策等。创办一个企业，需要考虑企业是否能可持续发展，因为企业的发展往往会受到政策变化、产业发展状况的影响。在选择项目时，具有政策扶持、市场前景良好的项目才是具有创业价值的项目。因此选择创业项目时要与国家政策相适应，从宏观上把握企业发展的方向，才能为企业的发展提供政策保证。此外，所选的创业项目要具有良好的市场前景，例如5G技术、人工智能、教育、医疗、新能源开发、节能减排等领域，都有着广阔的发展空间。

（3）项目的价值　项目的价值指的是该项目是否能给创业者带来收益。创业者选择项目进行创业的最终目的是获得收益。项目的价值体现在该项目是否有市场，是否具有竞争优势。在选择项目时，要对目标市场进行调查，了解消费需求的大小。无论选择什么样的行业，都存在竞争，在选择项目时要分析在同类市场中是否具有某些竞争优势。

2. 适合大学生创业的项目类型

（1）技术含量低的项目　科技的发展使得高新技术产业成为热点产业，但是，想要进入高新技术行业，首先要有科技含量高的技术，其次要投入大量的资金。在初期投入大量的资金，会给大学生的创业带来很大的风险。大学生创业者在缺少资金、不具备高新技术的情况下，不建议选择高新技术的项目。在一些"低科技"领域中，例如运输、餐饮、娱乐等领域也存在机会，关键在于是否能在这些行业中找到适合的创业项目。

（2）处于产业成长阶段中的项目　根据产业发展阶段理论，产业的发展共有四个阶段，即形成时期、成长时期、成熟时期和衰退时期。产业所处的时期不同，也呈现出不同的特点。产业形成时期的特点是生产规模较小，成本过高，产业内仅有一个或少数几个企业，产品的技术还不成熟，人们对产品缺乏认识，市场需求量不大，新创企业选择在产业的形成时期进入会面临巨大的风险。而在产业成长时期，产业技术水平不断完善，生产力水平不断提高，企业数量逐步增加，在这一阶段市场前景良好且市场空间广大。例如，目前新能源领域内的产业就处于成长阶段。

（3）轻资产项目　对大学生创业者而言，创业初期资本较少，如果选择资产投入太多的项目，对创业者的心理压力和风险也较大。一般来说，大学生创业的资金主要来自家庭、创业伙伴、政府资助等，如果创业者选择一个资产投入较少的项目，那么创业风险就会降低。大学生可以利用自己丰富的学识选择智力服务领域进行创业。例如，设计工作室、信息咨询服务机构、平面设计、网页制作等项目，这些项目对创业者的资产投入要求不高，财务风险较小。

第四节　实践训练

1. 发现创业机会

创业始于创业机会的发现，良好的开端是成功的一半，创业者把握住了稍纵即逝的创业机会，就等于创业成功了一半。那么如何发现创业机会呢？本任务将帮助创业者搜索并发现创业机会。

（1）系统分析寻找机会

1）通过你所了解的国家政策或行业发展趋势，发现其中可能蕴含的创业机会。

2）根据生活中人们生活方式的变化所产生的需求，发现其中可能蕴含的创业机会。

3）选择一个你所感兴趣且有一定了解的产品，分析其还有哪些方面可以进行改进和完善，发现其中可能蕴含的创业机会。

（2）以需求为导向寻找机会　在以需求为导向寻找机会时，应该进行认真的市场调研，寻找生活中不同类型的人群，分析还有哪些需求未得到满足，以及现在市场中为满足这一需求已有哪些产品或服务，思考"我还能做什么"，并填写需求描述表（见表6-3）。

表6-3 需求描述表

需求名称	
需求描述	
涉及人群	
目前已有的解决方案	
我想如何满足这一需求	

2. 评估创业机会

根据你所发现的创业机会，利用标准打分矩阵（见表6-4）进行评估，选取得分最高的项目。同时也可以选择自己感兴趣的项目，利用标准打分矩阵，组成3~5人的小组进行评估。

表6-4 标准打分矩阵

指标	评分			
	最好（3分）	好（2分）	一般（1分）	加权平均分
市场接受性				
市场规模				
进入市场容易度				
可操作性				
预测投资收益				
增加资金的能力				
成长潜力				

3. 材料分析

杨洋就读于山东大学体育学院社会体育专业，他的不少同学业余时间都去健身俱乐部当兼职教练，而杨洋却执意要开一家跆拳道馆，这让父母、老师和同学们都非常惊讶和不解。杨洋说："当时自己的做法确实受到了周围人的反对，在他们看来我没有任何经验，开馆可能会失败，但是我以为只要有专业技能，有激情，创业就能成功。"

2015年年初，杨洋的跆拳道馆在一家写字楼的三层开业了。开业后生意非常冷清，虽然有不少热心同学来帮忙，但是生意还是不景气，最终在年底关门。这次的失败对杨洋的打击很大，在总结原因时，他说道："自己缺乏经验，准备的资金太少，把所有事情都往好处考虑，没有做最坏的打算。"当时有很多人以为杨洋会就此放弃，但是他却买好了去韩国的机票，决定去见识一下真正的跆拳道，择机再次创业。韩国之行让杨洋了解了国外跆拳道的教授方法和跆拳道精神的精髓，他认为可以把韩国和中国的跆拳道风格相结合，既有纯竞技的东西，又保留跆拳道的艺术美感，而这样的教学方法在济南很少见。一次偶然的机会，他所在地区的居委会工作人员找到了杨洋，希望他能帮助社区的孩子们学习跆拳道。杨洋毫不犹豫地答应下来，虽然是公益的，但是杨洋教的也非常认真，凭着过硬的基本功和对跆拳道的特殊理解，杨洋教的学生提高很快。随着学生越来越多，露天广场的教学场地已经不能满足学员练习的要求，于是居委会的负责人免费给杨洋提供练习场地，在此基础上，杨洋再次开办了自己的跆拳道馆。谈到第二次开馆时，杨洋充满了感激之情："我觉得自己是幸运的，有好心人的扶持，我才能够再次拥有自己的跆拳道馆。我是从这里走出去的，我不会忘本。"杨洋的教学方式不仅得到了学生们的认可，也得到了家长们的好评。跆拳道馆规模也在扩大，他打算借此势头再开一家分馆。

根据上述材料，分析并回答下列问题：

1）杨洋首次创业失败的原因是什么？

2）杨洋的第二次创业避开了哪些创业风险？他是如何做到的？

3）杨洋的创业经历给你哪些启示？

第五节　创业故事汇

以积极的自我应对人生

——记昆明全境汽车维修服务有限公司董事长王双华

王双华，云南省交通高级技工学校（现云南交通技师学院、云南交通运输职业学院）1989 届学生。同年进入云南东川黄磷厂车队担任驾驶员，1994 年开始进行汽车维修工作，1997 年国有企业改革下岗后在维修企业打工两年。1999 年王双华开始自主创业，从只有几名技术工人的小修理厂一直发展到维修服务有限公司。如今全境汽车维修服务有限公司积极与德国博世集团合作，并加盟成为其连锁体系。

抓住时机，逆风前行

1987 年王双华考入云南省交通高级技工学校学习驾驶，在校期间一直是个踏实勤奋的好学生，当过课代表，积极参与学校的活动。提起母校，王双华感恩当年的文化课老师、班主任、驾驶教练的严格要求使自己养成了一些良好的工作和生活习惯以及对待人生的态度，这些对他后来的发展产生了积极的影响。

王双华的事业并不是风平浪静的。1989 年从学校毕业后，王双华进入东川黄磷厂工作，学习驾驶的他在工厂车队担任驾驶员，1994 年开始进行汽车维修工作。1997 年国企改革，王双华成为一名下岗工人，于是他凭借自己的技术在一家汽车维修企业找到了新的工作，按部就班地工作两年后，他心里有了一些其他的想法。1999 年，我国汽车行业正在蓬勃发展，国内各银行纷纷推出贷款买车业务，鼓励个人或单位分期付款买车。当时的汽车市场很好，但是维修厂却很少，创业做维修的更少。对于王双华来说，自己拥有修车的技术其实便是拥有了饭碗。他找亲朋好友们借了几万元钱，租了块厂地，就辞职带领当时在工作中认识的技术工人一起开始了创业生涯。王双华的人生从此迎来了一个新的转折点。创业不是一件容易的事，王双华的生意虽然顺利开展并且已经开始盈利，但是却突然"飞来横祸"。2000 年，由于他的维修厂所在厂地属于某个当地企业，该企业因为经营不善入不敷出，要强行收回那块地，经过一系列官司，最终被连人带设备全部清场，王双华的生意也因此中断了几个月。王双华只能各处奔走，各方朋友也在帮助他寻找解决的途径，最后得知那块地实际的主人是民政局，于是他又找人帮忙并重新租回了厂地。至此厂地风波告一段落，王双华开始更加努力地工作，以弥补之前的损失。2007 年，王双华自己买了一块地，一次性解决了所有后顾之忧，公司在他和技术工人们的努力下蒸蒸日上。多年来王双华一直秉持着一个理念，不要把员工定义成修理工，而是客户的汽车安全顾问。"汽车维修工作就像医生的工作一样，只不过医生面对的是个体，而我们面对的是群体"。因为创业开始得早，十几年里积累了相当广的客户资源和人脉，也占据了东川几乎整个汽修市场，2011年王双华注册了现在的全境汽车维修服务有限公司。随着时间的推移，公司也越来越壮大，为了更好地履行客户安全顾问的职责，每台车从进入工厂开始到维修结束以后，都有1~4人专门负责。如今，我们处在时代的高速发展时期，尤其近年来各种高新科技行业的日新月异也在影响着汽车行业。王双华坦言道，从2016年至今，整个汽车维修市场在发生着巨大的变化，他明白行业需要革新，要调整方向，整合新的发展思路来迎合时代的变化。他开始找寻机会，并与德国博世集团合作，加盟成为其连锁体系，为他的公司注入新的能源，调整成更专业的"汽车医院"。

鼓励后辈，助力行业发展

王双华深深地感恩母校的栽培。过去学校的老师、教练一直影响着他，因为认真务实，诚信待人，他的公司在过去十几年的发展中一次次顺利地渡过了各个难关。如今母校发展越来越好，王双华希望在校的学弟学妹们能够一直履行学校"修身致远，技能卓越"的校训。"作为一名技术人员，首先需要扎实的专业基础，现在孩子们的条件好太多，无论是学校、家庭还是经济环境，有这样的条件支持，我希望的是他们要对专业真正感兴趣，在学校才会愿意去学。希望从我们学校走出来的学生能够成为汽车维修行业的工匠，也能成为客户的安全医生。"关于创业，在王双华看来，创业的道路是崎岖且布满荆棘的，过程中会面临很多诱惑和选择，最好是能做自己熟悉的事，像是汽修行业，最重要的就是技术要扎实，没有技术，谈何创业。但也不是只有创业一条路，无论你是创业还是作为一名专业技术人员，都要认真履行自己的职责。对于想要在汽车行业创业的同学，他的建议是，首先要保持一个积极的人生态度，无论生活里遇到什么样的挫折和难关，都要积极地面对，从容地解决；其次，在学校里一定要把专业技能学扎实，这样才能让整个行业更健康地发展；再次，出学校后最好在社会上锻炼几年，同时要在行业里积累人脉，各行各业都离不开朋友的互相帮助；最后，最好能够积累到一定的资金再进行创业。

王双华对母校的感恩不止在口头上，更体现在行动上。目前昆明全境汽车维修服务有限公司里60%的员工都是云南交通技师学院毕业的学生，公司为学院的学生提供实习和就业的岗位，同时也参与了学院的校企合作项目。作为一名社会企业家，王双华也在践行着自己的社会责任，为社会分担了一些就业问题，同时也尽自己所能在做一些公益活动。例如2008年汶川地震，王双华以企业的名义捐助了物资和钱，多年来他也对东川当地的贫困小学进行了捐助。

创业固然不易，但是通过王双华的经历，我们可以看到只要拥有坚定的信念，积极向上、努力拼搏的精神，创业成功并非遥不可及。希望每个人都能心中有梦，并且努力去实现它。

【案例启发】

同学们，看完王双华的创业故事，请结合所学的知识，谈一谈你的感受和启发。

第七章

编写商业计划书及路演技巧

【案例导入】

王宏打算申请一笔贷款,用以扩大她的企业规模。她的目标是获得足够的资金,以便进行一项重要的资本投资,并为开辟新的市场融资。她向开户银行的信贷员谈了自己的想法。信贷员审核了王宏提供的报表,里面记录有公司的现金流状况,并在王宏描述产品需求增长情况时做了记录。随后,信贷员请王宏提供一份商业计划书。

尽管王宏的公司已经很成功,但她还是应该花时间拟定一份商业计划书。商业计划书实际上就是企业的蓝图,一份描述商业理念、商业机会、竞争前景、成功关键因素以及当前涉及和将来涉及的人员的详细指南。制订商业计划并撰写商业计划书是一个很耗时的过程,但这样做是值得的。当您想要贷款或获得支持以推出一种新的产品或服务时,商业计划书是一个很重要的推销工具。

【案例思考】

王宏的公司已经运营得很成功,她只不过想扩展一下规模,难道还需要商业计划书吗?她如何才能说服信贷员为她提供贷款呢?如果是你,你会怎么做?

第一节　认识商业计划书

一、商业计划书概述

每一项业务都需要一份商业计划书,以应对未来道路上预料之中及预料之外的机会和障碍。每一家企业,包括刚起步的公司、现有公司的扩展分部以及从母公司分出来的子公司,甚至一家公司内的营销部或新产品部的一个项目组,都需要有一个指南来指导其在所处的独特竞争环境中取得成功。

编写商业计划书是筹备业务过程的一部分。商业计划书不是一种可以快速写完，且一经分发便可束之高阁的文档，而且也不能从入门书籍或网站上拿到标准模板，稍加改动就算完成。编写商业计划书是一项需要全力以赴的工作。在进行这项工作时，需要认真分析以下几个方面：商业理念、商业机会、竞争形势、取得成功的关键因素及涉及的人员。在分析时会发现，这个分析过程所揭示的问题比给你提供的答案还要多，因此下一步便是开展调查研究，为所揭示的问题寻找答案。

商业计划书是一份全方位的项目计划，其主要意图是递交给投资商，以便于他们能对企业或项目做出评判，从而使企业获得融资。商业计划书有相对固定的格式，它几乎包括投资商所有感兴趣的内容，从企业成长经历、产品服务、市场营销、管理团队、股权结构、组织人事、财务、运营到融资方案。只有内容翔实、数据丰富、体系完整、装订精致的商业计划书才能吸引投资人，让他们看懂你的项目商业运作计划，才能使你的融资需求成为现实，商业计划书的质量对项目融资至关重要。

商业计划书是为了展望商业前景，整合资源，集中精力，修补问题，寻找机会而对企业未来的展望。可惜，很多人只认为商业计划书是用来申请风险基金的。其实商业计划书是为了预测企业的成长率并做好未来的行动规划。

二、商业计划书制订过程

1. 明确用途、受众

开始做商业计划书时，首先要明确三个问题：商业计划书的使用场景、商业计划书的受众以及商业计划书的主题。

（1）确定目标　根据项目的规模和状态，制订商业计划并编写商业计划书的过程可能要花一定的时间才能完成。完成这个过程之后，就应该经常（反复）参考商业计划书，以了解关于关键成功因素的主要假设是否正在变成现实。因此开始之前，首先要考虑几个纲领性的问题，以便确定制订商业计划的过程。首先思考一下为什么要制订商业计划书及通过这项任务要努力达到哪些目标。

如果是在一个大型公司的资源丰富的环境中做商业策划，则计划书的某些部分（如营销计划或运营计划）可以比其他部分稍短一些，也不用那么详细。相反，如果处于资源受限的环境中，而且希望能通过这份计划书从风险投资人那里筹集资金，那么应将重点集中在他们认为关键的部分，如机会本身、竞争分析、管理团队及预期财务收益。

（2）界定受众　了解谁将阅读这份计划书以及他们为什么要阅读该计划书。不同类型的受众（或读者）将在商业计划书中寻找不同的信息。如果清楚地了解谁将阅读计划书，那么可以更有效地提供他们认为最重要的信息。

例如，如果风险项目是组织内部新增业务，那么计划书面向的将是负责资本投资决策的董事会或管理委员会。如果风险项目是公司创业项目，那么计划书的受众将是债权人或投资人。债权人会通过回收期和现金流数据评估这笔贷款的风险性，而投资人则希望了解盈亏平衡点及投资回报率。投资人会对此项业务的长期潜力感兴趣。

任何情况下，精明的受众不会仅从财务方面评估业务的价值，而会从整体上考察计划的稳健性，包括市场中存在的机会、将提供的差异化产品或服务、所涉及的人员、竞争形势，以及最重要的一点——财务回报。

想一想你期望从不同类型的读者那里得到什么。你是只需要公司形式上的批准还是上级管理层的积极支持？你是只需要资金，还是需要与其他投资人或业务合作伙伴建立联系？你是只需要一笔可未来偿还的贷款，还是愿意分享所有权和利润？你知道如何使商业计划书对最重要的受众发挥最大作用吗？在开始之前，请先了解这些应该思考的重要问题。

2. 构思框架，完善文字稿

这个阶段的投资人主要看的是业务模式和创业团队。所以这一阶段的商业计划书，重点应放在市场分析、产品或服务模式介绍和团队介绍上。

3. 提炼和加工信息

接下来要做的，就是对文稿中的内容进行提炼和加工处理，如数据图表化、信息图表化、重点突出化。

4. 寻找素材

一般来说商业计划书需要的素材包含模板、图片、图标和字体。

（1）确定需要的信息　在开始编写计划书之前，确认是否已掌握了计划书所需的全部信息。也许需要先做一些调查。例如，是否已经核实了产品的必要生产成本？是否已经视察了可供选择的办公地点？对竞争对手的分析是全面且切合目前情况的吗？是否已经为该业务选择了最适合的法律架构？

（2）信息来源　从哪里能够得到这些问题的答案？获取信息的渠道有很多，有些资源简单且花费不多，而有些资源则需要一些时间和资金才能获得。在聘请市场研究专家之前，可先利用现有的可用资源。

1）当地的图书馆是资源丰富且便利的信息来源。

2）当地的商会可提供帮助公司成长的计划、关系网络和支持。

3）互联网上有大量的特定行业、市场和公司的信息，但要谨慎地使用这些资源。

4）那些不属于您所在地区市场的竞争对手也可能提供关于各种营销策略和顾客购买模式的有用信息。

知识链接

1. 商业计划书的评判标准

1）成功的商业计划书应有好的启动计划。计划是否简单，是否很容易明白和操作。

2）计划是否具体及适度，计划是否包括特定的日期及特定的人负责特定的项目以及预算。

3）计划是否客观，销售预估、费用预算是否客观及准确。

4）计划是否完整，是否包括全部的要素，前后关系的连接是否流畅。

2. 写好商业计划书的关键

1）关注产品。在商业计划书中，应提供所有与企业的产品或服务有关的细节，包括企业所实施的所有调查。

商品及其属性的定义对企业家来说是非常明确的，但其他人却不一定清楚它们的含义。编写商业计划书的目的不仅是要出资者相信企业的产品会在世界上产生革命性的影响，也要使他们相信企业有证明它的论据。

2）了解市场。商业计划书要给投资者提供企业对目标市场的深入分析和理解。要细致分析经济、地理、职业及心理等因素对消费者选择购买本企业产品这一行为的影响，以及各个因素所起的作用。

商业计划书中还应包括一个主要的营销计划，计划中应列出本企业打算开展广告、促销以及公共关系活动的地区，明确每一项活动的预算和收益。

3）表明行动的方针。企业的行动计划应该是无懈可击的。商业计划书中应该明确下列问题：企业如何把产品推向市场，如何设计生产线，如何组装产品，企业生产需要哪些原料，企业拥有哪些生产资源，还需要什么生产资源，生产和设备的成本是多少，企业是买设备还是租设备，储存及发送有关的固定成本和变动成本的情况。

4）出色的计划摘要。计划摘要将是风险企业家所写的最后一部分内容，但却是出资者首先要看的内容，它将从计划中摘录出与筹集资金最相干的细节，包括对公司内部的基本情况，公司的能力及局限性，公司的竞争对手，营销和财务战略，公司的管理队伍等的简明而生动的概括。

第二节 商业计划书的结构

一、商业计划书的结构概述

最常用的商业计划书结构是从一个简短的概要开始，逐步展开为详尽的说明。这样，开头部分（摘要和业务描述）均为对业务的简单概述。计划书的主体部分则是对业务的基本内容和受关注问题的更深入的描述，包括业务所涉及的人物、方式、内容和地点。结尾处的附件包括最详细的信息，如财务数据、管理层的简历等。商业计划书的典型结构包括封面、目录、摘要、业务描述、业务环境分析、行业背景、竞争分析、市场分析、营销计划、运营计划、管理层简介、财务计划、附件和里程碑目标。

当然，不是所有的商业计划书都严格遵守此模式。有些计划书可能会将一些内容合并，添加新内容，或删除其他部分，但是必须包括读者需要了解的与特定业务相关的重要信息。

二、商业计划书封面和目录的要求

1. 封面

尽量让封面和内容呼应。封面是受众将看到的第一项内容。它和报纸的标题一样，能为读者提供快捷的信息，帮助其决定是跳过这篇文章还是继续阅读。为确保给读者留下一个良好的第一印象，封面应满足如下几点：

1）外观简洁、专业。

2）包括业务或项目的名称。

3）提供姓名和联系信息。

4）显示公司的徽标或标志。

2. 目录

商业计划书的下一页是目录。目录可为读者提供另一种摘要性信息，让读者对要介绍的主题一目了然。读者会查看目录，以了解计划书是否全面，即是否列出了所有的重要主题。他们还会注意计划书的易读性，即计划书是否易于浏览，能否快速找到要阅读的部分。

三、商业计划书摘要写作要求

读者有可能仅通过阅读摘要部分就对所做的计划快速做出决定，因此，它应能够满足读者的期望。摘要是对商业计划书要点的简短陈述，它简要介绍了此风险业务项目。摘要应尽可能简明，但应包括以下内容：

1）行业和市场环境。即指出此商业机会属于哪个行业，将在哪个市场发展壮大。

2）独特的商业机会。即产品或服务将要解决的顾客问题。

3）关键的成功战略。即提供的产品或服务在哪些方面有别于竞争对手的产品或服务。指出公司将如何率先将此产品或服务推向市场，将如何拥有比竞争对手更高效的分销系统，或者你已为你的风险项目找到了战略合作伙伴。

4）财务潜力。即该业务的预期风险和回报。

5）管理团队。即负责实现这些目标的人员。

6）需要的资源或资金。即清楚地向读者说明希望从他们那里获得什么，是资金还是其他资源。

读者可能仅会阅读商业计划书的摘要部分。摘要写作时全面、精简才能迅速吸引读者的注意力。摘要是以最直接的方式呈现公司情况的正式陈述。

四、商业计划书业务描述部分写作要求

业务描述概括介绍了业务的历史发展、基本特征和目标，简短但信息丰富，清晰地表述业务的目标及业务将会取得成功的原因。通过业务描述，可以从业务的独特品质和对产品或服务有利的现有业务环境方面来对新业务进行介绍。其中，可以提供相关的背景信息，解释你的理念令人振奋的原因，还可以陈述为使业务取得成功你所做的承诺以及你的能力。因此，业务描述的目标是：

- 清晰地表达你对商业理念的理解。
- 分享你对风险项目的热情。
- 通过描述此风险项目的实际情形来满足读者的期望。

1. 业务描述写作

可以从以下问题入手进行写作：

1）理念或业务的历史——它正处于规划阶段、起步阶段还是准备扩张阶段？

2）该业务将服务于哪些市场？

3）该业务属于哪种业务类型——制造业、零售业还是服务业？

4）产品或服务是什么？

5）人们为什么要使用它？产品或服务将会为顾客解决什么问题？

6）财务状况如何？

7）谁将负责管理该业务？

8）该业务的组织方式是什么（合伙企业、公司、联营企业等)？

9）该业务的地点设在哪里？

2. 产品或服务描述

有时，产品或服务非常与众不同或者技术性很强，因此需要在一个单独的部分中解释其特性和功能。独立成章可以着重向读者描述产品或服务的特性和独特之处。

五、商业计划书业务环境分析

了解业务所处的行业、竞争环境和市场对于编写切实有效的商业计划书是十分重要的。业务环境分析的结果将会：

1）使你全面了解业务环境。

2）指导你制订一个有效的营销计划。

3）使商业计划书的读者相信你的风险项目确实有潜力。

业务环境分析的目的是向读者展示行业和市场中的商业机会。你在为顾客解决什么问题？你在减轻哪种烦恼？你将为顾客提供哪种专门的技术、新的前景或独特的理念，使他们购买你的产品而不是竞争对手的产品？

市场经常用于描述整体业务环境的各种要素。然而在这里，我们分别使用行业和市场这两个词来描述更广泛的业务环境的相互独立却又有重叠的部分。行业指生产并向市场销售产品或提供服务的公司的集合。市场则是销售产品或服务的地方。行业既包括同事，又包括竞争对手；市场则决定着你的机会和顾客。二者的交集代表你的商业机会。业务环境分析过程中应考虑的重要问题包括：

1）行业是什么？该行业有哪些特点？例如，该行业生产鞋，包括跑鞋吗？生产计算机培训软件吗？为企业提供临时雇佣服务吗？

2）在该行业中，竞争对手是谁？哪家公司在市场上向顾客销售相同或相似的产品或服务？

3）市场是什么？例如，可以根据地理位置将市场划定为甲城市或乙城市，或者，可以从人口统计学的角度，将其分为青少年市场、马拉松爱好者市场或计算机用户市场。

4）在该市场上，你的顾客是谁？你是直接向青少年本人销售产品，还是向他们的父母销售产品？或是销售给卖青少年服装的零售商？

六、商业计划书行业背景写作要求

行业背景为读者提供相关信息，使其了解行业的状况、规模、趋势和主要特征，并了解产品或服务与行业的契合度。本部分必须回答的重要问题包括：

（1）该行业生产的产品或服务有哪些

1）该行业涵盖的产品或服务的范围是什么？

2）该行业是电子行业还是电视机制造业？

3）该行业是食品行业还是谷类加工业？

（2）该行业的规模和状况怎样

1）该行业的产能、单位销售额及整体营利能力怎样？

2）该行业会在地理上较为分散，还是集中在原料产地附近，或是集中在最终用户附近以利于分销？

（3）该行业的趋势是什么

1）预期增长率是多少？

2）正在出现的新增长模式是什么？

3）哪些因素会有利于未来的增长？

4）该行业是否很零散，包含许多相互竞争的小型企业？

5）该行业是否被一些主要的竞争对手所控制？

（4）该行业是否紧跟技术前沿，或者，该行业是否是提供稳定的产品或服务的传统行业

1）进入该行业的壁垒有哪些？

2）要进入该行业，应具备哪些资源、知识或技能？

3）是否需要大量的资金或尖端的技术知识？

七、商业计划书竞争分析写作要求

竞争对手可以是行业内提供类似产品或服务的公司，如摩托车制造行业中的摩托车生产厂商。或者，竞争对手也可能处于竞争行业，虽然该行业提供的产品或服务属于另一个行业类别，却能够解决相同的消费者问题。例如，如果要解决的问题是为拥有和驾驶轿车寻找一种低成本的替代方案，则拥有和驾驶摩托车及乘坐公共交通工具都是有竞争性质的解决方案。商业计划书的读者会希望了解风险项目的直接竞争对手或潜在竞争对手是谁，因为这些竞争对手会对风险项目的成功造成威胁。了解竞争对手是谁，可以降低业务失败的风险。下面是读者可能会提出的问题。

1）竞争对手是谁？考虑哪些公司可以为顾客解决相同的问题，确定主要的竞争对手、他们的产品或服务及他们的优势和劣势。每个竞争对手分别占有多大的市场份额？他们的营销策略是什么？他们成功的关键要素是什么？

2）产品或服务与竞争对手有哪些区别？如何以新颖、实用而且独特的方式满足顾客的需求？

3）竞争对手你的风险项目造成的威胁有多大？他们的产品是否拥有极高的品牌认知度？他们会不会竭力阻碍新竞争者进入同一市场？他们是否会认识到你的产品或服务的独特之处，并将其应用到自己的产品或服务中呢？

八、商业计划书市场分析写作要求

1. 指出市场规模及发展速度

这是任何有意向进入市场或细分市场领域的企业都要考虑的两个主要问题。市场中还有发展空间吗？是否能够拓展市场？市场对产品或服务的需求会出现增长吗？例如，网上购物对顾客很有吸引力，因此电子商务得到了蓬勃发展，而且抓住互联网销售的商业机会可以带来非常丰厚的利润。

2. 目标市场的定位

他们是谁？他们来自哪里？他们有什么特征？要从不同的角度考察市场，例如，地理位置或顾客群（全国、城市、郊区、社区）、人口统计学特征（年龄、性别、收入水平、职

业、受教育程度和宗教信仰等）及行为因素（顾客对不同产品类型的态度和反应）。

3. 解释目标市场中的顾客会购买产品或服务的原因

方案如何为顾客解决问题？产品或服务会减少顾客的哪些烦恼？例如，是否推出了一种设计更合理的用于缓解背痛的枕头？或者，是否有一种过滤互联网上横幅广告的方法，以减少上网时的烦恼？要强调顾客购买产品的原因。顾客会得到哪些好处？顾客会如何区分你的产品与竞争对手的产品？例如，顾客为什么在当地的书店购买图书，而不是通过线上书店？

九、商业计划书营销计划写作要求

如何将产品和市场结合起来？如何鼓励顾客购买你的产品？通常，最有效的方法是制订一个营销计划，并予以实施。营销计划描述了你打算如何销售产品或服务及如何动员顾客购买。在商业计划书中制订并纳入营销计划具有双重意义：一方面，一个条理分明的营销计划是整个商业计划书不可或缺的一部分，制订这个计划的过程有助于对创意进行先期验证、调查可供选择的方案并制订能够帮助公司取得成功的有效战略；另一方面，构思精巧且条理分明的营销计划会使商业计划书的读者相信你的能力。

1. 制订营销计划

要确保营销计划条理分明并融合了商业机会和商业理念的所有要素，就需要从考察影响产品或服务的营销的关键因素开始来制订营销计划。

（1）将重点集中在商业机会上　即产品或服务能为顾客解决的问题。可以提供独此一家的产品定制服务或产品保证，以填补竞争对手在服务上的空白。例如，你也许已经发现了能使低脂肪食物品尝起来像高脂肪食物的方法，那么在制定具体的营销计划时，请牢记要从顾客的角度衡量此商业机会。

（2）审核营销目标　销售量在什么水平时会达到盈亏平衡点？预计何时能达到该平衡点？达到下一个销售阶段目标需要多长时间？例如，你的目标可能是在初始销售后的 6 个月内达到盈亏平衡点，销售额的年增长率达到 10%，在 5 年内占有目标市场 10% 的份额，那么要完成这些目标，可以制订怎样的策略呢？

（3）将焦点集中在顾客的购买行为上　顾客购买产品或服务的时间、地点、原因及方式是什么？顾客的哪些需求得到了满足？顾客选择此类产品或服务时比较重视哪些因素（如价格、质量、价值、益处等）？对于忙碌的顾客来讲，服务和省时也许比低价更重要。

（4）界定每位顾客对业务的价值　权衡赢得顾客所需要的成本与该顾客的长期价值有助于决定正确的营销策略。例如，如果每位顾客都值得赢取并保持，那么成本较高的关系导向型直接销售营销策略也可能是值得的。但是，如果正设法接触各种顾客，那么成本较低的策略（如群发促销邮件）会更有效。要界定顾客的价值，请考虑下列问题：

1）是否在开展一项常年业务，例如持续数年的杂志订阅，或者是否提供快捷的一次性服务类的业务？

2）顾客通常是将产品作为消费品或价格低廉的娱乐用品而购买吗？或者产品很耐用，在人的一生当中只是偶尔需要购买吗？

3）是否需要建立顾客对品牌的忠诚度，或者产品或服务是否是能满足顾客需求的唯一选择？

4）购买产品或服务的过程是关系导向型的，需要直接销售？还是交易导向型的，比较适用于直接邮寄营销或在线销售？

2. 制订营销策略组合

营销策略描述了为达到营销目标而采取的方法，制订营销策略组合如图7-1所示。营销策略选择决定着如何使目标市场了解产品、如何动员顾客购买产品、如何培养顾客对产品的忠诚度及如何达到预计的销售回报率。营销策略决定了产品在市场中相较于竞争对手的产品的定位方式。

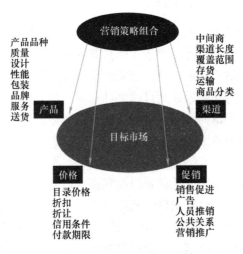

图7-1　制订营销策略组合

策略（或营销组合）应该是针对业务的经典营销因素 4P［产品（Product）、价格（Price）、渠道（Place）和促销（Promotion）］的最有效组合。营销计划的这四个组成部分是：

（1）产品或服务　确保产品或服务既要与公司理念一致，又要与目标市场的需求一致。例如，如果公司理念是提供质量最好的会计服务，那么就必须为那些需要精确、全面的财务报表综合服务的有实力的顾客提供最精确、最全面的服务。

（2）价格　提供产品或服务的价位是多少？是否会有一个确定的价格，或者价格是否会根据顾客的需求分等级或变化？一方面，价格决策取决于市场的价格敏感性及产品在市场上的认知价值；另一方面，总成本和必要的利润率也会影响产品的价格。定价是难以预测的。你会得到一个可参考的由成本和预期的边际利润决定的价格范围，但在这个范围之内，价格又会根据顾客的需求进行调整。

（3）渠道　渠道表示产品的实体移动，即如何将产品从工厂运送到最终用户那里。可以利用的分销渠道有哪些？如何买卖产品？在哪种零售商店或地点销售产品？这些决策取决于产品的类型、分销的成本、顾客的需求或要求，并且还应综合考虑其他运营和营销因素。

（4）促销　促销是为了引起顾客对产品的关注，在营销中起到沟通传递的作用，能够使顾客了解产品的好处。促销包括以下活动：

1）口头传播。这是成本最低、最有效的促销工具，感到满意的顾客将宣传产品。但是，这种方式不可预测且难以控制。如果宣传是正面的，则销售额将增加；但如果是负面的，则将很难封堵。

2）促销活动。在这种情况下，通过赠券、样品和商品展示向顾客传达产品信息，因而可以控制宣传的内容。作为一种成本相对较低的方案，促销活动能够接触较大范围的受众。

3）直接销售。直接销售比常规的促销做法成本更高，但却是一种重要工具，可在动员顾客购买产品时与其建立关系。直接销售所采用的策略多种多样，从一对一的销售电话到大规模电话营销，都是直接销售。

4）广告。广告通过向目标市场传递付费的说服性讯息来影响顾客。这种销售方法的成本也许很高，但是获得的回报是成功树立品牌形象，并建立顾客对品牌的忠诚度。

要根据资源及目标受众，选择适用于产品或服务及目标市场的相互关联的营销策略组合。

营销计划应与商业计划书中的其他所有部分相协调，而且应表明怎样达到特定的营销目标。营销计划也应是一个灵活的计划。利用它来监控进展情况，并在必要时对其进行修改，以应对不断变化的环境。

3. 营销计划的制订步骤

（1）概括描述营销组合　正如摘要的作用在于让读者快速了解商业计划书一样，先概述一下整个营销计划，可以帮助读者了解正文部分的内容。

（2）确定目标市场或市场内目标细分领域　即使在商业计划书的其他部分叙述过该问题，也要在此简单地重述一下。读者可能没有阅读前面讨论目标市场的部分，直接跳到了这里。即使读者阅读了所有部分，通过这样一个简短的回顾也能帮助读者把握要传达的讯息。因此，在开始描述计划如何销售产品或服务之前，让读者了解一下目标顾客。读者了解目标市场或市场内目标细分领域之后，就可以对营销计划做出更加理性的评估。

（3）简要描述行业竞争状况　同样，对营销计划相关因素进行快速回顾可以帮助读者了解计划书的战略。说明竞争对手是谁，并描述他们的营销战略。这些信息会与计划书形成对比。

（4）描述本行业成功的关键因素　快速响应是顾客所期望的吗？产品或生产过程的技术进步是所在行业成功的关键吗？顾客在寻找最低价格吗？一定要让读者了解哪些因素对于特定的目标市场很重要。

（5）用4P来明确营销组合　4P包括产品（Product）、价格（Price）、渠道（Place）和促销（Promotion）。本部分描述将如何开展产品或服务的营销，并阐释选择营销战略的依据。读者希望了解的是各个营销决策是如何应对目标市场需求及竞争对手的替代产品的。

应讨论4P中的每一项，即使未必全都用得到。读者期望能在计划书中看到所有这些因素。例如，如果通过远程通信提供即时服务，对于建立服务的品牌意识而言，地点可能不需要获得与促销同等的关注。

（6）给出营销战略的实施时间表　通过为实施营销计划指定具体时间（使用诸如"第一个月"等方式表示时间，而不是使用实际的日期），读者将可以了解整体的时间框架和对结果的预期。无论是用语言描述还是用图形表示时间表，都会让读者对营销计划有更明确、更具体的了解。

（7）提供未来计划的设想　此前一直将重点集中在启动新产品或服务上，但是读者想知道接下来会怎样。项目启动后，打算关注哪些问题？让读者了解未来打算如何扩张和发展业务非常重要。从地域范围上扩大市场还是扩大目标顾客的年龄范围？会在产品线中添加新产品吗？通过展现模拟财务计划中描述的 3～5 年的业务设想，可以让读者像你一样对风险业务的广阔前景怀有高涨的热情。

十、商业计划书运营计划写作要求

运营计划概述了业务的日常活动流程及对这些活动的支持策略。本部分应为读者提供足够的信息，表明你理解并已计划好了业务的日常实施过程，但不宜技术性过强或内容过于繁多，否则读者将不能或不愿花时间读完。运营计划部分的主要目的是表明你将重点集中在了会使业务取得成功的关键运营因素上。

运营是指业务的运转过程，是将概念或原料转化成要出售给顾客的产品或服务的过程。运营计划应与生产流程本身一样，是动态的，它必须一直是公司行动的重要指南，永远不应将其束之高阁。应根据需要经常对其补充和修改并且经常使用。

在商业计划书的运营部分，应为读者介绍影响公司如何为该业务的利益相关者创造价值的关键成功因素。其中最重要的因素是盈亏平衡点，即销售额等于运营成本的点。盈亏平衡点确定了必须销售多少单位的产品才能收支相抵，以抵补生产成本；超过此点以后，销售的每一单位产品都将产生利润。它代表业务开始赚取利润的点。

十一、商业计划书中团队的重要性

每个投资人都知道，使业务得以运转的是管理团队，也就是人。你和你的团队是将独立的个体融合为一个组织良好、有活力的整体的黏合剂。如果没有正确的人选，任何商机都不会从概念变成现实。因此，管理者简介是商业计划书的一个重要组成部分，许多读者会首先阅读这部分。

为让所有读者了解，应在商业计划书的附件中附上管理者的简历。但在这部分，应回答读者（无论他们是潜在的投资人、放贷人，还是内部审核者）会提出的更有针对性的问题，例如：

1）管理者们以前在哪里工作？他们在公司内外有什么样的职业发展历程？读者希望了解团队成员在本公司内部、本行业内（或相关行业内）有多少经验，以及他们的社会联系有哪些。他们具有与拟议中的业务直接相关的工作经验吗？

2）他们取得了哪些成绩？他们的成就有哪些？他们是否有成功完成项目的记录？换言之，他们是否已显示出具备接受一种概念并创造成果的能力？

3）他们在业界的声誉怎样？他们是否想法多变、很少能安下心来完成一个项目？他们是否有正直和履行诺言的声誉？他们是否因工作勤恳且专心致志而出名？

4）关于业务成功的概率，他们的看法是否切合实际？他们能否认识到风险，并能应对那些无法避免的问题？他们所做的重要设想是否可行？在团队中，谁会坚持自己的见解？谁会提出警告之言？

5）他们会为该业务带来哪些知识、技能及特殊的才干？他们在经验、技能范围和知识深度上是否实现了恰当的配合和平衡？团队是否完整，或者，他们是否需要聘请具备其他技能或素养的人员？

6）他们在此风险项目方面的敬业度有多高？在困难时期他们会坚持不懈吗？他们之前是否在一些项目上共事？通常，人们认为由从未作为一个团队接受过考验的一群人组成的新团队要比以前共过事的团队更有风险，因为后者曾为了达到既定目标而克服过许多内部冲突和外部问题。

7）每个团队成员的动机是什么？他们希望实现什么？每位成员成为团队的一员是出于偶然还是基于选择？如果他们是选择加入团队，那么他们希望得到哪些利益？如果他们只是指派的成员，那么有哪些动力因素让他们参与其中并为团队的成功而努力？

十二、商业计划书财务计划写作要求

商业计划书的不同读者在开始阅读财务计划时会持不同的观点：

1）评估计划书的投资委员会成员想知道该风险项目是否能达到公司的最低预期收益率（即针对所有项目设定的最低预期收益率）。

2）考虑投资该风险项目的投资人想知道这项业务的投资回报率会处于哪个水平。

3）正在决策是否应借出资金的放贷人想了解公司的借款能力及支付债务利息的能力。

也许最重要的是，需要了解是否能达到财务目标，所有计划及努力最终是否会带来收益。

财务计划是商业计划书的关键部分，因为它将业务的所有其他方面（机会、运营计划、营销计划、管理团队）转换成了预计的财务成果，是了解针对具体读者调整该计划书以达到最佳效果的关键。

本部分是向读者展示公司财务绩效的当前状态及未来规划。在这里描述的财务前景代表着你对相关风险和投资回报率的最佳估计，这是能否取得商业成功的具体依据。

商业计划书中的财务分析主要包含以下五部分：

1. 收入预测表（业务收入来源及规模预估）

收入预测表主要用来介绍业务收入的内容，各项主营业务、主营业务外收入的情况，以及对应的规模情况。例如，本期公司实现主营业务收入××万元，与去年同期相比增长××%，未来预计收入情况等。

2. 成本预测表（项目开支的大体去向）

成本预测表用于说明项目开支的大体去向。例如，本期公司成本费用共计××万元。其中，主营业务成本××万元，占成本费用总额××%；营业费用××万元，占成本费用总额××%；管理费用××万元，占成本费用总额××%等。

3. 利润预测表（企业效益）

利润预测表是对项目的效益进行预测。例如，本期利润总额比去年同期增加××万元，总额增长率为××%。其中，主营业务收入比去年同期增加利润××万元；营业费用比去年同期增加利润××万元；财务费用比去年同期增加利润××万元等。

4. 现金流量表（体现投资回收周期）

现金流量表直接体现项目筹措现金和经营的能力。从经营角度，现金流量表相对于利润预测表是更有说服力的，是企业真实情况的直接反映，具体包括经营活动、投资活动、融资活动的现金流量。例如，销售商品、提供劳务的现金流入××万元，支付税额流出××万元，融资活动流入××万元等。

5. 财务指标（结论）

财务指标主要是从偿债能力指标、营运能力指标、盈利能力指标、发展能力指标四个方面进行分析。但在分析过程中，需要注意的是与同行业竞争者、自身同期等进行比较，这样横向行业比较、纵向公司自我比较，能够得出较为准确的结论。

第三节 认识项目路演

一、项目路演概述

路演，来自英文 roadshow。最开始的含义通常是指公司在挂牌上市前，持续地在多个关键的城市（一般而言是金融中心）进行公开化的交流会，向投资者详细介绍公司、产品、项目等，以取得投资者的信任和支持，进而在接下来的挂牌上市中取得更好的发行和更高的估价。现在路演的范畴更为宽泛，不仅指提前准备挂牌上市的公司，某一项目也能够进行路演；对象也不单单是投资人，也能够是合作方。创业项目路演通常是指某一初创企业报名参加创业路演，以努力争取风险投资人的投资。

项目路演分为线上项目路演和线下项目路演。线上项目路演主要是通过 QQ 群、微信群或者在线视频等互联网方式对项目进行讲解；线下项目路演主要通过活动专场对投资人进行面对面的演讲及交流。

项目路演的好处在于可以同时让多个投资人很认真地倾听你的讲解和说明，同时还可以有一个思考和交流的过程。通常情况下，投资人每天看到的计划书和接触的项目很多，甚至有的投资人一天阅读上百份项目计划书，所以筛选项目往往只能凭借一些市场份额、盈利水平等硬性指标，很难了解项目的精彩之处，很多优质的企业都是因此而与投资擦肩而过。

路演就是可以让投资人在安静的环境里，在企业家声情并茂的展示下，真正读懂企业的项目，从而做出更为准确的判断。特别对于一些技术性强的项目，更能减少出现投资人看不懂和不理解项目的弊端。企业可以通过自己的精辟讲解和与投资人之间的交流，快速对接自己的项目，在融资之路上少走弯路。

二、路演演示文档制作

在很多创业技能大赛中，路演演示文档都是以项目总结的形式出现。通俗地说，路演演示文档就是融资/上市环节中，吸引投资者青睐的一个推销行为。

所以，在设计路演演示文稿时，一定要确定四个问题：我们的倾听者是谁？我们正在做什么？我们将会取得什么样的成绩？我们的成绩将会带来什么样的价值？

1）Word 版商业计划书缩编为演示文稿版的演示文档，以便于现场展示。

2）保留要点：产品技术、创始团队、竞争分析、核心能力、融资计划。

3）简洁明了、内容完整、重点突出。

4）现场演示时注意时间的分配，切忌平铺直叙。

> **阅读材料**
>
> **大创赛中的网评演示文稿和路演演示文稿**
>
> 1. 网评演示文稿
>
> 网评阶段，项目提交的网评演示文稿（即商业计划书演示文稿）是重中之重。它是评委评分的首要依据，评委通过网评演示文稿，快速了解项目全貌及优势亮点等，据此对项目进行评分。

网评时评委要评的项目很多，不建议大家事无巨细地在网评演示文稿上放太多内容，正确的做法是：内容上，逻辑清晰地展示项目所属赛道要求的所有内容，并把重点突出显示，以确保评委能快速看懂项目，了解项目亮点，并且最重要的是能根据演示文稿内容评分，不会出现因内容缺失而使评委不好评分的情况（例如有些项目演示文稿中不放商业模式或团队介绍）；页数建议为 20～30 页。网评演示文稿示例如图 7-2 所示。

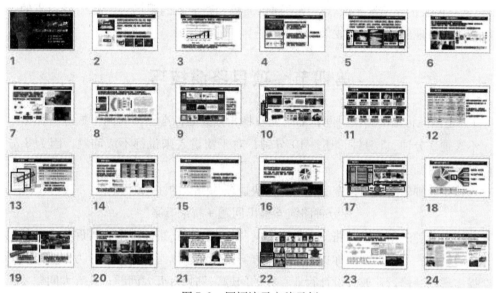

图 7-2　网评演示文稿示例

2. 路演演示文稿

进入决赛路演阶段，项目要用路演演示文稿进行现场路演，并回答评委的提问。此时展示的路演演示文稿是商业计划书的精华概括，要能配合路演人通过 5 分钟的讲解而让评委迅速了解项目亮点，给评委留下深刻印象。

路演演示文稿在内容上不求全面，但求精练，展示的一定是项目最核心的内容，并配上精美的排版设计，给路演人的路演充当最给力的助攻；页数建议在 20 页以内。路演演示文稿示例如图 7-3 所示。

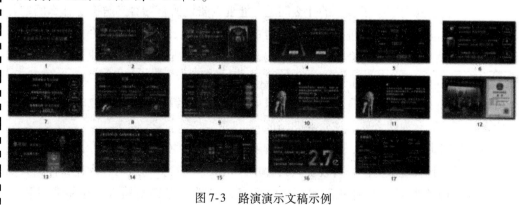

图 7-3　路演演示文稿示例

在制作项目路演演示文稿时，要注意以下三个方面：

1）内容精练，重点突出。路演演示文稿是配合路演人进行现场讲解的，所以内容上可以只展示精华内容，语句要精练，重点要突出，让评委一眼就能看到每页演示文稿的重点内容。

2）内容可立体展示。路演演示文稿可以添加演示动画、视频等，让内容展示更立体多样，让现场路演效果更吸睛。但要注意适度，太多、太复杂的设计反而增加了路演难度。

3）和路演人的路演紧密配合。路演演示文稿和路演人的现场讲解是相辅相成的，二者紧密配合才能呈现出彩的路演效果。

第四节　项目路演技巧

8 分钟是国际标准的路演时间，如果能够将 8 分钟的标准路演时间把握好，那么以后的路演，不管是 3 分钟、5 分钟，还是 10 分钟，对于演讲人来说都不成问题，因为 8 分钟是最难以把握的时间。

在一场 8 分钟的路演中，企业应当如何快速抓住听众的注意力？

8 分钟路演 = 提出问题 + 解决方案

在一场 8 分钟的路演中，路演人只需要做两件事即可：第一件事，告诉听众你的项目是针对什么问题的；第二件事，你提出的解决方案是什么。以室内装修设计为例，路演人必须向听众提出现在装修行业或者设计行业存在的问题，例如有五大问题，这五大问题要抓住听众的五大痛点，说到他们的心坎里。然后针对这些问题，提出你的解决方案，听众自然买账。

一、如何进行路演

路演要围绕着四个问题展开：

第一个问题：我们是做什么的。告诉听众，企业是做什么的，这是听众关心的最基本问题。

第二个问题：我们解决了客户的什么问题。企业要告诉听众为客户解决了什么问题，这个问题必须是企业对整个行业进行研究和对消费者进行洞察之后得出的结论。

第三个问题：我们如何与众不同。这个问题的关键在于告诉听众，企业与其他同行业在哪些方面是不同的，企业的核心竞争力是什么。

第四个问题：和听众有什么关系。这是最重要的问题，告诉听众，企业的路演内容与听众有什么关系，听众为什么要关注企业的路演。

路演就是用讲故事的方式，把市场需求和解决方案形象生动地讲出来，比反复论证那些所谓的事实更加具有说服力。告诉投资人目标用户是谁、项目如何启动、为什么你比其他创业者优秀及一份清晰明了的财务预测，这对投资人来说一点都不枯燥。在路演过程中要注意：

1. "说"而不是"念"

不要把 PPT 上的内容原原本本地念给投资人听，不然投资人会感到非常无聊。就算再紧张，你也要面对投资人讲解项目。

2. 避免使用"被过度使用"的词语

在路演过程中应避免使用市场领先、病毒式爆发、至关重要等词语，因为这些词语已被反复使用，投资人对此已较为反感。

3. 关于金融学专业术语：内部收益率和净现时价值

投资人很高兴创业者了解这些金融学知识，但是这些计算公式都是基于未来五年（甚至更久）的现金流状况的。向投资人展示你的财务预测，以及这些预测背后的假设，是一个非常不错的选择，但是别直接把内部收益率这样的专业术语扔给投资人，因为投资人会从诸如销售数量、生产成本、日常开销等基础数据，来分析项目的现实性和可行性。

4. 少用形容词

简简单单地告诉投资人你的项目面对的用户和解决的需求，投资人自然会给你的项目设定形容词。

5. 路演前的准备

1）创业者要了解自己：我是做什么行业的、核心竞争力在哪儿、目标客户是谁、简单运作模式和赢利模式是怎样的、现有或潜在的市场有多大、竞争对手都有谁、我现在缺多少钱。

2）了解投资人：投资人的喜好、过往业绩、业界口碑。

3）了解听众来源：从听众角度出发，切忌千篇一律。

6. 路演注意事项

1）最好由 CEO 亲自路演。

2）守时，宁可早到候场，也不要迟到。

3）穿商务正装，以示尊重。

4）尽量使用标准普通话，让所有人都能听懂，保持合理语速。

5）面向观众讲解，切忌盯着屏幕照本宣科，注意，眼神互动，根据现场状况随时调整节奏。

6）实事求是，数据准确，态度平和，切忌夸大其词。

7）充满激情地展示可落地的实施方案，最后提出融资需求。

8）突出核心优势，即为何我能做，即使别人模仿也无法超越我。

9）尽量减少专业术语，保证易懂性。

10）在阐述清楚产品技术的基础上，多分析市场、竞争情况。

11）面对提问或挑战时保持自信、平常心。

二、成功路演必备技巧

路演其实是一场秀，一场表演，我们需要把项目的亮点精彩地表现出来。那么如何将项目的亮点在 8 分钟内清晰、完整、生动地展示出来呢？

1. 准备一个优质路演 PPT 及路演文稿

要准备一个好的路演 PPT，制作 PPT 时需要突显出结构的简单清晰、重点突出、可读性强这三个核心的要点。同时提前准备路演稿。首先要梳理清楚项目的商业模式，知道项目的市场定位在哪里，为谁服务，为用户带来什么，盈利状况等，这些关键的因素都应该有体现；项目核心的竞争力和其他人有什么不同，怎么实现这些不同，实现这些不同又有什么依据，以上这些是帮助项目加分的。

2. 选择形象气质佳、口齿清的路演人

选择一个合适的路演人，因为路演人的选择对于整个参赛项目是非常关键的。路演人的状态，路演人对整个项目全面的了解至关重要，他还要对整个项目所在的行业、所在的市场要有一定的了解，因此，一个形象气质佳、口齿清的路演人上台路演是一定可以为项目锦上添花的。

在台上，路演人不仅仅代表个人，而是代表整个项目，路演时口齿要清晰，不要因为紧张而造成不必要的卡顿、口吃。路演也一定要有逻辑顺序，表述要自然流畅。

3. 注意路演的要点

要特别注意路演的要点，从核心出发，抓住演讲的核心再进行展开，建议可以通过讲故事的方式再结合肢体动作来做展示。一定要用好数据，数据是最好的依据，也能最直观地展示项目的市场规模。

4. 把控好路演的时间，预留出时间差

一定要做好时间的控制，虽然不同的路演有不同的路演时间和答辩时间，但从实际的效果来看，各位路演人有可能会因为紧张而使语速变得比较慢，这样就会导致在规定的时间内没有办法路演完。因此，建议在规定的路演时间内要适当留一点时间差，以避免不必要的偏差出现。

5. 准备好答辩环节，不懂要虚心请教

答辩环节也是评委考验项目的一个重要的环节。评委可能在路演过程中没有听明白，如果被问到的是没有准备的或实在不会的问题，可以直接告知评委并虚心请教。

第五节　实践训练

请各位同学充分发挥自己的创新意识，按照下列步骤完成一份属于自己的商业计划书。

1. 企业概况

1）主要经营范围：

2）企业类型：

□生产制造　　　　□零售　　　　□批发　　　　□服务　　　　□农业

□新型产业　　　　□传统产业　　□其他

2. 创业计划者的个人情况

1）以往的相关经验（包括时间）：

2）教育背景，所学习的相关课程（包括时间）：

3. 市场评估

1）目标顾客描述：

2）市场容量或本企业预计市场占有率：

3）市场容量的变化趋势：

4）竞争对手的主要优势：

5）竞争对手的主要劣势：

6）本企业相对于竞争对手的主要优势：

7）本企业相对于竞争对手的主要劣势：

4. 市场营销计划

（1）产品

产品或服务	主要特征

（2）价格

产品或服务	成本价	销售价	竞争对手的价格
折扣销售			
赊账销售			

（3）地点

1）选址细节

地址	面积/平方米	租金或建筑成本

2）选择该地址的主要原因：

3）销售方式（选择一项并打√）：

将把产品或服务销售或提供给：□最终消费者 □零售商 □批发商

4）选择该销售方式的原因：

（4）促销

人员推销		成本预测	
广告		成本预测	
公共关系		成本预测	
营业推广		成本预测	

5. 企业组织结构

1）企业将登记注册成：

□个体工商户　　　□有限责任公司　　　□个人独资企业

□合伙企业　　　　□其他

2）拟定的企业名称：

3）企业的员工（请附企业组织结构图和员工工作描述书）：

职务	月薪
业主或经理	
员工	

4）企业将获得的营业执照、许可证：

类型	预计费用

5）企业的法律责任（保险、员工的薪酬、纳税）：

类型	预计费用

6）合伙（合作）人与合伙（合作）协议：

条款	合伙人		
出资方式			
出资数额与期限			
利润分配和亏损分摊			
经营分工、权限和责任			
合伙人个人负债的责任			
协议变更和终止			
其他条款			

6. 固定资产

（1）工具和设备　根据预测的销售量，假设达到100%的生产能力，企业需要购买以下设备：

名　称	数　量	单价/元	总费用/元
合　计	—	—	
供应商名称	地　址		联系方式

（2）交通工具　根据交通及营销活动的需要，拟购置以下交通工具：

名　称	数　量	单价/元	总费用/元
合　计	—	—	
供应商名称	地　址		联系方式

（3）办公家具和设备　办公室需要购置以下设备：

名　称	数　量	单价/元	总费用/元
合　计	—	—	
供应商名称	地　址		联系方式

（4）固定资产和折旧概要

项　　目	价值/元	年折旧/元
工具和设备		
交通工具		
办公家具和设备		
店铺		
厂房		
土地		
合　　计		

7. 流动资金（月）

（1）原材料和包装

项　　目	数　　量	单价/元	总费用/元
供应商名称	地　　址		联系方式

（2）其他经营费用（不包括折旧费和贷款利息）

项　　目	费用/元	备　　注
业主的工资		
员工的工资		
租金		
营销费用		
公共事业费		
维修费		
保险费		
登记注册费		
其他		
合计		

8. 销售收入预测（12 个月）

产品或服务		月份												合计
		1	2	3	4	5	6	7	8	9	10	11	12	
（1）	销售数量													
	平均单价													
	月销售额													
（2）	销售数量													
	平均单价													
	月销售额													
（3）	销售数量													
	平均单价													
	月销售额													
（4）	销售数量													
	平均单价													
	月销售额													
（5）	销售数量													
	平均单价													
	月销售额													
（6）	销售数量													
	平均单价													
	月销售额													
（7）	销售数量													
	平均单价													
	月销售额													
（8）	销售数量													
	平均单价													
	月销售额													
合计	销售总量													
	销售总收入													

9. 销售和成本计划

项目		月份												合计
		1	2	3	4	5	6	7	8	9	10	11	12	
销售	含流转税销售收入													
	流转税（增值税等）													
	销售净收入													
成本	业主工资													
	员工工资													
	租金													
	营销费用													
	公共事业费													
	维修费													
	折旧费													
	贷款利息													
	保险费													
	登记注册费													
	原材料（列出项目）													
	（1）													
	（2）													
	（3）													
	（4）													
	（5）													
	（6）													
	总成本													
利润														
企业所得税														
个人所得税														
其他														
净收入（税后）														

10. 现金流量计划

项目		月份												合计
		1	2	3	4	5	6	7	8	9	10	11	12	
现金流入	月初现金													
	现金销售收入													
	赊销收入													
	贷款													
	其他现金流入													
	可支配现金（A）													

（续）

项目		月份												合计
		1	2	3	4	5	6	7	8	9	10	11	12	
现金流出	现金采购支出（列出项目）													
	（1）													
	（2）													
	（3）													
	赊购支出													
	业主工资													
	员工工资													
	租金													
	营销费用													
	公共事业费													
	维修费													
	贷款利息													
	偿还贷款本金													
	保险费													
	登记注册费													
	设备													
	其他（列出项目）													
	税金													
	现金总支出（B）													
月底现金（A-B）														

请各位同学根据上面所完成的商业计划书撰写一份路演稿，并将路演拍摄成一段5分钟的视频。

第六节 创业故事汇

在追逐梦想的路上

——记昌宁安驰汽车美容服务部创始人鲁涛

鲁涛，2018届云南交通技师学院（云南交通运输职业学院）汽车钣漆技师专业学生。2017年参加学院大学生创业园的定向班，4月份在家乡保山昌宁县成立了安驰汽车美容服务部第一家店；2018年5月在昌宁县成立第二家分店。

创业在鲁涛的人生里似乎是一件信手拈来的事。2015年高考结束后，一心想学一门专业技术的鲁涛选择进入了云南交通技师学院学习汽车钣漆工维修技术。在校期间，他就对创业表现出极大的热情，并且付诸实际行动。大一大二的时候，学校周边的超市很少，学生要买到喜欢的东西很麻烦，鲁涛就自己利用闲暇时间专门批发学生喜欢的饮料等来卖，为同学们提供便利。一开始他的生意就很火爆，发展到后来，他甚至批发了衣服来卖给学校里的同学们。由于学校地理位置的关系，当时学生们出去逛街不太方便，所以他的小生意一直很红火。后来他的创业事业更进一步，独具慧眼的鲁涛，看到每年刚进校的新生们都很迷茫，他们不知道去哪里买饮水机喝水，于是鲁涛找到饮水机的供应商，与他们谈合作，开始在学校里为学生宿舍搬送饮水机。

这些"小创业"的经历虽然看似容易，但全都得益于鲁涛灵活的思维，他能够发现事物背后的价值。与别人下课之后打球、看书、玩乐不同，鲁涛能够利用课余闲暇时间找到一切可能的商机，这些经历为他后来的创业之路打下了基础。大三的时候，鲁涛看到学校大学生创业园定向班的宣传，想到未来的人生规划，他心动了，于是他选择加入了大学生创业园。在这里，通过任课老师，尤其是邓鹏飞老师和张敏老师，在创新和创业方面鲁涛收获很多，老师们讲的很多创业故事和经历也深深打动启发了他。曾经的朋友有一些也开始了他们自己的事业，加上来到创业班后了解了云南"贷免扶补"等针对大学生创业的补贴政策，使得鲁涛有了更加坚定的创业决心。

在创业班，他参加了学校组织的创业培训，在创业技术和思维方面得到了很多启发。再加上入校几年来，在班主任张小兴老师的严格管理和要求下，不管是专业还是技术，鲁涛都学到了实实在在的东西。他不想浪费了自己的技术，想到家乡现在机动车市场正是发展势头最猛的时候，可以说到了几乎家家户户都有车的状态，而专业的维修和美容店铺却不多，他决定开一家专修店，把自己的技术发扬出去。通过创业培训他拿到了创业证书，并因此借到了创业补贴贷款。2017年4月，在大多数同学都选择去4S店实习的时候，鲁涛回到了家乡昌宁，找到一间店面，成立了他的第一家店——安驰汽车美容服务部。

第一批客源来自亲戚朋友，大家都来照顾他的生意，也因为他在学校学到了很多知识和技能，亲戚朋友们都很满意，并帮他推广，一年后他就在家乡开设了第二家分店。然而，生活从来就不会一帆风顺，有平坦就有激流，有幸福就会有不幸，最重要的是，遇到事情以后是否能够积极面对并解决它。开店以后，环保部门到各商家督查环保是否达标，由于缺乏经验，鲁涛的专修店有很多地方都不符合环保部门的标准，只能接受相应的处罚并将其改善。这对于当时的小店来说无疑是一次重击，但既然开店创业了，就要有能应对一切未知风险的恒心和勇气。鲁涛决定再创业的时候，刚好处在云南省"云岭大学生创业引领计划"时期，他得到了资助和贷款，同时昌宁县也给予了一定的创业补助，利用这些资金，他顺利渡过了难关。后来，鲁涛还面临过人员技能知识水平不够的问题，导致习惯不标准，而这会严重影响公司的发展，他只能耐心地教他们，将当年从学校里学到的与4S店同步的各种操作标准等各种知识教给他的员工。创业以来，他几乎每天都要加班，经常做到凌晨两三点，但对于他来说，这是一个创业者必然会经历的过程，只要咬牙坚持下来，一定能收获胜利的果实。

鲁涛对于母校的师弟师妹们，也有一些关于学习和创业的建议。首先作为一名学生，要先把自己的责任履行好，认认真真学好专业知识，改变头脑才能改变命运虽然是老生常谈，但也是亘古不变的道理。其次，做任何事情都要一步一个脚印，脚踏实地地寻找正确的方法，去努力和奋斗，而不是一味追求走捷径，通过捷径得到的只是一时的好处，要想长久下去，只有努力这一条路。

目前，鲁涛对于公司未来的规划是扩大经营面，增加经营项目，扩大合作范围，为客户谋取更多好处，通过多渠道合作，在昌宁做出售后一站式服务。同时，他也欢迎母校的学生到他的公司实习、工作，他希望能够带动部分人就业，为社会更好地发展贡献自己的一份力量，这是他的梦想。

【案例启发】

鲁涛的创业故事可谓一波三折，从开始萌生创业想法时的在校大学生到最后成立两家汽车美容店的"小老板"，他在创业实践中根据市场需求不断调整自己的创业想法，完善创业细节，使其能够生存。这对于每个创业者都十分重要，如果墨守成规，故步自封，其结果只能是被市场无情地淘汰。

同学们，你读完鲁涛的故事有什么启发呢？

商业模式与商业模式画布制作

【学习目标】

1. 认识什么是商业模式。
2. 了解商业模式的核心要素。
3. 构建较为成熟的商业模式。

【能力目标】

1. 通过团队分工制订项目商业模式计划。
2. 制作自己团队的商业模式画布。

【案例导入】

随着咖啡文化在中国消费场景的多元化呈现和消费频次的增加，推动了咖啡市场的扩大增值。2017 年，瑞幸咖啡就是在这样的大背景下产生的新零售品牌。截至 2022 年 6 月，瑞幸咖啡全国直营店数量超过 7000 家，在中国市场对全球第一咖啡连锁巨头星巴克的冲击态势已不言而喻。那么，是什么样的商业模式在支撑瑞幸咖啡的快速扩张？

瑞幸咖啡的商业模式不是试图利用互联网的方法作为一种工具手段对传统咖啡零售业进行升级改造，提升原有体系中某些环节或者局部的效率，而是用互联网思维通盘考虑，步步为营，解决每一个问题，通过 APP 将线下门店的营销活动、用户管理、结账等方面进行了线上化，节约了空间体验和仓储等职能，保留了生产产品和交付职能。瑞幸咖啡不仅降低了对线下门店的依赖，更节省了门店成本，提升了门店效率和质量，与传统企业在业态上形成了明显区分。

在价格策略方面，瑞幸咖啡直接瞄准了国内咖啡消费价格过高的行业痛点，提出以"是消费一杯咖啡，还是消费场景"的理念开启中国咖啡消费平权时代，大幅降低每款咖啡饮料产品售价，为国人提供高性价比的优质咖啡。在消费场景方面，瑞幸咖啡通过对中国咖啡消费者进行详尽调查发现，在高通勤时长、高工作时长特点下的中国上班族对咖啡饮料的便利性需求远超其他需求。以消费者日常生活的三个空间，即第一空间（居住空间）、第二空间（工作空间）、第三空间（购物休闲场所）为切入点，瑞幸咖啡的调查显示，70% 的中国咖啡消费者并不是"第三空间"的受众，而是将咖啡带走饮用，所以瑞幸咖啡的服务内容就是要满足这类消费人群，覆盖"第三空间"以外的"无限场景"，瑞幸咖啡将咖啡的消费场景更加放大化，让一杯好咖啡变得触手可及，轻松简单。

总体来看，瑞幸咖啡通过模式创新，为用户带来质量好、价格低、快捷方便的新咖啡体验。瑞幸咖啡产生于咖啡消费升级的移动互联时代，是对传统商业模式的革新，除了拿到咖啡的瞬间，所有流程都在线上进行，是一杯属于无限场景的咖啡。高效而精准的商业模式，是瑞幸咖啡实现快速扩张的重要内因之一。

【案例思考】

1. 成功的商业模式离不开哪些要素？
2. 你团队的项目消费场景是什么？

第一节　认识商业模式

一、商业模式的概念

商业模式是指企业利用拥有的资源和能力为顾客创造价值，并向目标顾客输出价值、获得收益的方式。简单来说，商业模式就是一个企业通过什么途径或方式来赚钱。例如案例中提到的咖啡店，无论采取何种销售策略，本质上都是通过售卖咖啡来赚钱，以此类推，餐馆通过售卖食物来赚钱，快递公司通过收发快递来赚钱，短视频直播通过打赏、带货来赚钱等。但需要注意的是，这个看似简单的赚钱方式其实包含了一套复杂的机制。以两家餐馆为例，如果一家专门做互联网外卖，而另一家以堂食（店内消费）为主外卖为辅，这就决定了他们的成本结构、销售渠道等各方面的不同，也就是说，他们赚钱的方式——商业模式是不同的。

"商业模式（Business Model）"这一概念词汇作为管理学重要研究对象，早在20世纪50年代就已经诞生，但直到20世纪90年代才开始被广泛使用和传播。而在数字化商业创新趋势下的今天，商业模式不仅没有过时，反而成为创业领域的一个"热搜词汇"，几乎所有关注创业的人都对商业模式的构建津津乐道。世界范围内绝大多数创业者都明确表示，有一个好的商业模式，就等于成功了一半。

二、商业模式的定义

"商业模式"这一概念在人类社会发展已经超过70年，但一直以来，关于它的定义有众多描述见解。综合各种理论描述，商业模式的定义可以分为如下三个方面：第一定义是概念性工具，指商业模式旨在阐述某个特定实体的商业逻辑，包含一系列盈利的要素和关系，描述一家公司所能为客户提供的价值，以及公司的内部结构、合作伙伴网络和关系资本等，借助以上要素、关系证明该公司如何实现价值并产生可持续盈利收入；第二定义是整体解决方案，指为实现客户价值最大化，把能使企业运行的内外各要素整合起来，形成一个完整、高效、具有独特核心竞争力的运行系统，并通过最优途径满足客户需求、实现客户价值，同时使系统达成持续盈利目标的整体解决方案；第三定义是企业价值原理，主要用于描述企业如何创造价值、传递价值和获取价值的基本原理。

综上所述，无论在哪种定义框架下，商业模式都是对一个企业是否具有价值性、可靠性、可持续性的重要评判依据。

三、数字经济背景下的商业模式

"数字经济"作为与时代潮流相适应的新型经济形态，在全球经济增长速度显著放缓的情况下，成为大部分国家发展经济的必然选择。"促进数字经济发展。加强数字中国建设整体布局。建设数字信息基础设施，逐步构建全国一体化大数据中心体系"是 2022 年我国政府工作报告提出的重要内容。这种新的经济发展方式被赋予了新的生机，成为我国现阶段的重大战略部署之一。数字经济的发展需要在数字化转型的推动下，进行生产、生活和治理方面的变革。数字化转型赋予企业价值重构的契机，这其中对商业模式的影响已然成为企业战略定位、价值思考的必然选择。

数字技术成为数字经济环境下产业更新升级的引领，成为企业重塑生产方式、构建新商业模式的主要动力。面对数字技术的飞速发展，数字化转型成为制造业企业适应新的市场需求、变革组织结构、重塑生产销售方式、获取竞争优势的重要方式。业界普遍认为适应市场环境变化，满足新的消费者需求，强化企业内外部关系网络构建，数字化转型需要企业组织及时地调整和反馈商业模式。数字化转型可以改变企业经营结构，重塑供应链流程及顾客交互方式，促进企业实现突破式创新。数字化转型在企业内部能够整合升级研发、生产、营销、服务等业务流程实现商业模式创新；在企业外部有助于联结客户、供应商等利益相关者，加强企业与外部主体的交互，依托平台、智能产品等促进生态系统商业模式的形成。由于数字化对传统商业带来的变化与影响颇深，故对于数字化与商业模式更进一步的关联分析，将在本章第三节中加以阐述。

阅读材料

格力电器数字化商业模式转型

格力电器自 2012 年开始进行数字化转型，实现仓储数字化并引入 BI（商业智能系统强化决策支持），构建大量的自动化生产线及自动控制场景。2014 年引入超算技术支撑产品设计与调适的高强度仿真。2016 年搭建数字化平台，并进行网络营销渠道构建，在结合以往平台的基础上实现了内部沟通协调，精准交付产品。种种数字化场景及平台成为格力电器的优势资源，格力电器由此进入平台商业模式阶段。2017 年，格力电器利用六大核心智能技术，致力于打造一个完整的智能化系统，并结合"格力+"APP 将用户聚集成为社群，增加与客户交互的频率，并通过 CRM（客户支持平台）接受客户意见、提供服务支持。2018 年整合供应链，依托 JIT（即时）物流体系实现柔性生产。2019 年开始布局"格力董明珠店"的新零售模式，线上线下结合销售培养顾客黏性，进一步将供应商、顾客聚集成社群，格力电器因此进入社群商业模式阶段。

分析：数字化商业模式的转型不仅仅是带来企业效能的提升，更重要的是，通过数字化转型后的数据分析，企业能够大幅增强机会识别能力、企业反应灵敏度。与此同时，商业模式发展为社群模式，能够快速响应客户，实施产品个性化定制，实现供应链协同管理，即时进行物流供应。没有数字化转型的商业模式，则很难在全球一体化市场的今天，实现有效商业战略部署。

第二节 商业模式画布

一、背景——可视化解读商业模式的方案

视觉信号是人接受信息的主要来源，因此如果要直观地了解一件事情，最好的办法莫过于把它画出来。"商业模式画布"正是这样一种可视化工具，能把商业模式直观地展现出来。

商业模式有九大要素，分别是客户细分、价值主张、渠道通路、客户关系、收入来源、核心资源、关键业务、重要合作伙伴、成本结构。这九大要素是联系紧密的整体，不可以割裂开来看。例如，某个价值主张必然是根据某个特定的客户细分提出来的，不同的客户细分不仅决定了价值主张的不同，同时也决定了客户关系和渠道通路的不同。我们在学习的时候需要认真揣摩各个要素之间的关联，只有这样才能真正读懂商业模式。一张完整的商业模式画布见表8-1。

表8-1 商业模式画布

重要合作伙伴	关键业务	价值主张	客户关系	客户细分
	核心资源		渠道通路	
成本结构			收入来源	

商业模式画布作为当今最实用的商业模式分析工具，也是创业者必须要学习和了解的管理工具之一。这项工具对于指导创业具有非常直观的意义。

二、价值主张

价值主张是指对客户来说有意义的点在哪里，是对客户真实需求的定位与描述。罗列全部优点、宣传有利差、突出共鸣点是供应商制订价值主张常用的三种方法。客户价值主张是在实际操作中体现在客户选择产品或服务时的关键指标。例如手机用户在选购新手机时主要关注的有质量、售后服务、价格、品牌等方面，那么如果客户在作为手机供应商批量供应手机时也将从这几个方面进行考察。

1. 罗列全部优点

当需要制订客户价值主张时，大多数经理和销售会将自己认为产品可能给目标客户带来的种种益处全部罗列出来，多多益善。然而，这种相对简单的方法存在一大缺陷，即看似饱和式的优点介绍实际能引起客户共鸣的点并不多。

2. 宣传有利差

差异性是体现产品核心竞争力的重要标志之一，应重点宣传对自己有利的差异点。供应商必须突出自己与竞争对手的不同之处，这要求公司对次优竞品分析做得足够透彻。当然，某一产品或服务可能存在多个差异点，如果对客户需求和偏好缺乏深入了解，供应商可能会将工作重点放在那些对目标客户价值较低的差异点上，导致自己引以为傲的差异性并不能引起客户的兴趣。

3. 突出共鸣点

想要提供这样的客户价值主张，产品经理或销售必须经过庞大且系统的客户调查，除了

发放问卷和数据统计，还需要对客户的消费习惯进行一定预判，最终抓住目标客户最看重的几个要素集中展示自己产品的优势，向客户证明这种卓越产品性能的价值，并且在沟通中表明自己十分了解客户的业务重点。这种价值主张与宣传有利差存在两大不同之处：首先，它不主张无目的的饱和宣传，只在客户最看重的因素上竞争；其次，这种价值主张方法可能会围绕客户需求特点进行重复介绍。例如，线上二手车售卖品牌瓜子二手车就在各种渠道反复宣传自己的产品"没有中间商赚差价"。

价值主张是赢得客户的核心要素，在商业模式中处于中心地位。对于创业者来说，如何有效提出价值主张，至少需要回答以下四个问题：一是我们该向客户传递什么样的价值？二是我们正在帮助客户解决哪一类的问题？三是我们正在满足客户的哪一类需求？四是我们正提供给客户哪些细分产品线和服务？

> **阅读材料**
>
> ### 短视频发展模式的价值主张
>
> 抖音平台是一种用户传递信息、完成社交活动的工具，抖音使视频创作、分发门槛大幅度降低，使得信息更快地流通和连接。抖音平台作品内容具有相当大的垂直度，核心算法经过分析各类视频的数据后，会根据用户喜好推送相应的视频，而用户则通过观看、评论同类视频寻找相同的圈子来完成社交活动。
>
> 此外，抖音平台以直播为媒介，通过明星和网红效应吸引流量和粉丝，用户与明星和网红形成了较高的黏度，进一步拉新留存用户流量。
>
> **分析**：对于大部分客户来说，什么是客户真正需要的价值主张？

三、客户细分

客户细分是描述创业者想要接触和服务的不同群体或者组织，其依据涵盖性别、年龄、地域、收入层次等，这些依据可以多个组合，例如收入较高的云南男性。客户细分是帮助创业者找到最重要客户的重要途径。客户细分这一20世纪50年代中期就已经提出的理论，发展到今天，更重要的是根据客户的属性、行为、需求、偏好及价值等因素对客户进行分类后，提供有针对性的产品、服务和销售模式。

一般来说，可以从以下三个方面对客户进行细分：

1. 外在属性

客户的地域分布、客户的产品拥有、客户的组织归属（企业用户、个人用户、政府用户）等都是外在属性。通常，这种分层最简单、直观，数据也很容易得到。但这种分类比较粗放，我们依然不知道在每一个客户层面，谁是"好"客户，谁是"差"客户。我们只能大概判断某一类客户（如大企业客户）较之另一类客户（如中小企业客户）可能消费能力更强。

2. 内在属性

内在属性是由客户的内在因素所决定的属性，例如性别、年龄、信仰、爱好、收入、家庭成员数、信用度、性格、价值取向等。

3. 消费行为分类

在不少行业对消费行为的分析主要从三个方面考虑，即最近消费、消费频率与消费额。

这些指标都需要在账务系统中得到。但并不是每个行业都能适用。例如在保险行业，对客户分类主要依据保险种类、购买行为特征、购买保险记录、出险记录、安全行为习惯、健康状况等变量。

需要注意的是，按照消费行为来分类通常只能适用于现有客户，对于潜在客户，由于消费行为还没有开始，分类则无从谈起。即使对于现有客户，消费行为分类也只能满足企业客户分层的特定目的。至于要找出客户中的特点为市场营销活动精准施策，则要做更多的数据分析工作。

四、客户关系

客户关系是描述企业与特定客户细分群体之间建立的关系类型。20 世纪 90 年代，在商业活动中开始出现"客户关系管理（CRM）"这一术语。当时的理论认为，经营企业必须吸引并留住目标客户继而创造出利润，这一理念在当时成为被奉行的企业管理理念之一。在客户关系管理中，企业处理其经营业务的同时，还需处理好与顾客之间的关系，并以此作为企业的价值观和工作态度。在客户关系管理发展过程中不断衍生出新的理念。例如，有研究学者将其视作加强交流的整体性管理模式，即客户关系管理是一个企业与顾客，或企业与其他多边进行互动的过程，为了实现在企业投入和顾客需求满足间的最佳平衡，进而实现利润的提高。

客户关系是商业模式中的重要一环，不同价值主张和客户细分对客户关系管理有着不同需求。在客户关系管理的功用性方面，首先，客户关系管理可以实现对客户需求的提前预知并增加业务量。在企业营销人员与客户充分接触的过程中可以有效预见客户的真实需求并进行相关介绍和推销产品，引发客户再次或多次购买行为。其次，方便全方位全流程地服务客户，使其体验感提升。另外，在企业经营活动中，将获得的客户信息录入相关数据库，利用汇总信息有效地完成对客户的分类，在分析客户具体需求的基础上，将有近似特点或需求的客户数据集中在一起，提供相近的产品或服务；对有较大差异特点或需求的客户，将其划分为不同类别，提供差别化的产品或服务，此举可以有效减少客户相关信息的处理时间，并更大限度获得客户的认同和满意。最后，通过树立优秀口碑，发掘潜在客户。

作为创业者，在思考如何建立客户关系时至少需要回答如下四个问题：客户细分群体希望我们与之建立何种关系？哪些关系我们已经建立了？已经建立的关系成本高低状况如何？如何把已建立的关系与商业模式的其余部分进行整合？

客户关系的类型大致分为三类，每一类中又有影响力不同的两个层次。第一类是个人服务与专用个人服务，前者是人与人之间简单的互动，后者是单一客户安排下的专门客户代表，这种关系层次最深、亲密性最高；第二类是自助服务与自动化服务，前者是为客户提供自助服务所必需的所有条件后不与客户直接接触，后者是整合更加精细的自动化过程，为客户提供自助服务；第三类是社区与共同创作，前者是建立用户社区与客户促成更多深层次互动，后者是与客户一起创造价值，超越传统的客户与供应商的关系。

五、渠道通路

渠道通路是指企业如何通过沟通、接触其客户细分来传递他们的价值主张。渠道通路是维护客户关系、传递价值主张的重要环节。除销售渠道以外，渠道通路还包含接触客户的渠道、与客户沟通的渠道、让客户了解价值主张的渠道等。渠道通路也可以理解为传播价值主张的路径或方式，如产品的设计、开发、制造、销售的过程等，或称为关键流程。可以通过构建知名度、宣传价值主张、消费者的购买和传递价值主张等环节打通渠道，进而使公司的价值主张影响消费者。

阅读材料

拼多多的 C2M 渠道通路

C2M 是一种新型的互联网电子商务模式，依托信息技术，重塑产业链。运用大数据和客户订单分析客户偏好，工厂根据已有需求进行设计、采购、生产，然后直接发货给消费者，省去交易链的中间环节，将工厂与消费者直连，直接为消费者提供产品。C2M 强调的主要是工厂与消费者的连接，个性化定制只是其中的一小部分，并且个性化生产意味着成本较高，价格高昂。因此本文所讲的拼多多 C2M 商业模式是指将工厂与消费者直接联系进行生产。

例如"农地云拼"，拼多多依托科学技术，将分散的农产品供给和需求集中起来，"拼在云端"，使农产品的供给端与需求端直连，有效降低产品流通过程中由物流链条和中间商产生的成本，有效增加农产品供给端收益和降低消费者的购买价格。拼多多依托信息技术，重塑产业链，2020 农（副）产品商品交易总额（GMV）超 2700 亿元。

分析：为什么有的广告投放在高端商场，有的广告投放在小区电梯里，而拼多多则是直接将农产品供应商讯息精准投放到需求端？价值主张信息投放的场所依据是什么？

六、收入来源

收入来源也称为盈利模式，是企业从单个客户群体中获取的现金收入。需要注意的是，企业可以有多个收入来源，而收入来源的组成和多少与客户细分、渠道通路有直接关系。

对于初创企业来说，现金流是企业存活与否的决定性要素之一，要建立良好的现金流，至少需要厘清以下四个基本逻辑问题。首先，什么样的价值能让客户愿意付费？其次，客户现在付费买的是什么样的产品？然后，客户支付费用的方式是否合理？再次，客户更愿意如何支付费用？最后，多个收入来源的企业还需要对收入来源占比、组成进行分析。

阅读材料

小米公司的盈利模式分析

小米公司初期用智能手机打开了一定的市场，在激烈的市场竞争中占有一定地位后，小米公司立即将目光锁定在消费级生活家电上，且仍然像初期一样，将科技感强和高性价比的独特企业模式，延伸至智能家居和生活消费品等其他领域。相比于第一阶段，第二阶段具有较大的提高。在此阶段，小米公司对目标消费群体进行了相关的优化，为小米公司的再一次腾飞打下了基础。

小米创始人雷军，在小米开发者大会上第一次提出了"万物智慧互联"的概念，由新概念出发，合作的领域被再一次扩大，涉及生活中的各个方面。线上线下的同步销售，节假日的各类促销，使得小米成为家喻户晓的高性价比品牌。随着小米公司与其他领域合作的再一次扩大，市场中每一个有消费能力的人似乎都成为小米产品的潜在消费者。

在销售渠道方面，线上渠道利用互联网销售，拥有自己的独家旗舰店与专属发货仓库，减少了因发货和物流可能带来的问题。商品线上活动价格变化小，给消费者带来由于促销活动对价格形成的心理落差小，提高了消费者的忠诚度，产生了较好的经济效益。因此，小米产品相比于同行业其他产品具有更大的优势。线下销售渠道拥有自己的"小米之家"销售店，集展示、销售及售后为一体。向市场中的潜在消费者宣传小米产品，让他们可以切实地体验产品，既可以及时收集消费者的产品体验反馈，也可以增加销售量。此外，"小米之家"提供的售后服务，是小米公司相比同行业企业的优势所在，一条龙式的服务，减少了中间环节带来的各种问题，具有快捷、高效、便利的特点，从而达到了降低销售成本的目的。与此同时，小米公司还充分利用"小米之家"的发展与所带来的优势，给予充裕的资金，积极地开拓海外的多家市场，助力企业向全球化的战略目标迈进。线上线下的全方位销售，让市场中的每一位顾客都成为潜在的消费者，最大程度宣传了公司的理念，维护了消费者的产品体验感，巩固了粉丝文化，增加了销售量，完善了产品的售后服务，使得小米公司在同行业众多企业中脱颖而出，迅速占领一定的市场份额。

分析： 小米的现金流是否已经解决前文所说的四个基本逻辑问题？

七、重要合作伙伴

对于市场中的大部分企业来说，产能覆盖其产业链的全部要耗费难以估值的巨大研发成本。对于初创企业来说，这更加是几乎不可能做到的事。为了让商业模式的各种产业链能够有效运作，企业往往需要大量供应商与合作伙伴的网络支持。本部分所研究的合作伙伴，是关系到商业模式成败的重要合作伙伴。

重要合作伙伴的类型有很多，主要有以下四种：第一种是非竞争者之间的战略联盟关系，它由关联度很大的不同行业企业进行合作；第二种是在竞争者之间的战略合作关系，它是为了对抗更强大的竞争对手而进行的同行业企业联合；第三种是因开发新业务而构成的合资关系，这种合作主要是为了借助其他企业进入新领域；最后一种是购买方与供应商的关系，这种关系最重要的一点是要通过详尽的供应商尽职调查，找到稳定而可靠的供应商。

八、关键业务

简单来说，关键业务指的就是一家企业为了确保商业模式的合理运行，而必须要做的最重要的业务，它是最重要的企业行为。初创企业很容易在关键业务和非关键业务之间迷失方向，要找到属于自己的关键业务，可从两个问题入手：我们的价值主张需要什么样的关键业务？我们的渠道通路需要什么样的关键业务？

目前市场上主要存在的关键业务分为三类：问题解决、制造产品、平台/网络。问题解决指的是围绕问题而提出的一种全新解决方案，这种类型需要注重知识管理和持续培训的投入。制造产品涉及设计与制造，目的是生产满足业务需求的一定数量和质量的产品。平台/网络是以平台为核心资源的商业模式，关键业务与网络平台管理、服务提供和平台推广有关。需要注意的是，初创企业确定关键业务可以是其中一种，也可以是多种类型的组合。

九、核心资源

核心资源是为了让商业模式有效运转，所必须投入的最重要资源，可以是实体资产、金融资产、知识资产或者人力资源。实体资产包括生产设施、不动产、汽车、销售网点等。金融资产指的是资金注入或财务担保，如现金、信贷额度等。知识资产包括品牌、专有知识、专利和版权、合作关系和客户数据库等。人力资源包括知识密集型产业和创意产业中的人力资源等对企业长期发展至关重要的资源。

例如，拼多多在初创阶段就确定了自己的两大核心资源。一是金融资产支持。在成立初期便获得来自腾讯、IDG、高榕资本等多家知名投资机构的投资。除此之外则是与腾讯开展业务合作，腾讯的加入为初创期的拼多多提供持续可靠的资金，利用这些资金，拼多多又向腾讯购买了支付、广告及云端等服务，与腾讯签订五年期的战略合作协议，协议推动下，腾讯向拼多多提供微信支付、技术与管理等资源支持。二是知识资产和人力资源支持。拼多多充分利用自身技术团队优势，进行技术创新与研发，为商业模式的创新提供技术支持。开发技术基础设施，结合大数据与人工智能等方面为平台的运行与管理提供良好的技术环境。

十、成本结构

成本结构指的是运营一个商业模式所有成本的构成比例，是产品或服务成本中各项费用如人力、原料、土地、机械设备、信息、技术、能源、资金、管理素质培训等的占比。

成本结构主要有固定成本和变动成本两种类别。固定成本也称固定费用，是指在一定范围内不随产品产量或商品流转量变动的那部分成本。固定成本大部分是间接成本，如企业管理人员的薪金和保险费、固定资产的折旧和维护费、办公费等。当产品产量或商品流转量的变动超过一定范围时，固定费用就会有所增减。所以，固定成本是一个相对固定的概念，我们又称之为相对固定成本。变动成本是指成本总额随着业务量的变动而成正比例变动的成本。变动成本大多是直接成本，如原材料采购的成本、产品外发给其他厂商生产所造成的成本等。固定成本无法避免，变动成本相对来说更加灵活。企业可以将部分固定成本转化为变动成本以减轻成本压力，如削减部分生产线，将部分产品外包给其他厂商生产。

第三节 商业模式创新

商业模式创新这一概念最早起源于战略管理学与工业经济学，后来还得到营销学等学科的广泛应用。研究热点从最初的商业模式与技术创新的关系、商业模式创新的概念内涵与机制逐渐演化为可持续性商业模式创新、商业模式创新的服务化与数字化趋势。

商业模式创新的内涵，可以从活动系统创新、价值链重构和要素创新三个角度理解。从活动视角看，商业模式是为企业及其客户创造价值的活动组合。商业模式创新是重组现有商业模式的活动组合，这些组合是新出现的、在公司中具有竞争力的新产品或新服务市场。因此很多行业研究者不赞同商业模式创新是企业单一的业务活动，而认为是整个交易网络的重新构建，是价值链上多个企业主体间的联动。事实上，商业模式创新既可以由供应链驱动，也可以由需求链驱动。从要素创新角度看，商业模式的所有元素都有可能成为商业模式创新的触发点。总体来说，对商业模式元素进行创新设计的过程即是商业模式创新。

本节主要以商业模式创新的几个主流类型为切入点，层层递进阐述如何实现有效的商业模式创新。

一、技术导向型的商业模式创新

商业模式创新可以帮助企业进行新的价值创造和价值获取，是企业取得卓越绩效的关键机制。一方面，人工智能（AI）、大数据和云计算等数字技术的发展正在产生新的商业模式，商业模式创新抓住技术推动这一关键要素为企业提供技术上优越的产品或服务，帮助提升企业的绩效；另一方面，通过实现企业与消费者之间直接、频繁和深入的互动，商业模式创新正在通过市场拉动的理念催生出许多能够更好地识别、分析、理解和回答消费者需求的模式，来更好地把握市场需求、提升企业绩效。基于此，商业模式创新可以分为技术导向型和消费导向型。以技术为导向的商业模式创新，可以利用先进的技术资源来进行企业模式创新，在引入新技术或进行新技术分配及扩散中会产生经济效益，这些经济效益可能会累积到所有商业模式利益相关者身上。也就是说，通过利用新技术，以技术为导向的商业模式可以以新颖或更有效的方式连接要素和产品市场，从而扩大市场占有率。此外，以技术为导向的商业模式创新本身可能是新市场开发过程的一部分，例如，百度公司研发的无人驾驶汽车以技术研发为核心，利用车联网技术获取实时道路信息，并根据获取的实时交通状况规划行驶路线，达到无人驾驶控制汽车的目的。该项目就是主要由人工智能技术驱动的新市场，通过技术创新进行新的价值创造。目前，百度公司的无人驾驶汽车已经开展了两三年的用户体验期，已经成为无人驾驶智能未来的领先者。

二、消费导向型的商业模式创新

以消费为导向的商业模式创新可以降低资源投资的成本或风险，提高消费者的支付意愿，从而提高经济效益。一个更好地了解消费者需求的企业，可以通过准确的资源投资实现价值获取效率的最大化。此外，以消费为导向的商业模式创新能使与需求相关的信息更好地流入焦点企业，有助于识别新的市场机会，消费者甚至会首先感知到新技术的潜在价值并参与价值创造，例如小米公司建立了一个虚拟的"小米社区"，社区管理组建立产品使用反馈话题并对话题进行引导，让消费者在社区中更为活跃地发帖及进行话题的探讨。通过建立一个用户信息交流圈，小米公司可以了解更多用户对其产品各项功能的评论，其 MIUI 系统就是在收集用户的各种反馈信息后创造的产品，有将近 60 万名用户参与了 MIUI 操作系统的设计与开发，MIUI 通过每周更新以方便用户使用，通过小米社区与顾客互动实现了企业、顾客和其他利益相关者的共创价值。凭借在用户关系管理方面的独特能力，小米公司能够向市场推出各种新产品和服务，促进企业绩效的提升。

三、数字技术能力与商业模式创新

随着数字技术的出现，数字互联成为一种新的经济资源，为企业带来根本性的业务变革，刺激企业的商业模式创新。企业可以利用新技术来展现其产品或服务，重新设计内部供应链以优化业务流程，或者寻找新的合作伙伴来实现商业模式的技术创新。多项研究报告指出，技术创新一般始于有限的市场，随着技术水平不断提升，企业会因识别一个可能的技术解决方案而促进其商业模式关键要素的革新，这些变革会替代当前的技术和产品，帮助企业获得更大的市场份额，促进企业的商业模式创新。可见，数字技术创新不仅可为企业提供具有竞争性的产品技术，也可为企业提供必要的资源去开拓新市场。

通过使用数字技术，企业可以从数据资源中提取价值并找到有用的信息，从而转变业务战略和商业模式，并在职能部门或企业之间跨业务流程中做出更好的决策。同时，数字技术的使用也使企业能够及时获取消费者如何使用其产品的数据，并根据消费者使用信息开发新产品，促进技术导向型商业模式创新；另外，利用数据分析的力量对客户行为进行分析，可以更好地了解客户价值，从而避免客户流失和增强客户的忠诚度。综上所述，数字技术作为一种经济资源，将改变生产者和消费者之间的关系，而这又将改变生产者的资源库和收入流，促进数据驱动的商业模式创新。

四、商业模式创新的路径

1. 商业模式创新的构成要素

根据对商业模式的已有研究，将价值作为商业模式概念的核心，以此来提炼归纳商业模式的构成要素。随着研究的不断深入，逐渐形成了一致的趋势：商业模式创新被认为由价值主张、价值创造、价值传递和价值获取四个关键要素构成。其中价值主张处于核心地位，价值主张的变化将可能带来其他三个要素相应的改变，同时这些要素相互高度依赖。

2. 价值主张创新

价值主张创新路径要解决的关键逻辑问题是：价值主张描述企业的业务是什么？企业的业务对象是谁？满足他们何种需求？因此，针对价值主张的商业模式创新可以从目标市场创新及产品、服务定位创新进行。在目标市场扩展、聚焦或改变的过程中，首先要明确企业为谁服务，针对顾客什么需求，进而明确企业提供什么产品或服务能更好地满足顾客的这些需求。

3. 价值创造创新

价值创造主要研究企业如何制造或提供上述的产品或服务。针对价值创造的模式创新，可以通过企业内部价值链创新和外部价值网络创新来实现。针对企业内部价值链，企业需要提升产品或服务相关的技术和商业竞争力，不断调整自身资源、能力，进而确定在价值链中具有优势的定位和实现业务流程优化，实现企业内部价值链创新。同时，企业可以在全球范围内寻求合作伙伴，打造价值网络，以此来更好实现企业的价值创造，完成外部价值网络创新。

4. 价值传递创新

价值传递主要针对企业如何把创造的产品或服务传递给顾客。价值传递主要考虑如何营销和谁来开展营销，即营销主体和分销渠道两个方面。商业模式在价值传递方面的创新需要重点考虑谁来传递价值，以及如何用更方便、快捷、安全、高效的方式将企业带给顾客的价值让渡提供给消费者。由此，针对价值传递的商业模式创新可以从传递主体和传递渠道两方面进行。

5. 价值获取创新

价值获取主要针对企业如何获得收益与盈利，获取从产品或服务中产生收益的能力对企业健康发展非常重要，不能实现价值获取机制的商业模式往往带来很多新投资的失败。价值获取依赖于成本结构和收入方式。因此，基于价值获取的商业模式创新可以从降低成本和盈利来源变革进行，即通过成本构成创新和收入来源创新两个途径实现价值获取创新。

五、多层次分析下的商业模式创新

完整的社会技术系统包括生产端要素、扩散要素和消费端要素三部分，这三部分同时受到全球政治、经济、文化、科技、社会自然环境的影响，以及国家和地方政府法律、法规、标准、政策的制约。而社会技术系统转型解释了新社会技术系统替代原有社会技术系统时，新的产品、新的制度体系、新的技术利基和新的机会窗口的演进过程。社会技术系统内发生的渐进式创新通常具有一定的路径趋势。随着商业模式概念的广泛应用，商业模式与社会技术系统的相关研究越来越多。通过商业模式的扩展、复制、整合和模仿，再经过市场和社会选择，最后形成提升的、复制的、合并的及模仿成功的商业模式。尽管多项研究证明了商业模式创新与社会技术转型的关系，但目前仍然没有形成将商业模式创新与社会、技术联系起来的理论框架。

阅读材料

中国新能源汽车市场发展趋势分析

新能源汽车被公认为解决全球能源危机、环境问题的有效手段，是中国的七大战略性新兴产业之一，也是典型的社会技术系统代表。从2001年开始，政府就出台一系列新能源汽车产业政策，促进新能源汽车技术创新，鼓励商业模式创新。在政策和技术创新驱动下，新能源汽车的商业模式创新遍地开花，依托城市发展涌现出杭州微公交、深圳普天模式、合肥定向购买等多种商业模式创新。在商业模式创新影响下，中国新能源汽车产业发展迅速，消费市场展现蓬勃生机。截至2021年年底，中国新能源汽车累计保有量达784万辆。

分析：中国新能源汽车销售市场商业模式创新通过哪些途径实现？

六、商业模式创新的过程

1. 创意阶段

商业模式创意阶段包括发现商机和创意产生两部分。发现商机是指在内外市场环境发生强烈的变化时，能够从中发现别人尚未洞察到的商业机会，产生商业模式创意。故步自封会导致企业止步不前，而盲目模仿难以赢得市场竞争优势，因而商业模式创意阶段是一个奠定基础的关键阶段。本部分主要以现代电商代表阿里巴巴、现代传媒代表分众传媒、物联网技术代表小米公司、轻工制造业代表红领集团为例进行介绍，以便于读者理解。

当初阿里巴巴创始人马云先是在美国认识到了"互联网"的潜力，发现了互联网这个商机，而互联网在当时的中国才刚刚起步，因而他回国后想要成立一家互联网公司，并跟合作的伙伴和自己的大学老师阐述了互联网将是企业未来发展方向的想法。一开始这样的想法没有获得支持和认可，因为在当时的环境下，互联网作为一个前卫的、虚拟的事物，很少有人相信它的前景。而马云大胆地提出了自己的创意想法，这个想法的提出给之后的阿里巴巴的发展指明了方向，最终使阿里巴巴的 B2C 商业模式取得了巨大的成功。

而分众传媒创始人江南春的创意则是从思考如何让观众愿意看广告中产生的。最初，广告一般都投放于电视上，而观众在观看电视节目时如若出现广告，则往往会转台，使得广告的宣传效果不尽如人意。观众何时才能喜欢看广告呢？江南春发现人们在无聊的时候最容易选择观看广告，例如等电梯的时候人们容易被投放的广告吸引从而打发无聊的时间，广告的宣传也就有了显著的效果。于是，江南春从反方向出发，提出了自己的创意：一是不再做大众传媒，而是把用户分众；二是不再以内容为主，而是以渠道为主，这就是分众传媒商业模式创意阶段的表现。江南春清楚地认识到"相同的商业模式进行同质化竞争，将永远不会爆发"，企业需要的是抓住商机，进行商业模式创新。

同样，小米公司的商业模式创意来源于雷军对中国商业效率的不断反思。雷军认为，中国商业的核心问题就是效率低下，任何东西要经过很多"层"才能卖到消费者的手里，此时价格都比较高。针对这个效率低下的问题，雷军考虑能不能将这个过程最大限度压缩，从产品研发，到销售再到服务，全由小米自己承担，将所有成本用来做产品研发，这就是小米商业模式最初创意的来源。

从上述几个案例可以看出，从问题出发，旨在解决某一个问题，是发现商机并且产生创意应该有的思维格局，也是促使商业模式创意阶段进行的关键之一。例如，红领集团也是在分析自己所处环境的时候，感知到服装产业所面临的问题，并决定从商业模式创新入手进行突破，提出了个性化定制的创意，奠定了其成功的基础。可见，商业模式创意阶段是商业模式创新过程的关键基础。

2. 应用阶段

商业模式创意的应用贯穿了商业模式创新的整个过程，是新商业模式能否取得成功并可持续发展的中心环节，其包括商业模式创意倡导和商业模式创意实施。从以上案例的研究中可发现，创意产生后不一定就必然会在实际中得到应用，需要对创意进行倡导。而且，在创意实施之前需要考虑是否具备了创意实施的"基础设施"。这里的"基础设施"包括两方面，分别是技术方面的固定资产设施和大数据基础。在数字化、全球化经济的今天，IT 时代已是过去式，代替它的是 DT（数字技术）时代。雷军曾指出，小米对大数据感受非常深刻，要想保证持续发展，探索数据的价值、挖掘大数据时代的商业模式，是全行业的当务之急。企业具备了足够完备的大数据基础，才能更好地服务于消费者，更好地了解消费者的需求，促进商业模式创新的成功，这也是以上案例中的企业商业模式创新过程中的共同特点。因而，商业模式应用阶段的"基础设施"重点实质在于大数据基础。红领集团在做大规模个性化服装定制时，首先建立了大型供应商平台 RCMTM，来满足个性化定制的需求。RC-MTM 的关键是用大数据代替手工打版，红领生产车间里的第一个环节就是通过被称为 CAD（Computer Aided Design）的系统进行大数据分析，来满足个性化定制的需求。在具备了"基础设施"及人力、技术等要素之后，红领的商业模式创意倡导获得通过，进入创意实施阶段。相反，一个创意如果无法得到支持和认同，即使强行实施也会举步维艰，因此创意倡导是关键的环节之一。

分众传媒模式的创意是抓住用户被动的生活空间，广告在哪投放，投放什么样的广告，需要对其进行调研，并且分析大数据。在商业模式应用阶段，分众传媒基于调研和大数据分析结果，对消费者做到了精准细分。分众传媒的创意通过积极的倡导之后得到了实施，并取得了成功。

小米公司在提出商业模式创意之后，是通过 CBMCE 思维，促进商业模式应用阶段的进行。所谓 CBMCE 思维，即 Community（建立社区）、Beta（对社区粉丝内测）、Mass Production（大规模量产和预售）、Connection（联结）、Extension（扩展），其中内测的过程通过结合社区粉丝的意见和反馈的大数据对产品进行开发，不断修正、调整和再设计自身商业模式。通过这样的方式倡导和推进商业模式创意的实施，是小米商业模式应用阶段的重要表现。而对于商业模式应用阶段无法通过的创意又可反馈回商业模式创意阶段，企业可重新调整自身的商业模式创新策略，如在严格控制毛利率的情况下，小米公司是不赚钱的，针对这样的问题，小米便做互联网服务，从互联网服务中获取利润。当然这个过程不是必然的，当中充满一定的机遇与风险。

从以上几个案例中可以得出，产生的商业模式创意首先需要经过倡导过程，企业一般需要根据自身的特点、技术水平和融资能力，特别是数据基础，判断创意是否可行，如若倡导通过，则进入创意的实施阶段。商业模式创意实施后，就进入了商业模式创新的第三个阶段——商业模式精益阶段。

3. 精益阶段

经过商业模式创意阶段和应用阶段后，并不意味着商业模式创新的过程就到此结束了，因为新的商业模式刚刚形成，容易出现一些之前无法预见的问题。

例如阿里巴巴旗下的淘宝被指卖假货的问题，信誉严重受损，但这并不代表淘宝的商业模式存在问题。针对这样的问题，阿里巴巴成立了打假团队、知识产权保护团队等，对假货进行严厉打击。在此基础上，阿里巴巴建立了新的品牌业务——天猫，提高了卖家的准入门槛，对卖家及产品进行严格审核，从而在很大程度上解决了阿里巴巴出现的信任危机和信誉危机。可见，阿里巴巴最初形成的商业模式并不是完美的，需要经过不断修正、调整、完善和再创新。

分众传媒模式主要利用人们的无聊时间投放广告，而面对移动互联网的迅速发展，人们在无聊的时候会通过玩手机来打发时间，分众传媒模式的业务场景受到了不少的冲击。面对冲击，分众传媒公司首先盘点了自身的业务存量是否发生变化。因大部分的电梯容易出现信号屏蔽、手机无法正常使用的现象，同时消费者的必经生活轨迹不变，调查也显示电梯媒体是被手机冲击最小的一个业务板块。因而，江南春对其商业模式进行了适当的调整，如不同特点的电梯匹配不同的媒体，加大电梯媒体的投入并相应减少其他媒体的投入等。由于抓住了几个难以被手机影响的重点领域，其结果是移动互联网所引起的中心化不但未淘汰其商业模式，反而促使分众传媒模式更加中心化地发展。分众传媒的案例再一次证明，创意阶段与应用阶段形成的商业模式还需要精益阶段的不断完善、修正和再创新。

小米的成功除了自身产品质量比较好之外，很大程度得益于自身的商业模式创新。最初小米通过"硬件 + 软件 + 互联网服务"的模式迅速打败了国内的山寨机，在国产手机市场占据一定地位。但在最近几年，小米遇到了两个困难：一方面，线上市场遭遇恶性竞争；另一方面，小米专注于线上，错过了县乡市场的线下换机潮。面对现状，小米调整了自身的商业模式，由"硬件＋软件＋互联网服务"向"硬件＋新零售＋互联网服务"转变。其中硬件板块的业务依然是小米自身三大硬件体系，即手机、电视、路由器与外部的生态链智能硬件；互联网板块的业务包括了 MIUI、互娱、云服务、金融和影视业；而全新出现的新零售板块则包含小米商城、全网电商、小米之家和米家有品四项。这个过程是小米商业模式不断精益化的结果，是其商业模式的不断修正和完善。

同样，红领集团从个性化定制商业模式到开放制造加盟模式等，都是商业模式不断创新的精益化的过程。总体来看，当前企业进行商业模式创新得益于互联网的发展，同时也因互联网的发展，原有的商业模式受到了一定程度的冲击，从而引发了在原模式基础上的修正、完善和调整，使得商业模式更加完善，这是商业模式精益阶段的重要特点。

七、商业模式创新过程中的建议

首先，在商业模式创意阶段，初创小微企业要能够洞察各种商业机会，这需要团队所有成员的共同努力。当传统的商业模式已无法适应时代的发展潮流时，企业的高层领导者应具有企业家精神，要认识到企业存在的问题，并寻找继续发展的机会，将眼光放长远，着眼于未来。另外，员工是企业进行创新的真正和根本的动力源泉，企业要注重发挥员工的创新能力。真正一线的员工往往会发现公司运营过程中出现的问题，同时作为消费者中的一员，他们的诉求也在很大程度上体现了广大消费者的诉求，因此高层领导者要关心下属，多与下属沟通和交流，营造创新的文化氛围，奖励提出创新想法的员工。在创意方面，企业可以学习小米公司的开放式创新商业模式，通过让消费者参与产品的设计和研发，既能满足消费者的需求，又能发挥消费者的潜力，弥补自身企业创新短板。企业不要怕消费者抱怨，而是要弄清消费者为什么抱怨，并想办法解决抱怨，创意才会产生。商业模式创新始于发现商机和创意产生，企业要时刻有这样的意识。

其次，在商业模式应用阶段，应鼓励和创造条件使得创意得以应用。从高层领导者角度，领导者提出的新创意如果得不到内部员工的支持，员工不理解领导者的真实想法，创意的实施可能比较困难，或者创意在尝试的过程中效果不尽如人意，则创意的实施可能就会终止，这可能因为创意确实不具有可行性，预示着会失败。但是，对于对企业的发展起到重要作用的创意如果得不到支持，则会阻碍企业的发展。因而，创意倡导很重要，而倡导需要技巧，需要让组织中的员工明白，到底要做什么，企业是否已经具备了所要求的条件，实施后能否保证占据竞争市场并获得可持续性发展的可能。倡导者要通过易于明白的方式讲解不易通晓的问题，便于员工接受，利于创意实施。从员工角度而言，员工的想法如若得不到重视，好的创意也许就会被扼杀，因此企业高管要给员工机会，耐心听取员工有关创意的建议。创意倡导到实施的过程是一个不断修正、调整和提出新想法的过程，高管和员工应该遇到问题解决问题，不能安于现状。

最后，在商业模式精益阶段，创新并没有止步，仍需根据企业内外部环境的变化并结合反馈的信息对商业模式进行微调整与修正。而且，企业新形成的商业模式，如果运行良好，价值创造明显，则其他企业就会争相模仿。当发现竞争者出现时，企业既要学习他人之所长，又要不断发挥自己的创意，再次获得新的竞争优势。另外，国家知识产权局在 2017 年对《专利审查指南》的修改中，将"商业模式"首次纳入知识产权保护，企业要具有商业模式知识产权保护意识，保护自身权益，避免受损。总体来说，商业模式创新的精益阶段，既是对商业模式应用阶段出现的问题进行修正、设计和完善的阶段，又是为进一步的商业模式创新奠定基础的阶段，初创小微企业既要总结过去的经验，又要着眼于未来，毕竟创新是永无止境的。

第四节　商业模式构建

商业模式的构建是创业者面临的最大挑战之一。好的商业模式能够推动创业活动的顺利进行，而商业模式构建上的不成功则会直接导致创业失败。

我们首先需要了解商业模式的构建方法，从整体上掌握商业模式的布局。然后需要从实战出发，了解如何验证商业模式。没有经过市场验证的商业模式只是纸上的蓝图，不能带来实际的效能。我们需要在实战中不断验证和修正，直到找到可以让企业持续发展的商业模式。

商业模式也是创新者的舞台。一个好的商业模式必然是创新的商业模式，商业模式的创新也将是创业者自身能力的最好体现。

正如画一幅画需要先勾勒出草图一样，商业模式画布就是勾勒出创业的草图。创业者可以从最有把握的一点（如客户细分和价值主张，或者已有的资源）出发依次展开布局。

商业模式是由一系列复杂部件组成的复合体，这些部件之间相互关联，横跨不同方面，甚至包括企业以外的因素。例如客户细分和价值主张总是成对出现的，是一一对应的关系。因为商业模式的复杂性，其构建很难一步到位，必须在实践中不断摸索改进。

商业模式构建要尽可能植根于实际，例如市场调查数据、客户的访谈记录，越扎根于实际，商业模式成功的可能性就越大，而越脱离实际，商业模式成为"空中楼阁"的可能性就越大。

一、构建商业模式的前提

在企业成长过程中，选择怎样的商业模式就决定了拥有怎样的成长基因。企业经营方式、盈利模式和未来格局等都源于商业模式的选择。商业模式选择是对产品流、信息流、资金流等不同要素的选择，也是对这些要素之间经济逻辑的选择，更是对不同价值的选择。在确定采用何种商业模式前，企业需要从三个方面明确自身定位。第一，用户选择的定位。任何企业都难以满足市场上所有用户的需求，确定将为谁提供价值和服务是商业模式运行的基础。在建立模式之前，按照用户需求类型对产品与服务进行分类，建立产品与用户映射目录，并根据企业经营条件、用户购买兴趣和能力来确定用户群体，制订相匹配的商业模式。第二，独特价值。企业需要思考能够为市场中选择的利益相关方提供何种独特利益，即用户与商业合作伙伴能够从企业提供的产品与服务中获取更多价值。第三，价值的提供方式。企业需要设计出富有吸引力的价值传递方式，能够将企业提供的产品与服务的价值被用户获取，通过调动具有竞争优势的商业资源来组建运营流程，易于形成潜在竞争者难以复制和超越的屏障。商业模式是动态变化的，需要结合企业内外部环境变化适时进行重构。很多时候，消费者想要什么，甚至连他们自己也不清楚，企业需要通过商业模式的改变来创造消费者的未知需求，从而引领产品创新方向。

二、依托大数据技术做好商业模式的定位

定位是企业战略规划的开始，也是企业构建优秀商业模式的起点。定位准确才能实现商业模式的良性运转和持续的企业盈利。具体而言，定位商业模式需要从以下四个方面入手。第一，产品定位。企业需要明确用何种产品和服务来满足特定消费者和市场需求。通过对消费者购买习惯、对于产品的需求倾向数据的收集和分析，确定企业重点选择的产品形态和服务形态，并将之和企业自身资源进行结合优化。第二，市场定位。商业模式的产品定位与市场定位是紧密关联的，当企业选择某一种类型产品或服务，也就意味着锁定了某一市场细分领域。成功的商业模式一定具有精确的产品与市场的对应关系。另外，市场定位还包括企业将价值主张传递给目标人群的方式，注重多媒体的企业营销渠道建设是市场定位完美实施的重要手段。第三，用户定位。任何商业模式的成功设计和运营，都需要以提供利益给用户作为模式的出发点。产品定位解决的是用户选择现有产品的问题，未必真正满足用户需求；而用户定位则关注的是消费者真正需要什么的问题。现代信息技术为企业提供了全方位、多角度了解用户需求的渠道，为做好用户定位提供了重要的信息来源。第四，创造能力定位。商业模式的主要作用固然是用产品和服务来向用户传递企业价值，然而企业在模式设计和运作过程当中所体现出来的创造能力同样是优秀商业模式具备的素质。这种创造力主要来源于企业内外部相关资源的整合能力，以及与之相关的制定标准制度和流程的能力。云计算、物联网等先进技术有力推动了供应链整合，促进了企业创造能力的不断提升。

三、供应链整合技术带动企业资源整合创新

当今企业立足市场的根本不只限于新产品开发和新技术应用，更重要的方面在于企业向消费者传递价值主张的效率，即企业如何将自身产品优势和差异化服务以更大的覆盖面积触及目标客户，以更低成本来组织生产运营、营销、售后服务等活动。这些连接企业与用户的商业运作行为，逐渐成为打造商业模式核心竞争力的途径。可见，这种能力并非单一企业或者单一产品可以实现的目标，考验的是企业调动整个供应链资源实现商业模式有效运作的能力。从这个角度来说，构建商业模式其实就是打造供应链整合能力来实现最佳效果的企业价值主张传递。面对企业内外部可利用资源的多样性，以及资源组合方式的复杂性，如何组织企业生产、销售、人力、物流、售后服务等相关资源，非现代信息技术不得为之。从某种角度来说，商业模式可以看作是管理模式和经营模式的综合体，管理模式意味着企业如何对内进行资源整合，经营模式则意味着企业如何对外进行资源整合，究其本质都是对资源运作方式的创新。以制造企业为例，对内而言，要提升关联业务部门之间的功能协同与信息共享水平，企业资源计划（ERP）系统、库存管理系统（WMS）、电子订货系统（EOS）、企业分销资源计划（DRP）系统等实现了供应链技术整合，实现了资源按需使用、灵活调度的目标，极大提升了资源整合效果。对外而言，企业应注重自身模式和不同的资源拥有者、资源需求者构建紧密联系，这必然要依靠多种先进的信息技术融入多主体业务活动中才能实现。电子数据交换（EDI）技术、销售时点信息系统（POS）、射频识别（RFID）技术实现了业务流程数字化与信息传输的标准化，物联网、云计算等技术提升了商业资源共享化属性，再辅以虚拟化及一体化调度技术，实现了资源按需使用、灵活调度的目标，极大提升了资源整合效果。总之，在知识经济时代，合理利用信息技术实现供应链资源整合，是确保商业模式

有效运作的重要途径。

四、构建价值交互为核心的商业模式

信息是价值的载体，信息传递也就意味着价值转移与交换。企业所处的商业环境中充斥着大量内外部信息，优秀的商业模式应该具备快速捕捉有价值信息的能力，并通过信息在各利益主体之间的共享实现价值创造。从交易过程来看，企业员工即为原始信息的捕获者，通过与用户的直接接触、对用户服务的间接支持及施加相应的影响力，员工可以获得用户最真实而准确的需求信息，带动企业的研发、营销、制造等职能部门的全流程跟进。同时加强了企业与外部的合作机构、供应商的联系，通过同步化价值主张、同一化经营理念，将用户真实需求融入日常供应链生产制造及服务活动中。从这个角度而言，企业的价值创造过程，也就是信息的交互整合与再造过程。企业在构建商业模式时，应注重迎合这种信息交互的需要，破除企业内外部沟通交互壁垒，构建以价值交互为特征的平台型企业。平台型企业应该给予员工更大的经营与决策权利，正如海尔以利共体为核心的企业结构改革，员工所组成的独立经营体具有市场调研、生产规划及营销活动的决策权。产品经营体通过搜集微博、海尔商城、SNS 社区等用户在线平台反馈的产品服务评价，并将此信息快速告知其他合作经营体，由此所引发的一系列产品研发、制造、营销、供应、物流配送等活动，都通过海尔的交互平台实现合作伙伴间及与用户间的沟通交流。以价值交互为特征的平台型企业，是依托于现代信息与传输技术对商业模式创新的又一例证，通过对信息的充分利用，能帮助企业构建内外部价值形成与交换的商业格局，从而成为企业塑造自身商业模式核心竞争力的关键。

第五节　实践训练

请按照你的理解，将你们团队的商业模式画布对应填好，然后与你的组员协商讨论，确定你们团队的最终商业模式画布。

重要合作伙伴	关键业务	价值主张	客户关系	客户细分
a) _____	a) _____	a) _____	a) _____	a) _____
b) _____	b) _____	b) _____	b) _____	b) _____
c) _____	c) _____	c) _____	c) _____	c) _____
d) _____	d) _____	d) _____	d) _____	d) _____
	核心资源		渠道通路	
	a) _____		a) _____	
	b) _____		b) _____	
	c) _____		c) _____	
	d) _____		d) _____	

成本结构	收入来源
a) _____	a) _____
b) _____	b) _____
c) _____	c) _____
d) _____	d) _____

第六节　创业故事汇

一、拼多多的社交电商商业模式

社交电商（Social Commerce）是一种新型的电子商务模式，该模式认为社交电商利用社交技术帮助用户与商家进行良好的沟通，并在很大程度上提升了用户的购物体验。社交电商在社交媒体下，通过整合社交图谱（基于人际关系互动）和兴趣图谱（信息流互动）达到推广销售产品和服务的目的，充分利用沟通、讨论、关注、分享、互动等社交元素来开展电商交易活动。社交性、内容自生性、需求被动性、信息双向传播性及信任传递性是社交电商与其他电商模式区别开来的重要特征。

拼多多是由两家社交电商公司合并产生的。2015 年 4 月，创始人黄峥先创办了拼好货，随后在 2015 年 9 月，黄峥创办的公司上海寻梦科技推出了一款新产品——拼多多。2016 年 9 月，拼好货与拼多多进行合并，合并后沿用拼多多为统一品牌并开始运营。合并当年的"双十一"当天的交易流水超过 2 亿元；合并一年后拼多多用户规模超过 2 亿人。2018 年 7 月 26 日，拼多多正式在纳斯达克挂牌上市，发行价为 19 美元/股，也就是说，仅用三年多时间，拼多多就成长为国内仅次于淘宝和京东的第三大电商平台。上市之后，拼多多加大"双打活动"，提升品牌入驻。2018 年 8 月，拼多多强制关闭 1128 家店、下架近 430 万件商品、拦截疑似假冒商品链接逾 45 万条。2018 年 10 月，国美、当当、小米等品牌入驻拼多多平台，品牌形象得到明显提升。2019 年 9 月 7 日，中国商业联合会、中华全国商业信息中心发布 2018 年度中国零售百强名单，拼多多排名第 3 位。拼多多的快速发展离不开资本的支持。从融资历程来看，拼多多自创办至上市前，共完成四轮大融资，腾讯已成为公司的重要股东。腾讯从 B 轮开始投资拼多多，C 轮大额加持，到拼多多上市前夕还认购了 2.5 亿美元的 IPO 份额，腾讯的加入对拼多多商业模式的改进提供了更多便利。

拼多多的商业模式瞄准了下沉市场这一广大的用户群体，以低价和拼团为主要特色，借助微信流量，实现用户发展与留存。拼多多作为平台电商，同时面向商家与用户，拼多多商业模式三方关系如图 8-1 所示。从商家角度来看，商家入驻拼多多，拼多多为他们提供平台服务；从用户角度来看，拼多多为用户提供商品展示及选购服务，用户则在拼多多上消费。在实物流转方面，现金流从用户方流出，在拼多多平台进行中转后流入商家，商家直接发货给用户，这是三方共生、合作互利的过程。

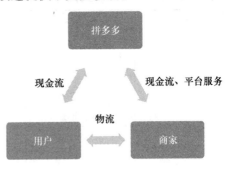

图 8-1　拼多多商业模式三方关系

市场定位着重回答企业做什么这一话题，解释企业针对的目标客户群体有哪些共性，为他们提供怎样的产品或服务来创造价值。市场定位又包括客户定位与产品定位两方面。拼多多的客户定位由用户和用户消费观构成。根据腾讯科技旗下互联网产业趋势研究、案例与数据分析专业机构企鹅智酷的报告，从性别、城市、年龄、学历等不同角度观察各电商平台用户结构可以看出，相较于其他主流电商平台，拼多多的女性用户、四线及以下城市用户分别占 70.1%、38.4%，其占比均高于淘宝、京东和天猫电商平台，而拼多多用户的学历较传统电商淘宝、京东偏低。根据这些特点可以推测出拼多多用户属于价格敏感型。相对于天猫、京东，拼多多能更好满足价格敏感型用户的真实需求。另外，拼多多的用户中仍有约 40% 来自一二线城市，说明中高收入群体也存在于拼多多的潜在用户群体中。

从用户消费观来看，无论是选择在线上还是在线下购买商品，用户都能被分为两类：第一类用户目标明确，知道自身购物需求，并根据需求有目的地搜索商品，在衡量性价比等因素之后进行购买，例如男士为了抗寒去商场购买羽绒服；第二类用户没有明确的购物需求，在广泛浏览感兴趣的商品后进行随机消费，例如女生在商场购物时浏览了上百件衣服，最后只买了其中一件。根据企鹅智酷的研究，淘宝、京东有 93.1% 的用户在购物时直接在搜索栏输入想买的商品，这些用户属于上述第一类用户，被称为有目的性客户。而拼多多用户中，52.7% 在购物时会选择从秒杀、特卖、清仓、免单等区域购买，28.4% 会从首页、服饰、鞋包等分类下滑浏览，这些都属于第二类用户，即无目的性用户。在拼多多上架的商品中有很多售价都低于 20 元，这个价格恰好符合用户进行随机消费时能承受的价格区间。观察拼多多用户的购物动机，便宜是驱动用户购买行为的第一大因素，这类用户占 41.3%；数据显示驱动用户购买的第二个动机是来自于拼团模式的刺激。有 40.9% 的用户购买行为更多体现是为了囤货，说明有很多用户刚开始并没有强烈购物需求，只是在平台浏览时被低价和页面显示的"只差 1 人即可拼团"字样所吸引，产生了大量随即消费。除此之外，有 24.8% 的用户表示"原来没用过，在拼多多上看到了买来用用"，这说明拼多多显示了创造新的购物需求的潜力。

对于拼多多而言，若仅仅依靠自身的流量拼团模式，则始终只能在体系内运行，无法产生大规模裂变，不利于其社交化发展，订单规模增长也会受到抑制。但拼多多抓住了与微信合作这一契机，用低成本换取巨大的流量，发现和触达更多潜在用户，最后还可以通过交易订单转化扩大拼多多自身的商业模式闭环。拼多多由此快速打通电商业务流程的所有环节，通过综合利用多种营销方式，在广告投放、娱乐营销、公益营销上发力，树立品牌形象，给消费者留下深刻的印象。

二、伊利的社会责任商业模式

受人力、物力及财力的限制，经济价值最大化是伊利集团初创期的主要诉求，随着企业的快速发展，回馈社会、造福百姓等中华传统美德理念开始在伊利集团出现。传统的行善扶贫意识激发了伊利集团企业家的道德情怀与社会抱负，外挂式社会责任的微观实践开始出现，企业从调整组织使命与丰富运行逻辑两个角度应对社会责任嵌入。企业在起步阶段收入来源有限，依靠单一的乳制品无法维持企业的长期发展，生存成为伊利集团经营发展的第一要务。总裁潘刚为缓解企业资金短缺的压力，开始寻找利润增长点，捕捉到了市场环境下的液态奶缺失问题并快速地引入竞争主导型的市场逻辑，在蒙牛等同行尚未研制开发液态奶的情况下，在 1999 年成立中国乳业第一个液态奶事业部，有效解决了奶制品种类单一和企业生存发展的问题。此外，在面对非典、东南亚海啸等突发事件时，伊利集团迅速提出"伊利社会责任应急预案"，积极响应政府号召并强调遵循制度逻辑，主动向灾区捐款捐物、帮扶群众。因此，企业对社会负责、对顾客负责的态度为其积累了稳定的客户资源，帮助伊利集团在业界树立了良好的口碑，提升了企业的品牌知名度，使企业的适应合法性得到了新的诠释。可见，企业社会责任起步阶段是由经济价值最大化向"做好事"的传统慈善观过渡的阶段。在这一阶段，企业的商业模式从利润最大化模式向社会需求型模式转变。伊利集团通过"亲社会""做好事"等行为不再拘泥于获取利润，并调整组织使命和运行逻辑，及时捕捉社会和客户需求信息，在服务社会的基础上提高产品竞争力，使企业的适应合法性得到新的诠释。因为适应合法性自身作为一种特殊资源，能够使企业完善无形和有形资源的配置，实施新的战略抉择。因此，适应合法性的获取与资源拼凑行动的交互促使企业形成社会需求型商业模式，其价值主张强调企业家个人道德情怀，诚信经营，帮扶群众；价值创造表现为严格把控乳制品的品质；价值获取则表现为液态奶事业部、奶酪事业部的成立，帮助公众改变以往的饮用习惯。

社会责任嵌入情境的不确定性意味着企业随时都要做好应急措施和社会回应，维持现状无法突破组织惯性的束缚，难以支撑企业商业模式创新。从价值主张角度看，在企业社会责任嵌入前，追求经济利润是企业核心主题。但责任意识植入商业后，企业的观念从"做好事"的传统慈善观转变为满足客户需求、重视产品质量，再转变为上中下游价值共享。随着企业社会责任意识的升华，企业的价值主张呈现"诚信经营—提供健康食品—共享健康可持续发展"的递进变化。其原因在于，负责任的态度会推动企业家从更高层次思考未来发展战略和产业结构，进行产品、技术、文化等多层次创新，以此开启商业模式创新演化之路。从价值创造角度看，企业在起步阶段存在产品单一、资源匮乏等问题，企业社会责任嵌入后，伊利集团通过公益事业与公司业务的结合，提升了品牌知名度，获得了政府支持和社会认可，扩展了项目合作的机会，在资源行动升级的过程中，重构了企业管理场景和经营模式。

【案例启发】

可以看出，无论是"社交电商"还是"社会责任"，对于一家励志成为百年品牌的初创企业来说，口碑和传递正确价值观是企业发展行稳致远的关键。那么各位同学，对于你们手上正在孵化的项目，你们的准 CEO 是否在商业模式构建中不断重申口碑和价值观的重要性？对此，你们又有哪些新的启发呢？

第九章

创业资源与融资

【学习目标】

1. 认识创业资源的界定、作用和分类。
2. 了解创业资源整合的含义、过程和原则。
3. 认识创业融资的含义、目的和渠道。

【能力目标】

1. 具备识别创业资源的能力，并有意识地在实践活动中挖掘和整合自身的创业资源。
2. 积累金融基础知识，提升识别和预防金融诈骗的能力。

【案例导入】

2004 年，冯恩相从云南省交通高级技工学校（现云南交通技师学院、云南交通运输职业学院）毕业，家庭条件一般的他为了不让家里有负担，选择直接进入昆明一汽大众 4S 店车间当一名维修工人。两年间，他将在学校学到的理论知识结合实际维修，不断丰富自己的经验。随后，他又开始做 4S 店的 SA（维修接待），这个工作不仅需要专业的维修技能来提供相关维修方案及解答问题，还需要具备专业的品牌服务意识，在与客户沟通的过程中注意细节，保持良好的关系。这些工作经历为冯恩相之后的创业打下了坚实的基础。

在 4S 店工作了几年之后，冯恩相迎来了人生中第一个转折，他决定辞职创业，做自己的老板。2010 年，刚刚辞去工作的冯恩相揣着身上仅有的一万元本金与朋友合伙开办了一家小公司，但因为市场因素、缺乏经验等，短短 9 个月第一次创业便夭折了。刚开始创业就遭遇了沉重的打击，在这之后的一个月被冯恩相形容为人生最艰难的时刻，首次创业的迅速失败，加之房子贷款、零收入，这些问题让回到家乡的冯恩相倍感压力。然而，不服输的拼劲和信念让他决定从头再来。

第二次创业，冯恩相总结之前创业失败的教训，重新梳理和整合了自己的创业资源。他说服曾经在学校的朋友、师兄弟，共同成立了汇捷车管家股份制公司。凭借整合各方面的创业资源及脚踏实地的奋斗，这一次创业开始顺利走上了正轨，并且逐渐发展壮大，如今公司已成为云南省最具影响力的汽车后市场品牌之一。

【案例思考】

1. 你认为创业需要哪些必备的资源？为什么？
2. 你拥有哪些创业资源？
3. 如何挖掘和积累创业资源？

第一节　了解创业资源

创业资源是创业必不可少的要素之一，因此创业资源的重要性毋庸置疑。本节主要介绍创业资源相关的基础知识，帮助创业者识别创业资源和掌握创业资源的特点。

一、什么是创业资源

美国学者米勒（Miller）在 1983 年提出，创业是指与产品、市场及技术革新有关的公司活动。随着科技和社会的不断发展，时至今日，创业的内容和方式变得更加多样化，例如实体创业、数字创业等，但是无论如何演变，创业仍然是一项以创业机会为核心的活动。

除了创业机会，创业活动还离不开资源，资源是开发机会的保障，是创业的关键驱动力之一。在经济学中，资源是指可以投入生产过程的所有元素的统称。资源约束论认为，缺乏资源是创业活动初期，创业者面临的最主要的困难之一。缺乏资源不仅会影响企业的成长，更可能导致创业的失败。因此，资源约束论从资源的利用角度再次论证了创业资源对创业活动成功与否的重要性。

对于"创业资源"一词，不同的学者有不同的定义。卡夫（Cave，1980 年）认为，创业资源是企业在创业过程中为实现创业目标，可以利用且支配的有形、无形的资源总和。林嵩（2005 年）提出，创业资源是企业创业过程中，为实现生存和成长所需要的所有成分的组合。余邵忠（2012 年）认为，创业资源是企业拥有或支配的，能够促进企业生存和发展的成分组合。马鸿佳（2020 年）等学者认为，创业资源是在整个创业活动中企业拥有或者可以利用的要素集合，这些要素可以帮助企业实现创业的目标。

上述关于创业资源的各类定义，虽然表述各有不同，但是有几个点却是一致的：时间段一致，创业资源支撑整个创业过程；目标一致，创业资源的运用皆以实现企业生存和发展为目标；资源归属性一致，即企业不一定拥有创业资源的所有权，但是具有创业资源的使用权。因此，综上所述，创业资源可被定义为，在整个创业过程中，企业为实现生存和发展目标可利用的要素组合。

知识链接

创业资源与商业资源的联系与区别

1. 二者的联系

创业资源属于商业资源，但并不是所有的商业资源都属于创业资源。之所以这样说，那是因为只有被创业者利用或使用的资源才是创业资源。例如，一座价值无限，但无人开发的矿山，这种矿山肯定是一种商业资源，但不是创业资源，因为创业活动的特点是轻资产、小团队，作为创业者并没有那么大的能力可以将开发矿山作为创业活动的开始。

2. 二者的区别

创业资源多以无形资源的形式表现，而一般的商业资源多为有形资源。创业资源拥有更强的独特性，最为关键的因素是创业者的个人能力和社会网络资源。而在一般商业资源中，企业获得成功的基本资源为规范的管理和制度。

二、创业资源的分类

对于创业资源的分类，目前学术界没有统一的标准，但按照一般规律进行总结和归纳，创业资源可大致根据资源的表现形式、参与程度、需求维度、基础论、作用目标进行划分。

1. 根据资源的表现形式分类

根据资源的表现形式，创业资源可划分为资产型资源与知识型资源两大类。

（1）资产型资源　资产型资源主要指投入的以资产形式存在的资源，包括金融、物质、人力、技术和市场资源。

（2）知识型资源　知识型资源指企业对有形资源进行整合和转化的资源。企业的技术和产品的知识产权、品牌等以知识形式存在的资源都属于知识型资源。另外，企业制定的规章制度、方针政策、战略规划等也都属于知识型资源。

2. 根据资源的参与程度分类

按照资源要素对企业战略规划过程的参与程度，创业资源可以分为直接资源和间接资源。

（1）直接资源　直接资源指资源直接在创业过程中发挥作用，是维持企业成长必要的因素，例如财务资源、管理资源、市场资源、人才资源。

（2）间接资源　间接资源指资源间接在创业过程中发挥作用，对企业成长起辅助作用，例如政策资源、科技资源、信息资源。

3. 根据资源的需求维度分类

林嵩用 AMOS 做了实证检验，于 2007 年提出创业离不开六个维度的资源，这六个维度分别对应了六个类别的创业资源。

（1）政策资源　例如国家政府提供的创业政策支持、风投管理以及创业者启动创业时所需的资金支持等。

（2）信息资源　以互联网为时代主旋律的信息时代已经到来，有关创业的信息无所不在，谁最先掌握了信息谁就有能最先感知市场动向的判断机会。

（3）资金资源　资金资源是创业者创业资源最重要的部分之一，没有了资金的支持，企业就无法运转。为企业吸纳资金及高效利用，也是创业者应该思考的问题。

（4）人才资源　人才资源为企业提供源源不断的内部动力，没有人才的支持，企业无法长久发展。创业者在创业过程中既要找到志同道合的创业合作伙伴，也要找到能为企业付出有效劳动的高素质员工。

（5）管理资源　管理资源在现代企业中起着越来越重要的作用，很多创业者失败的原因就是不知该如何管理自己的企业。创业者作为一个企业的核心，不可能面面俱到，当企业发展到一定规模，需要管理的方面有很多，不仅要有效管理自己的时间，更要管理好员工、资金。

（6）科技资源　对于任何一个企业来说，其最终的盈利都要以产品的形式落实，要保持企业的活力，就要始终做到勇于革新、锐意进取，才能不被市场淘汰。

4. 根据资源的基础论分类

1984 年，沃纳菲尔特（Wernerfelt）在资源集合体理念的基础上提出了资源基础理论。资源基础理论认为，创业活动的顺利开展取决于企业建立、组合和应用资源的能力。因此创业资源主要可以划分为核心资源和非核心资源。

（1）核心资源　核心资源涉及创业企业有别于其他企业的核心竞争力，是创业机会识别、机会筛选和机会运用三大阶段的主线，主要包含企业的人力资源、管理资源和科技资源。

（2）非核心资源　非核心资源指企业排除了核心资源外的其他资源，这些资源虽然不是企业的核心资源，但是仍然能够影响企业的生存和发展，例如资金资源、场地资源、环境资源、文化资源和信息资源。

5. 根据资源的作用目标分类

根据创业资源在创业过程中起到的作用或者期望达成的目标，可以将创业资源划分为运营性资源和战略性资源。

（1）运营性资源　资金资源、人力资源、物质资源属于运营性资源。

（2）战略性资源　对新创企业生存和发展具有举足轻重作用的资源是战略性资源，如知识资源。

阅读材料

做一个渴望闯荡的创业者

吴锦涪，云南省交通高级技工学校（现云南交通技师学院、云南交通运输职业学院）2006届轿车维修与管理专业学生。对于吴锦涪来说，创业是一件顺理成章的事情，同时也实现了自己渴望拼搏的梦想。虽然经历了挫折和亏损，但凭着一腔热血和心中的信念，吴锦涪最终迎来了第一丝曙光。2006年，吴锦涪从轿车维修与管理专业顺利毕业。毕业前夕，他进入一家公司实习，开始做机修学徒，一直到2007年9月，随后转前台服务顾问，不到一年的时间就升为前台主管。2009年2月，吴锦涪进入云南易道良马汽车贸易有限公司做前台主管，半年后凭着出色的能力，顺利升为售后服务经理，然后又晋升为总经理。作为职业经理人，前景不错，但是吴锦涪给了自己一个机会和约定，用四年的时间出来闯荡，如果四年后失败了再回去按部就班地上班过日子。吴锦涪回忆道："当时从易道良马辞职出来后，有其他公司找到我直接开给我年薪，但我觉得该给自己一个时间，从26岁创业到30岁，希望能够成功。就凭借着一腔热血，我不想再周而复始地干同一件事，所以我拒绝了那些机会，选择从头开始，从零开始。"

第一次创业，吴锦涪回到家乡宜良县开了一家汽车美容服务的门店。因为零起点，每件事都需要亲力亲为，从亲自带学徒到管理财务和员工，包括拉客宣传等，一整年几乎没有空闲的时候，就这样从没有客户到开始有固定的客户，并且实现盈利，用了不到一年的时间。然而一家小门店并不能满足吴锦涪的野心和渴望。2014年12月，在一切都开始走上正轨的时候，吴锦涪开始策划非凡汽车服务有限公司（以下简称非凡汽车）。他找到原来在4S店的人脉关系，带着曾经的包括技术经理、漆工组长、机修组长等同事和朋友一起组成了非凡汽车的"头部力量"，租了一块900平方米的场地开始了第二次创业。对于他来说，第二次创业似乎没有考虑太多，是一次说干就干的创业。虽然没有4S店的优势，但他们都熟悉4S店的运营模式，大家汲取4S店的优势，结合自身实际进行一些创新改革。最重要的一点是拒绝使用假货，并提

供原厂配件。当时的马自达客户想要使用原厂配件只有两条路可以走，一是选择到
4S 店，二就是到非凡汽车。2015—2016 年期间，非凡汽车主要做专业品牌专业维修，
以马自达为主。最开始吴锦涪使用了价格战来突出自身优势，通常以 4S 店价格的 5 ~
7 折来定价，逐渐打开了马自达的市场。

对于吴锦涪来说，创业之初最大的困难就是什么都要从头开始学，公司管理、财
务管理、营销宣传、国家政策等，一旦真正做起来才发现自己在这些方面一无所知。
对于经营风险的把控也是懵懂的，不知道场地是否合法，环保和消防方面也不知道怎
么正确处理。这些困难在最初就是横在吴锦涪面前的一座难以攀登的小山峰，吴锦涪
只能靠自学。此外，天时地利人和也是能够成功的关键。那几年云南省有两家 4S 店
接连关门，很多客户只能寻找新的可靠的汽车服务店。同时吴锦涪公司的地理位置优
越，公司人员凝聚力很强。2016 年年初所有的技术骨干人员全员持股，包含资金入股
和持有技术股份两种形式，自此以后，公司里的技术骨干人员流失率为零。这些因素
均促成了公司的发展壮大。

分析：
1. 在吴锦涪的整个创业过程中，他可支配的创业资源有哪几类？
2. 各类型的创业资源在吴锦涪的创业过程中起到了什么作用？

第二节 创业资源整合

资源的稀缺性是西方经济学的重要研究基础：相较于人类持续增长的需求而言，资源在
一定空间与时间内总是有限的，因此合理分配稀缺资源是解决无限需求的主要方法。

西方经济学的上述理论同样适用于创业，一方面创业资源是创业活动中必不可少的要素
之一，另一方面几乎没有人在创业时即拥有无限的、全面的创业资源。因此，如何全面挖掘
和合理配置创业资源是每个创业者都必须面对的问题，也是创业资源整合的关键所在。

一、创业资源整合的含义

通过对相关文献阅读整理发现，不同学者对创业资源整合是否可以提高企业绩效存在不
同看法，其主要原因是各学者统计计量方法不同，衡量标准也不尽相同。但是可以确定的
是，创业资源的整合对企业发展具有正向调节作用，前提是必须是有效的资源整合。对创业
活动产生积极影响的创业资源通常包括财务、信息、技术、人力、社会及组织管理等有形与
无形的资产，创业者对这些资源的需求程度往往随着企业的不断发展而发生改变。基于此理
论，可以将资源整合的过程分为两个阶段，即机会识别与获取、资源整合与利用。

创业资源是指企业在创业活动过程中所拥有或支配的能够帮助企业实现战略目标的要素
及要素集合。资源整合则是指企业将有关资源进行绑聚，进而形成和改变企业能力的过程。
有效的公司创业逻辑是指导企业开展资源整合行动以识别和开发创业机会并获取竞争优势的
关键。基于此，创业资源整合过程可分为手段导向型创业资源整合、目标导向型创业资源整
合。具体而言，目标导向型创业资源整合策略促使企业在对外部信息搜集和分析的基础上，
快速识别外部机会，并在机会驱动下设定精确目标，以既定目标为导向有效搜寻和整合标准

化资源，追求预期收益最大化；而手段导向型创业资源整合策略则促使企业在手头资源驱动下，主动识别和创造新机会并迅速开展创业行动，其不以既定目标为导向，而是选择既定手段创造可以实现的新目标。

可以肯定的是，不论是哪种研究都指出，创业资源是创业过程中必不可少的要素。创业资源整合的过程就是企业通过各种方法将已有的资源集中激活和利用，以及识别利益共同体，通过合作获取尚未拥有的创业资源，最终将创业资源转换为商业价值的过程。创业资源整合对创业的影响如下：

（1）创业长度　创业不是一蹴而就的，从建立企业到企业成长是一个漫长的过程，可以说企业生存多少年，创业就持续多少年。整个创业过程中，创业者需要根据企业发展的阶段不断整合新旧资源，以满足企业生存和发展的需要。因此，创业资源整合的能力影响创业的长度。

（2）创业宽度　当今社会，银行业的主要威胁来自于互联网，邮政业受到通信业的冲击，这些从前难以想象的境况已经实实在在地发生。在这个不断变化的时代，成功的企业经营范围往往不仅局限于某一项单一的业务。企业发展交叉业务或开拓跨界业务的时候都离不开资源的整合。因此，创业资源整合的能力影响创业的宽度。

（3）创业高度　同样是早期销售量可观的手机品牌，有的企业一步一个脚印地成长为民族品牌、国货之光，远销海内外；有的企业却逐渐丧失销售能力，渐渐在国内销售市场销声匿迹。一个企业的成长高度不仅是盈利数字的体现，更体现在企业对未来发展的预判，体现在企业对技术研发的重视程度和经费投入，体现在企业为这个社会、国家，甚至是全人类带来多大的积极影响和正面能量，而实现这些目标企业同样离不开资源整合。因此，创业资源整合的能力影响创业的高度。

（4）创业进度　有人说创业是"万事开头难"，还有人说创业是"打江山容易，守江山难"。不论是创业的前期、中期还是后期，企业都一定会遇到业务难以发展的时候，只有审时度势地将别人的资源为自己所用，借助别人的优势来弥补自己的不足，才能帮助企业顺利渡过难关。因此，创业资源整合的能力影响创业的进度。

二、创业资源整合的过程

如同创业资源在学术界没有统一的定义，创业资源整合的过程也没有统一的标准。从资源基础理论和动态能力理论的视角研究社会企业的资源整合过程，本书将资源整合划分为以下五个阶段，如图9-1所示。

1. 创业资源识别

创业者在创业初期需要正确分析自己的优劣势，然后根据创业目标评估企业已有资源和需要却缺乏的资源，这个步骤即资源识别。资源识别的对象包含

图9-1　创业资源整合的五个阶段

无形资源和有形资源，例如人才、技术、品牌、服务等为无形资源，专利、设备、厂房等属于有形资源。

2. 创业资源获取

资源获取实际上是企业在创业过程中，将创业者的创业资本不断社会化，同时获得企业

绩效的重要途径。创业资本越丰富，创业者越容易获取创业资源，创业更容易成功。

3. 创业资源吸收

关于判断是否拥有某项创业资源，多数人存在一个误区，例如认识了某个重要的人，即认为获取了一份资源。其实这是一种错误的观念，认识不代表拥有。只有当这个重要的人能够为你所用，才可以视为你获取了这份人脉资源；如果这个人不能为你所用，那么这就不是你的资源。因此，识别和获取资源后，必不可少的一个步骤是创业资源吸收，即将获取的创业资源改造为适合企业的、企业可以利用的资源，这时企业才是真正获取了这份资源。

4. 创业资源利用

拥有而不使用，创业资源仍然不能主动发挥价值。在识别、获取、吸收创业资源的基础上，创业企业应通过科学有效的方式配置和利用创业资源，最大程度地发挥创业资源的效用，体现创业资源的价值，推进企业创业进程。

5. 创业资源发展

企业成长需要可持续的经营，可持续的经营需要可持续利用的创业资源，可持续利用的创业资源需要创业者持续地开发和维护创业资源。创业资源发展覆盖企业的各个创业阶段，创业者需要不断获取新的创业资源，维护获取的新创业资源，将新旧创业资源联结融合，协调可利用创业资源与企业发展进程需求间的用需平衡。

三、创业资源整合的原则

创业的过程中，没有任何一个创业者可以不遇到困难，也没有任何一个创业者可以拥有全面、充足的创业资源，如何高效地将创业资源利用价值最大化，非常考验创业者资源整合的能力。以借力借势、扩大效用为目的，资源整合的原则包含以下几点：

1. 利益相关者原则

"天下没有免费的午餐"，如何能够更广泛地借助他人力量实现创业者的创业梦想，首先要识别利益相关者，以及各利益相关者的利益点。利益相关者最早出现在企业管理学中，利益相关者是指与企业有利益关系的成员，包含企业的股东、债权人、雇员、消费者、供应商等直接利益相关者，也包含政府、社区、媒体、竞争对手等间接利益相关者。这些利益相关者与企业的生存和发展密切相关，他们有的分担了企业的经营风险，有的为企业的经营活动做出了贡献，有的对企业进行监督和制约，企业的经营决策必须要考虑他们的利益或接受他们的约束。创业者需要识别与创业活动相关的利益相关者，并且将企业的生存发展和利益相关者的利益协调一致，这样才能借助利益机制，将直接和间接的利益相关者都整合成为企业的创业资源，借力借势将企业发展壮大。

2. 合作共赢原则

实际创业过程中，很多创业者能够识别利益相关者，以及各利益相关者的利益点，但是却不能有效地将所有利益相关者的利益与企业的生存发展协调一致，从而不能有效整合创业资源。要想实现利益共赢，需要创业者建立企业与利益相关者的合作共赢机制。此处所指的共赢不一定是时间范畴的共赢，即不是同时满足企业和所有利益相关者的利益，而是按照紧急、必要程度，分先后顺序实现企业和所有利益相关者的利益。

3. 长期诚信原则

现实生活中，不能同时满足企业和所有利益相关者的利益是一个常态化现象，那么如何能让部分利益相关者接受先提供创业资源后期才实现自身利益呢？这离不开创业者保持长期的诚信。企业在初创期间，普遍不具备较高的品牌价值，不能成为获取创业资源的筹码。企业初创期间，企业最大的无形资源之一是创业者的品行。一个善于沟通且一贯品行良好的创业者，往往比一个不善言辞且日常品行恶劣的创业者能获取更多的创业资源。此外，初创企业在获取创业资源的时候，建议从轻量级合作开始，以利益相关者可以接受的、较小范围的资源共享开始，与利益相关者建立长期、稳定、诚信的合作关系，然后逐渐升级合作，最终实现提高合作率、提升合作程度、扩大资源获取。

阅读材料

借力修天桥

国际商场是天津市第一家上市公司，毗邻南京路，而南京路是一条非常繁华的交通主干道，对面就是热闹的商业街。在国际商场开业时，门口并没有过街天桥，行人穿越南京路很不方便，也很不安全。

有一天，一个年轻人向政府提出用他自己的钱修天桥，但是政府要允许他在天桥上面挂广告牌。政府觉得既然有人自愿出钱，还能让老百姓受益，因此就同意了。于是，这个年轻人拿到了政府的批文。

接着，他立即找到像可口可乐这样的大公司洽谈广告业务。在这样繁华的街道上立广告牌，是大公司求之不得的事情。很快，这个年轻人从大公司那里拿到了广告的定金。他用这笔不菲的资金修建了天桥且还略有剩余。

天桥修建好了，政府不花一分钱完善了城市的基础设施，天津市的市民获得了基础设施带来的安全与便捷。广告牌挂上去了，修天桥的年轻人从大公司那里拿到了剩余的广告费，这笔费用成为年轻人的第一桶金。

分析：成功的创业除了需要有想法，往往也需要借助外力。

第三节 走进创业融资

资金是企业整体开展创业活动的主心骨，资金的充足率还决定了创业活动能够持续开展的时限。但是企业对资金的需求量与资金的拥有量相反，在创业初期，创业企业的资金往往不太充足，因此，创业者要将有限的创业资金花费在关键的创业节点上，创业者还需要始终牢记"艰苦创业"的理念。开源节流，除了严把创业资金适用关，获取更多的创业资金是解决创业资金困难的第二个方法。

一、创业融资的含义

"巧妇难为无米之炊"，再好的创业项目，如果缺乏创业资金的支持也难以开展。创业者在创业之初，不仅要思考创业商业点，更要考虑创业的资金来源。因此，创业者需要掌握一定的融资知识。

创业融资，简单而言是指创业中企业因为生产、经营等原因，在资金方面产生大于可支配资金的资金需求量，为弥补资金缺口，创业企业在全面的分析后决策，通过内、外部多个渠道和方式获取更多可支配资金的行为与过程。

创业融资的根本目的是解决企业的资金问题。根据企业资金需求的种类，可以将创业融资划分为不同的类别。例如，为满足日常生产运营需要的资金称为经营性资金融资；为满足扩大再生产运营需要的资金称为扩张性资金融资。

此外，根据创业融资的资金来源渠道，创业融资还可以分为不同的类型。例如，从企业内部获取的资金都称为内部融资，内部融资包含创业者个人资产的变现，创业合伙人的再次资金支持，创业企业的生产经营积累等；反之，企业通过一定方式从企业外部获得的资金，包含发行有价证券、担保借款、抵押贷款、商业信用贷款等，都属于外部融资。

二、创业融资的程序

因为创业企业的情况、创业种类、创业行业等不同，创业企业的融资过程也各有不同，但是一般情况下，创业融资的程序可以归纳为以下五个步骤。

1. 事前评估

事前评估的主要目的是创业企业综合分析后科学计算出需要融资的总金额。这期间，创业企业要综合计算当下和未来一段时间内，企业生产、运营等各方面需要的资金总量，扣减创业企业可支配的资金量，然后根据行业特性、风险因素、社会大环境等，预判创业可能遇到的风险，估算出企业需要预留的资金准备量。实际生活中，计算出的融资需求量是一个精确的数值，但是融资到的实际金额通常情况下都会与计算出的融资需求量存在一定的差异。因此，建议创业者在计算融资需求量的时候，要根据经营需求划定一个最低融资需求量，此外还要考虑企业的偿债能力从而设定一个最高融资需求量。

需要的经营资金 + 需要预留的准备金 − 可支配的资金 = 融资需求量

2. 融资决策

融资决策是指在已计算出融资需求量的基础上，企业将结合自身和融资市场的优劣势，充分权衡利弊，分析选择最利于企业生存和发展的融资方式、融资渠道。在这个过程中，为了提高企业的融资成功率，创业者需要做好充分的融资准备，对融资行情进行充分的了解。

3. 融资准备

初创企业较之已运营多年的企业而言，面临的生存风险更大，资金缺口也更大，而且拥有的可支配资产和资源都更少，难以向金融机构证明其生存能力、信用水平和盈利能力等，所以初创企业较难从金融机构获得融资。为了提高融资的成功率，初创企业首先要全面筹划，编写一份可信、真实的创业计划书，制作一个与计划书相匹配的展示 PPT，如需要还可撰写一份条理清晰的演讲稿，以及对潜在投资人可能提出的问题进行预测。其次，初创企业还要广开融资渠道，不要局限于常规的金融机构，要多接触各类市场投资人，尤其要了解各类市场投资人的投资偏好，选出多个适合企业发展的潜在投资人备选。

4. 过程管理

过程管理主要是指企业有的放矢地开展创业融资的过程，在这个过程中，建议创业者以前期融资准备为基础，制订一个创业融资开展计划表，明确每次融资谈判的目的。根据不同潜在融资人的投资历史，将需要获取的融资需求总量拆分为多个融资需求量。创业融资开展计划表中列明需要拜访的投资人、金融机构，以及拜访的时间和希望获得的融资金额。开展创业融资的过程，实际也是创业者与潜在融资者的谈判过程。为了能说服潜在投资者，创业者要对自己的创业项目做到了解透彻、充满信心，根据潜在融资者的问题，分析潜在投资者的关注点，有针对性地陈述创业项目的重点。

5. 事后评估

每次融资谈判后，不论融资成功与否，建议创业者都针对此次创业融资开展分析总结。分析总结不仅能帮助创业者提高融资谈判的能力，也能帮助企业从投资人的角度重新审视创业项目和企业发展，进而完善创业项目。

三、常见的创业融资渠道和方式

1. 创业融资渠道

根据创业融资对象的不同，创业融资渠道可以分为以下八类：

（1）自有投资　自有投资是指创业者及创业合伙人通过个人渠道，例如个人存款、父母借款、个人房屋抵押等，以个人名义追加创业投入的资金。此类投资的追加，往往会随之造成创业者持股比例的变动。

（2）直接投资　直接投资是指创业者通过融资谈判，直接获得投资人的融资。直接投资又称为风险投资，因此此类融资较适于高风险、高利润、未上市的高科技企业。

（3）银行贷款　银行贷款是较常见，也是当前企业最主要的融资渠道。但因为初创企业通常难以符合银行贷款的审批要求，所以较难通过此渠道获得大额的融资资金。银行贷款的方式可以分为抵押贷款、担保贷款、创业贷款。其中，抵押贷款根据抵押物的价值核定贷款金额；担保贷款根据担保人的优质等级核定贷款金额；而创业贷款根据政策和创业项目风险系数核定贷款金额，创业贷款的金额一般较小。

（4）担保贷款　如果创业者没有可以抵押的资产，但是创业者的亲朋好友愿意为创业者的贷款申请进行担保，且该担保人具有一定的、稳定的收入且个人信用记录良好，那么创业者还可以申请担保贷款。根据风险评估得出的客户群画像，金融机构普遍偏好律师、医生、公务员、事业单位、金融等行业的从业人员作为担保人。

（5）商业信用　商业信用是指业务往来企业因为往期的诚信合作，企业间建立了良好的信任关系，所以允许的临时性短期融资。企业日常经营活动中的短期性临时借款、商品赊销、应收费用延期等都属于商业信用融资。但是商业信用融资的前提是，企业间已建立一段时间的合作关系，因此此类融资不适用于初创企业。

（6）发行证券　发行证券是指企业通过发行股票、债券等有价证券的方式，从市场上公开获取投资。但是发行证券必须获得有关监管部门的审批，发行企业需要满足一定的经营条件，因此此类融资同样不太适用于初创企业。

（7）租赁融资　租赁融资是指创业企业作为承租人，通过租赁的方式，向出租人租借设备、厂房等租赁物品的使用权。创业企业不需要支付大额的费用购买相关租赁物品，只需要支付一定数额的租金，即可正常开展业务。租赁融资保证了企业正常的生存发展，同时又降低了企业的运营成本，因此租赁融资成为当下初创企业偏好的融资方式之一。

（8）政策投入　为了大力发展部分产业或项目，国家和地方政府出台了很多财政扶持政策，满足要求的企业均可申请。政策投入融资可分为低息贷款、免息贷款和政策补贴。各地政策存在较大差异，且每年政策也略有差异，因此建议创业者在创业前期前往当地政府部门咨询。

2. 创业融资方式

根据创业融资的合同义务，创业融资方式可以划分为权益融资和债务融资两类。

（1）权益融资　权益融资是指，融资资金以企业部分所有者的形式加入到创业企业中，权益融资人占有创业企业的部分股份，根据合同义务，权益融资的金额不需要偿还。权益融资人通过股利获取创业企业的收益，同时也承担创业企业的风险。

（2）债务融资　债务融资是指，债务资金以债权人的形式加入到创业企业中，债务融资人不占有创业企业的部分股份，根据合同义务，债务融资的本金需要偿还，且还要按照一定比例支付利息。债务融资人既不分享创业企业的收益，也不承担创业企业的风险。

知识链接

权益融资和债务融资的主要区别

1）定义不同。权益融资是通过扩大企业的所有权益，如吸引新的投资者、发行新股、追加投资等来实现。债务融资是指通过银行或非银行金融机构贷款或发行债券等方式融入资金。

2）性质不同。债务融资是通过增加企业的负债来获取的，债务资金必须到期偿还，一般还要支付利息。而权益融资通过增加企业的所有者权益来获取，权益资金是企业的自有资金，不需要偿还，不需要支付利息，但可以视企业经营情况进行分红、派息。

3）优点不同。权益融资所筹集的资本具有永久性，权益融资没有固定的股利负担，权益资本是企业最基本的资金来源。债务融资的优点是短期性，债务融资筹集的资金具有使用上的时间性，需到期偿还。

4）融资方式不同。债务融资方式既有内源性债务融资，也有外源性债务融资。权益融资方式有银行承兑、直存款、银行信用证、对冲资金、贷款担保等。

5）计算方式不同。权益融资核算不需要考虑所得税，债务资本成本的计算则需要考虑所得税抵减效应。

阅读材料

大学生5000元玩网店，玩出千万元营业额

丁奔用了5000元作为启动金，带着玩的心态开了第一家卖棉拖鞋的淘宝网店。通过一年的成功运营，他已经开设并管理着5家天猫店。在不到3个半月的时间里，5家店的营业总额已经超过千万元。

丁奔是浙江工业大学工商管理专业的学生，用他的话说，开淘宝店也是开着玩儿，不过就是做起来了罢了。

他选择开淘宝店，主要原因是大学好哥们的父母是做棉拖鞋批发生意的，有足够的货源。虽然淘宝上卖棉拖鞋的店已经很多，但丁奔算了算，租学校里的小仓库和一些其他费用加一块差不多5000元的成本，投入又不多，可以试试看。

开始的时候客人很少，丁奔也曾拉同学、朋友成本价销售，也曾为了吸引客流而亏本赚人气。

棉拖鞋利润很低，生意好的时候，一天也就赚三四百元，差的时候就几十元钱，丁奔也就当小打小闹了。

后来他发现，从批发商那里进货，要比原厂贵两三元，没有价格竞争力，利润空间也较小。丁奔想办法找到了同在台州的拖鞋生产厂家，没想到，厂家也正想找人合作运营电商平台。丁奔向厂长提出，运营成本由其承担，利润与厂家均分的合作方案。这相比其他运营团队提出几十万元的运营费用再利润抽成的办法，厂家明显获益更多。在多次争取后，丁奔最终与厂家达成了合作。

好运在半个月后再次降临。一个偶然的机会，丁奔得知还有其他天猫店主也在这家工厂进货，就辗转联系上了对方。没想到，丁奔与这位天猫店主一见如故，聊了十几个小时。这家店主拥有两家天猫店，去年的营销额超过百万，天猫店主和丁奔一拍即合，两人开始合作。

关于大学期间创业，丁奔自己其实也挺矛盾，一方面怕学业被耽搁，毕不了业，另一方面怕同时经营5个网店，步子太大风险也大。但过了几个月后，丁奔很庆幸自己选择了正确的合作对象，能很好地经营起5个天猫店，营销额到现在为止已经超过了千万元。

分析：丁奔创业成功的关键是什么？

第四节　实践训练

1. 你认为下列元素哪些属于创业资源？说说你的理由。

1）生产所需的厂房、设施和原材料等。

2）一群志同道合、有创业梦想的小伙伴。

3）一座价值无限，但开发难度巨大的金矿矿山。

2. 请运用资源的需求维度分类，分析自己所拥有的创业资源的种类，并填入表9-1内。

表9-1　创业资源分析评估表

创业资源的种类	资源拥有情况	资源缺乏情况
政策资源		
信息资源		
资金资源		
人才资源		
管理资源		
科技资源		

3. 根据前文所学的创业资源整合知识，分析和评估自己拥有的创业资源，仔细思考并制订适合自己的资源整合的计划及实现方法。

4. 阅读以下材料，回答问题。

摩拜单车创始人胡玮炜，女，1982年出生于浙江东阳，她没有显赫的家庭背景，就是一个普通人家的女孩子。她毕业于浙江大学城市学院新闻系，大学毕业后，成为一名汽车记者，专门报道汽车类新闻。她最早供职的单位是《每日经济新闻》，最初的月薪也就3000元左右。像普通打工者一样，胡玮炜在职场上摸爬滚打，先后换了几个工作单位。但她始终没有换行业，一直做汽车记者，因为当一名优秀的记者是她最初的梦想。

在汽车媒体行业干了差不多 10 年，胡玮炜的工资才刚过万，这个进步并不算大，甚至落后于很多普通职场人。她在职场的第一个转折点发生于 2013 年，当时她去美国参加一个消费类电子展，这次经历大大开阔了她的眼界，使她意识到高新科技对汽车行业的未来会有深远影响。于是，从美国回来后，胡玮炜向自己的老板建议增开一个"汽车与科技"的新栏目，但是她的老板并没有意识到高新科技会对汽车行业的未来产生重大影响，所以老板不仅没有采纳她的建议，而且非常尖锐地反问她"广告收入从哪里来"。

从此以后，胡玮炜的工作理念与老板的理念有了很大冲突，工作做得越来越不舒服。2014 年，胡玮炜辞掉了工作，开始自己创业。一开始，她的创业项目并不是摩拜单车，而是极客汽车。这是一家汽车新媒体公司，专门报道汽车类新闻资讯，也就是说，干的还是她的老本行。她做这一行，能够经常接触到各种从事汽车行业的人及与车类相关的创业者。为了更深入地报道相关新闻，也为了更好地学习，胡玮炜经常会把一些有关车类的创业团队引荐给汽车行业投资人。2014 年 11 月，胡玮炜带着陈腾蛟创业团队去见汽车界大佬兼风险投资人李斌。

陈腾蛟当时想做一款智能电单车，但是李斌对这个项目不感兴趣。不过，李斌建议他们做无定桩式的共享自行车，而且他还给项目想好了名字"mobike"，中文谐音"摩拜"。虽然陈腾蛟觉得这个建议很好，但是他担心共享自行车在运营管理方面有诸多困难，而且盈利能力偏差。所以他对这个项目信心不大，不过他仍然愿意参与这个项目。与此同时，一旁的胡玮炜在听到李斌的建议后，非常感兴趣，她觉得这个项目很有前途。李斌是易车公司董事长，身价几十亿元，他当时正在筹备创立蔚来汽车，所以没有精力做共享自行车。李斌见胡玮炜对共享自行车项目非常感兴趣，于是就对她说"胡玮炜，要不你也参与进来吧"，胡玮炜欣然答应。李斌还给这个项目投资了 100 多万元。

2015 年 1 月，胡玮炜正式在北京创立北京摩拜科技有限公司。之后，她需要做的第一件事情是设计"摩拜单车"。因为是共享自行车，为了确保耐用，需要满足的条件包括不会掉链子、经得住风吹雨淋、拥有先进的智能锁、车零件四年内不用更换等。这么高的质量要求，吓退了一众自行车生产商。折腾几个月后，摩拜单车的原型车始终没能造出来。陈腾蛟看到这个项目困难重重，果断退出，并另立门户。这对胡玮炜来说是又一个重大打击，因为陈腾蛟团队擅长设计，他们一走，胡玮炜立马变成了光杆司令。但是胡玮炜并没有退缩，她打心里觉得这个项目很好，怎么能遇到一点困难就不做了呢，所以她继续坚持着。胡玮炜曾在接受媒体采访时说："其实我不是一个特别有野心和企图心的人，但是我是那种——如果我心里有一个想法，它就像种下了一颗种子，然后它就会不断地发芽，如果我不去做的话，我可能会不能接受。所以我就一直不停地去 push（推）自己做这件事情。"

2015 年 6 月，离开摩拜单车项目的陈腾蛟已经设计出自己的轻客电单车，但是此时的胡玮炜仍然没能设计出摩拜单车。胡玮炜并没有闲着，她在不停奔波，亲自到各大工厂看材料，找不同的设计师，前前后后设计出多套方案。直到王超的出现，事情才有了转机。王超的专业是汽车设计，并且早在 2009 年就创立了开云汽车。胡玮炜在做汽车记者时，经常参加各种汽车行业的聚会，做采访，做报道，所以很早就认识了王超。王超拥有非常资深的设计经验，而且他对共享自行车这个项目很上心，前前后后花了几个月时间，终于设计出一款十分优秀的摩拜单车。2015 年 11 月初，摩拜单车原型车诞生。但是，成本从最初计划的

800 元上涨到 2000 多元，直接导致公司账上已经没什么钱了。在后续投资资金没有到账的情况下，为了让项目活下去，胡玮炜一度靠借贷续命。后来，在李斌的帮助下，愉悦资本对摩拜单车进行 A 轮投资，投资总额达 300 万美元。

在生产摩拜单车的过程中，胡玮炜也遇到了很多困难。因为她计划第一批只生产 200 辆，这么小的订单，加上她对生产质量的要求非常高，所以生产工厂的要价非常高。无奈之下，胡玮炜只好在无锡郊外租赁一个闲置车间，并招来一些人，开始自己生产。为了省钱，不少零件都是从网上购买的。最初的 200 把智能锁是胡玮炜和同事们先用小刀、胶水搭好大体框架，再喷上油漆，拧上螺丝，组装出来的。2015 年 11 月末，第一代 200 辆摩拜单车问世，1 个月后，开始在上海试运营。单车投放 13 个小时后，所有车辆被骑走，当晚胡玮炜一夜没睡，死盯着后台，单车最终停落在上海五六个城区。试运营并不顺利，很快一箩筐问题袭来。有人反映客服电话打不通，胡玮炜临时招聘 20 多个客服；有人反映无法退款，她又连夜部署修改后台系统。

随着项目的进展，出现的管理问题越来越多，但管理是胡玮炜相对薄弱的地方。于是，在李斌的拉拢下，有着资深管理经验的王晓峰于 2015 年年底加入摩拜单车，并任联合创始人兼首席执行官，掌握公司实权。而胡玮炜则出任总裁，她需要向王晓峰做工作汇报。之所以会出现这种情况，一方面是因为胡玮炜相对弱势；另一方面是因为李斌作为投资人，他拥有很大话语权。此后，经过几个月的试运营，各方面工作都得到完善。2016 年 4 月 22 日，北京摩拜科技有限公司在上海召开发布会，正式宣布摩拜单车服务登陆上海。彼时，共享单车成为一个非常火的行业，大量资本开始涌入。2016 年 8 月，愉悦资本、熊猫资本对摩拜单车进行 B 轮千万美元级投资；同年 9 月，熊猫资本、创新工场和祥峰投资对摩拜单车进行 B＋轮千万美元级投资；同年 10 月，又有 10 多个资本机构对摩拜单车进行 C 轮投资，投资总额超 1 亿美元。

在资本的推动下，摩拜单车迅速成为行业的佼佼者。与此同时，面临的竞争也异常激烈，当时有几十家企业都在做共享单车，包括悟空单车、3Vbike 单车、小黄车、小蓝车、小鸣单车等。大街上，五颜六色的各种共享单车让人眼花缭乱。2017 年 1 月，摩拜单车与富士康达成战略合作，解决了摩拜单车的供应链问题，每年可生产超过 1000 万辆单车。2017 年后期，共享单车行业开始大洗牌，众多经营共享单车的企业纷纷倒闭，就连摩拜单车在运营上也出现诸多问题，包括维护成本高、监管更严、盈利能力偏低等。虽然摩拜单车在 2017 年获得超过 10 亿美元的投资，但是它布局数百个城市，消耗的资金也很惊人。由于存在严重资金问题，摩拜公司从 2017 年 11 月开始裁员。2018 年 4 月，美团以 27 亿美元的价格收购了摩拜。摩拜 CEO 王晓峰被踢出局，创始人胡玮炜重新出任摩拜 CEO。2018 年 12 月 23 日，胡玮炜因个人原因辞去摩拜单车 CEO，套现 15 亿元人民币，离开摩拜。

摩拜单车的数据接入美团后，摩拜单车逐渐演变成美团单车。2020 年 12 月 14 日，摩拜单车 APP 正式停止运营，摩拜单车从此成为历史。

1）你如何看待胡玮炜的创业经历？

2）你认为胡玮炜拥有哪些创业资源？

3）请总结胡玮炜整合创业资源的过程。

4）请分析胡玮炜是如何获取创业所需的资金的。

5）胡玮炜的创业之路对你有什么启发？

第五节　创业故事汇

敢闯敢试，敢为人先

王智，云南省交通高级技工学校（现云南交通技师学院、云南交通运输职业学院）汽车驾驶专业 1990 届学生，从学校毕业后，被分配到云南省云汽实业做驾驶员。不甘于做一辈子驾驶员的王智认真踏实地工作，表现优良，在两年后转去做了采购。这份工作为王智未来的人生开启了新的起点。作为一名采购员，不仅需要专业的知识，还要懂得交流技巧，是一个非常锻炼人的工作。在做采购员期间，他还自学了会计，多掌握了一门技能让他又兼任了会计的工作。做会计的四年时间里，王智同时做着劳工统计的工作，他还自学了云南大学经济管理专业知识。机会总是留给有准备的人。1999 年，总公司选拔青年人才，王智被调到企管办进行一些管理工作。在企管办做了一年多以后，凭借着出色的个人能力，王智又被调到市场部做市场部经理，从一般管理员直接提拔到了正科级。从分配进入国企的这些年里，王智一直不断努力着，积极提升自己，学习各种专业知识，才能在机会来临的时候不错过。

2005 年国企改制，王智与同事们买断工龄，从公司出来后去做专门的职业经理人。当时有一家 4S 店要转让，王智就想办法去洽谈，最后收购了这家店，开始做一汽大众。2009 年，比亚迪经历了全国范围的经销商退网事件，急需新的血液与投资人，他们找到王智想让他加入，接触之后王智觉得新能源是未来趋势，在 10 月正式决定做比亚迪在云南的主要投资人，这意味着王智从职业经理人到投资人的身份转换。四年后，王智投资了长安马自达项目，启动了 4S 店，同时开创了汽车后市场服务品牌昆明陆杰商贸有限公司，经营汽车美容、洗车等项目。2014 年，滴滴平台注入昆明，王智又看到了新的机遇，开始积极接触和洽谈，最终迪坤公司成为昆明最早的滴滴运营公司。

创业不是一件容易的事。但拿破仑曾说过，最困难的时候，也就是离成功不远的时候。王智深谙其道，他每次选择加入都是在品牌面临着诸多困境的时候。2005 年刚开始接手做一汽大众时，整个一汽大众品牌只有捷达、宝来和高尔夫三种车型，与当时的上海大众根本无法竞争。但是在王智看来，这是一个时机，只要付出努力，总会否极泰来。并且，对于没有背景、没有充足资金的王智及其合伙人们来说，在大众眼中没有前景的品牌处于低潮时潜入其中，或许是最合适的时机。在之后的八年里，同样的"时机"来临，王智做出了一样的选择。2009 年比亚迪经历了"退网门"事件，所有人都不看好这家企业，但王智在一段时间的考察和思考后，还是选择了加入，成为投资人。因为在他看来，新能源不但是未来发展的趋势，也是一项利于环保的好项目。2013 年，长安马自达也在面临着一些经销商退网事件，正是低谷的时候，王智基于之前的经验，选择了加入其中。

说到他们是如何渡过这一系列难关的，王智笑道："泰戈尔写过一句诗，你的负担将变成礼物，你受的苦将照亮你的路。正因为有这些困难，才锻炼了人的能力，如果没有困难，就不会成长。'天将降大任于斯人也，必先苦其心志，劳其筋骨'，埋头努力拼搏就是了，回头看，这一切都是最好的安排。"王智接手做一汽大众时资金紧张，连给员工发工资都困难，为了渡过难关，他增加销售的周转率，卖别人不敢卖的买断车型，开源节流，组织员工培训，做体操，积极跑业务等。当时甚至引发了周围公司商铺的好奇，以为他们受了刺激，居然能像无事发生一样，还干得更加如火如荼。正是因为王智一直坚韧不拔、不退缩的精神，鼓舞和感染着员工们，才能克服一次又一次的困难，才能让他在每一次选择从低谷往上攀登时都能成功。

回忆母校时光，王智坦言曾经并不是一个很让老师省心的学生，但好在没有完全浪费那段时间，在每一位老师的帮助和指引下，有所学，有所长。他说："感谢母校对我们的培养，在成长的关键时刻给予我们认识世界的机会，给予我们正确的世界观、价值观，以及能够让我们在社会立足的技能和知识。"

对于在校学生，王智给出了几点建议。首先要珍惜学习的机会和时光，人生最宝贵的几年就是现在，一定不能浪费。其次，要尊重所有师长，从他们身上汲取人生的精华。结合自身经历，他也给想创业的学生提了建议。创业生对自己要有清晰的认识，对自己的能力、资源、团队的优势有全面的了解，但这个优势不能是自己觉得，而是要和别人比优势，结合自己的优势找到行业的"痛点"，这样成功的概率才会高。同时对困难也要有清晰的认识，有承担风险的能力。"要相信，任何事情到最后都是好的，如果不是，说明还没到最后。"

能做大事的人都是心怀感恩的人。在王智的心里，能走到今天这个位置，离不开一路上支持和帮助自己的同事、伙伴和不离不弃的客户们。他说："感谢所有的同事、合作伙伴和客户给予的支持和帮助，更要感恩政府对我们企业的支持，没有他们的关心和关爱，企业走不到今天。"为了表达感恩和回馈社会，王智这些年里也一直在做公益。2015年他在临沧云县大洼子建成希望小学，同时也参与了希望工程手牵手活动，针对云南省贫困地区的孩子进行一对一的帮扶，从小学一直帮扶到大学，几年来已经扶助了30个学生。对于母校，王智也一直在践行着感恩的情意。他帮助学校与比亚迪公司牵线搭桥，进行校企合作，创建了新能源培训中心，并且积极提供了新能源中心的教育教学资源等。同时也为母校的学生们提供实习和工作岗位，只要是优秀的毕业生都欢迎进公司来成长和锻炼。

未来，王智表示要全力以赴，以新能源为契机，发展自主品牌，倾尽所能为社会、为国家创造价值。

【案例启发】

同学们，看完王智的创业故事，请结合所学的知识，谈一谈你的感受和启发。

第十章

新企业的创办与管理

【学习目标】

1. 掌握我国企业的组织形式。
2. 了解企业的选址策略。
3. 了解企业的注册流程。
4. 了解基本的企业管理方法。
5. 学习如何做出好的产品。

【能力目标】

1. 根据自己的情况模拟新企业的注册。
2. 对新企业提出最基本的方案。
3. 根据用户需求设计出好的产品。

【案例导入】

　　王晓丽是一名大学毕业生，大学时就一直有创业的梦想，大学期间通过家教兼职、做代理销售等积累了一笔资金，毕业后她想回家乡开一家民宿。她咨询了朋友后向工商部门提交了申请。申请过程中工作人员告诉她程序不完整，申请被驳回。她根据要求去当地的公安局治安支队办理了民宿经营许可证，因为是公共聚集场所，又到当地的消防支队办理了相关的消防手续，并按照消防要求进行了专修，最后又办理了卫生许可证、特种行业许可证、食品流通许可证或餐饮服务许可证。办理好这些证件后，王晓丽的民宿总算顺利注册开展，但面对新开的民宿，如何进行管理，是否要招人，如何吸引游客等又成为困扰王晓丽的新问题。

【案例思考】

1. 注册公司需要什么流程？不同的公司类型需要准备的注册材料是否有差异？
2. 刚刚创业的我们应该如何去经营管理公司？

第一节　设立新企业的准备

一、新企业的组织形式

　　当创业者已经做好了创业的准备，就可以开始筹备设立新的企业。而在成立新企业之前，首先需要考虑的就是选择合适的企业组织形式。企业组织形式是指企业存在的类型和形态，而每种企业组织形式的创建必须依据现行法律来进行选择。根据我国现行法律《中华人民共和国民法典》《中华人民共和国公司法》《中华人民共和国合伙企业法》《中华人民共和国个人独资企业法》，目前我国个人创立企业的主要法律形式有个体工商户、个人独资企业、合伙企业、公司制企业。不同的企业形式对应的企业管理的难度不同、承担的风险不同、纳税金额和方式不同、决策的程序和复杂度不同、后续的发展不同等。因此创业者在选择企业形式的时候，必须评估自身条件、团队形式、创业资源等因素，合理选择适合自己的企业形式。

1. 个体工商户

《中华人民共和国民法典》规定，自然人从事工商业经营，经依法登记，为个体工商户。个体工商户可以起字号。个体工商户的债务，个人经营的，以个人财产承担；家庭经营的，以家庭财产承担；无法区分的，以家庭财产承担。个体工商户承担无限责任。一般生活中常见的餐饮业和小旅馆等大多是个体工商户。

个体工商户只需要一个人或者一个家庭，人数没有过多限制，注册资金也没有限制，手续相对简单，只需要业主有相应的经营资金和经营场所，到工商部门办理登记手续即可开业。个体工商户的优点是经营方式比较灵活，但同时这种简单的模式也决定了企业的资源受限、未来发展上线有限。

目前我国的个体工商户已经突破 1 亿大关，成为我国企业的主力军。根据市场监管总局数据，登记在册的个体工商户中，第三产业占比近 9 成，可以看出，个体工商户是百姓生活最直接的服务者，其行业主要集中在批发和零售业，住宿和餐饮业，居民服务、修理和其他服务业。

个体工商户为稳增长稳就业提供了重要支撑，目前个体工商户已经解决了 3 亿多人的就业问题。

2. 个人独资企业

根据《中华人民共和国个人独资企业法》规定，个人独资企业是指在中国境内设立，由一个自然人投资，财产为投资人个人所有，投资人以其个人财产对企业债务承担无限责任的经济实体。个人独资企业要求投资人为一个自然人、有合法的企业名称、有投资人申报的出资、有固定的生产经营场所、必要的生产经营条件和必要的从业人员。

个人独资企业的优点是手续简单、经营灵活、决策快速等，其缺点在于经营风险大，所有风险需要个人承担，且承担无限责任，企业发展和经营水平受限于企业主的个人能力。在创业的起步阶段，考虑到流程简单和赋税降低，个人独资企业可以作为一个选择。常见的个人独资企业包括工作室、设计中心等。

个人独资企业和个体工商户是两个容易弄混的概念，二者的主要区别在于：

（1）出资人不同　个人独资企业由一个自然人出资，个体工商户可以由家庭或者个人出资，但个人独资企业在竞选企业登记时，可以明确以家庭共有财产作为个人出资。

（2）承担责任的财产范围不同　个人独资企业的出资人在一般情况下仅以其个人财产对企业债务承担无限责任，只有在企业设立登记时明确以家庭共有财产作为个人出资的才依法以家庭共有财产对企业债务承担无限责任；个体工商户的债务如属个人经营的，以个人财产承担，家庭经营的，则以家庭财产承担。

（3）法律地位不同　个人独资企业是经营实体，是一种企业组织形态；个体工商户则不采用企业形式。区分二者的关键在于是否进行了独资企业登记，并领取独资企业营业执照。

（4）经营主体有差异　个体工商户的投资者同时也是经营者；而个人独资企业投资人可以自行管理企业事务，也可以委托或者聘用其他具有民事行为能力的人负责企业的事务管理。还有，个人独资企业可以设置分支机构，但是个体工商户不可以。

3. 合伙企业

根据《中华人民共和国合伙企业法》规定，合伙企业是指自然人、法人和其他组织在中国境内设立的普通合伙企业和有限合伙企业。普通合伙企业由普通合伙人组成，合伙人对合伙企业债务承担无限连带责任。有限合伙企业由普通合伙人和有限合伙人组成，普通合伙人对合伙企业债务承担无限连带责任，有限合伙人以其认缴的出资额为限对合伙企业债务承担责任。

设立合伙企业的条件包括：有两个以上合伙人；合伙人为自然人的，应当具有完全民事行为能力；有书面合伙协议；有合伙人认缴或者实际缴付的出资；有合伙企业的名称和生产经营场所；法律、行政法规规定的其他条件。

合伙企业的优点是扩大了资金来源，提高了竞争能力，扩展了经验领域，其劣势在于企业决策需要合伙人共同决定，在一定程度上增加了企业的管理难度，限制了决策的灵活性。合伙企业由合伙人联合经营，进入退出机制比较灵活，因此适用于团队的独立创业，比较常见的形式是事务所（律师事务所、会计师事务所）等。

4. 有限责任公司

根据《中华人民共和国公司法》规定，有限责任公司指由符合法律规定的股东出资组建，股东以其认缴的出资额为限对公司承担责任，公司以其全部资产对公司的债务承担责任。

设立有限责任公司，应当具备的条件包括：股东符合法定人数（有限责任公司由50个以下股东出资设立）；有符合公司章程规定的全体股东认缴的出资额；股东共同制定公司章程；有公司名称，建立符合有限责任公司要求的组织机构；有公司住所。

有限责任公司的优势在于出资人承担的是有限责任，出资人以出资额承担企业的经营管理风险，能极大程度分散企业风险；其劣势在于双重纳税（公司所得税和个人所得税）、不能公开发行股票、在资金筹集和规模扩大上存在限制。

5. 股份有限公司

根据《中华人民共和国公司法》规定，股份有限公司是指其注册资本由等额股份构成，股东通过发行股票筹集资本，股东以其认购的股份为限对公司承担责任。

设立股份有限公司，应该具备的条件包括：发起人符合法定人数（2~200人）；有符合公司章程规定的全体发起人认购的股本总额或者募集的实收股本总额；股份发行、筹办事项符合法律规定；发起人制定公司章程，采用募集方式设立的经创立大会通过；有公司名称，建立符合股份有限公司要求的组织机构；有公司住所。

股份有限公司的优势在于股东的权益受到保障，股东只对公司承担有限责任，同时可以通过股票的转让来转移风险；股份有限公司通过公开发行股票能够提高公司的融资能力和声望，同时公司管理权和经营权分开，可以用职业经理人管理公司，可以提高公司的管理水平。股份有限公司的劣势在于受到的限制和监管更多，需要定期披露财务数据、经营信息等。

二、选择合适的企业组织形式

企业的组织形式多种多样，创业者在创业时要多想多看，评估自己的优势和劣势，选择适合自己的企业组织形式。作为创业者，选择企业组织形式时需重点考虑以下因素：

1. 参与创业的人数

不同企业组织形式对发起人数有不同的要求，如果是自己一个人投资的企业，可以选择个体工商户、个人独资企业和一人有限责任公司。如果人数在 2～50 人之间，可以选择成立有限责任公司，超过 50 人的，可考虑成立股份有限公司。

2. 企业税收

不同企业组织形式的征收税收方式不一样，个体工商户、个人独资企业、合伙企业只征收个人所得税，不缴纳企业所得税。一般情况下，个人独资企业和合伙企业的税负比公司制企业要轻。但对于大学生创业或者某些国家扶持的高新科技行业、小微企业，国家会给予一定的税收优惠政策，所以在考虑企业税收的时候要综合衡量。

3. 投资者责任

对于企业投资者，不同类型企业对应的责任不一致。个体工商户、个人独资企业、普通合伙企业的投资者承担的是无限责任，即当企业出现负债后，投资者的赔偿除了现有的投资，还有其个人的全部财产。对于公司制企业及有限合伙企业的有限合伙人，当公司面临负债等危机时，仅需要承担其投资额对应的有限责任。

4. 创办企业的规模

创办企业的规模首先考虑的是企业未来的融资需求。如果创业者对于自己的企业项目资金需求不大，则可以选择个体工商户、个人独资企业和合伙企业。但如果公司所涉及业务未来需求量较大，例如互联网企业、高新科技企业，可以设立有限责任公司或者股份有限公司。其次需要考虑企业所从事的行业。如果是规模小的行业，可以选择个体工商户、个人独资企业和合伙企业。如果是房地产、汽车等大规模行业，可设立公司制企业。

除了以上四点，在选择组织形式时，还需要考虑企业的运营成本、法律的限制、企业是否能参与政府采购项目、是否设立分支机构等。创业者一定要通过以上判断做出一个最有利于自己或者至少是现阶段最合适的组合，在之后的企业发展中，如果最初的企业形态不再适合企业的发展，也可以根据相关法律更改企业法律形态。

三、新创企业的设立流程

1. "五证合一"和注册认缴制

在进行公司注册时需要了解两个基本概念，即"五证合一"和注册认缴制度。"五证"是指营业执照、组织机构代码证、税务登记证、社会保险登记证和统计登记证。没有"五证合一"之前，大家注册公司时除了办理营业执照外，还要办理税务登记证、组织机构代码证、开户许可证等。自 2016 年 10 月 1 日起，全国正式实行"五证合一"，五个证件合并为一个加载有统一社会信用代码的工商营业执照。"五证合一"的实施，大幅度降低了创办企业办理注册手续的复杂度，是国家为了鼓励创业提出的一项有重大意义的措施。

商事登记制度改革后，实行注册资本认缴登记制，公司股东（发起人）应当对其认缴出资额、出资方式、出资期限等自主约定，并记载于公司章程中。即工商局营业执照只登记公司全体股东认缴的注册资本总额，并不强制要求提交验资报告，取消了实缴出资20%、余款两年之内必须缴足，以及货币出资不能低于30%的规定。认缴制代表着在注册公司的时候不需要一开始将注册资本全部认缴，对开始的创业资金没有要求，这个制度对初创者是非常友好的。然而需要注意的是，创业者虽然不需要一次性缴纳认缴资金的全部金额，但是也不能够无限制地写高注册资金。认缴制只是不用现在一次性把钱掏出来，但是承担的法律责任是在的，在公司经营发生重大变化时，公司包括债权人完全可以要求公司股东缴纳出资，以用于清偿公司债务。例如A注册了一家注册资金为1000万元的企业，但是在公司还没有缴纳完注册资金的时候就已经破产了，此时公司的债权人需要承担在此资金内的债券责任，还清负债。

2. 注册公司

注册一家公司通常分为以下四个流程：

（1）注册营业执照和印章 注册公司首先需要办理营业执照。营业执照可以到当地工商局办理，有的地方也可以登录市场监管局的网站线上办理。在注册过程中需要确定好公司名称、公司形式、注册资本，例如可以选择注册资本为100万元，认缴期限20年，企业为有限责任公司，企业名称为云南×××有限责任公司。如果为合伙创业，注意需要签署出资协议、退出协议、公司管理、保密协议、竞业协议5份创业协议。根据流程确定好基本信息后提交材料，等待审核通过后下发营业执照和印章。

（2）银行开户 因为核对税收必须要有银行账户，所以创业者需要去银行开户。银行开户分为公司基本账户和公司一般账户，对于初创企业而言，建议选择公司基本账户。在选择开户银行时没有限制，通常可以选择一家离公司距离近或者自己经常合作的信誉较好的银行。办好网银后，银行会提供两个U盾，一个负责操作，一个负责审核。

（3）税务登记 依法纳税是每一个公民的基本义务，所以在新公司拿到营业执照的30天内必须前往税务局进行税务登记。税务登记可以线上完成，打开电子税务局网站，和银行、税务局签一个三方协议，企业就可以开具发票。在之后的时间，需要按照要求每月每季度进行纳税申报。例如，个人所得税需要每月15日申报；企业所得税每个季度申报，在1月、4月、7月、10月每月的15日之前进行申报，税务局会根据申报金额从银行对公账户里扣除相关税费。

（4）社保开通 为了自己和员工能够缴纳社保，需要去当地的社保局和住房公积金管理中心办理社保和公积金开户。开通社保需要准备的材料包括：单位和法人的公章、工商营业执照原件和复印件、单位经办人身份证复印件。

完成以上四个步骤后，一家新的公司基本完成注册。在这里需要提醒初创者，对于初创企业，财务税务的相关业务可以交由专门的财务公司进行管理，减少公司运营成本的同时也可以优化人力资源，还可以避免漏报税收，因为即使收入为零，支出也为零，也要零申报，否则税务没申报，则企业会出现异常，最终将影响法人的信用。

完成企业注册后，还有一个比较重要的是需要进行商标注册。在创业过程中，涉及自己品牌的建议进行注册，以避免他人窃取。商标注册一般需要多类保护，不要只注册一类，45类都要注意保护。

对于大学生创业而言，在完成基本流程的过程中一定要重点关注国家和当地政府给予的创业优惠政策，例如一次性创业补贴、创业担保贷款和贴息，以及创业场地支持等，这样能够帮助大学生快速创办企业和成长，具体内容可以参考前面的章节。

第二节 新企业的管理

一、初创企业的特征和问题

1. 初创企业的特征

初创企业不同于成熟企业，其首要任务是让企业活下去，所以对于新企业的管理而言，首先需要考虑以下两点：

（1）"活下去"是首要任务 初创企业首先要在市场中生存下来，要让市场接纳自己的产品或者服务，要让顾客为自己的产品或者服务买单，这是第一位的。在企业初创阶段，创业者一定要先务实，不要盲目扩展，要对自身有清醒的认识，保证企业能够健康持续地成长。

（2）关注市场和顾客 市场和顾客是产品的直观反馈，从创业的实现途径来看，创业通常是基于对顾客需求的深刻理解和为顾客创造的独特价值得以实现的。而且，顾客导向其实也是一个企业全生命周期中都需要坚持的原则。所以初创企业需要时刻关注市场和顾客，不要闭门造车，要根据市场和顾客的反馈及时调整公司战略。

2. 初创企业的问题

企业初创时经常会面临一些问题，主要包括以下方面：

（1）入不敷出 在创业初期，企业的资金往往在短期内都是流出大于流入，其原因有两个方面。一方面，企业的产品还没有被广大消费者所认同和接受，销量不高，产品销售额则很少，现金流入也就相当有限；另一方面，企业为了完善产品和扩大市场规模，又不得不投入大量的资金去进行产品开发和促销宣传。这样，企业的资金流出自然就大于资金的流入。虽然在创业初期，短期内的"入不敷出"属于正常现象，但是如果长此以往，恐怕就难以为继了，毕竟创业期企业的资金还是相当有限的。因此，在创业初期，要求创业者必须千方百计地依靠自有资金创造自由的现金流，以解决企业生存问题。

（2）非正常的资金不足 初期的"入不敷出"造成资金不足，往往属于正常现象。但是，这里所言的"非正常"，是指创业者在现金流量、贷款、投融资等方面缺乏基本常识，很容易导致资金不足问题的出现。常常表现为三个方面：一是为获得资金，企业常常会犯一些低级错误，导致在市场中出现亏损，例如，为了刺激现金流而在促销活动中大打折扣，却根本没有考虑到因折扣太大可能会致使其不足以弥补可变成本；二是盲目地参与投资，例如企业把短期贷款用于较长时间才能产生效益的投资项目，忽略了创业初期应该是"现金流为王"的阶段，导致企业短期现金流紧缺；三是不懂得珍惜企业的价值或者是资金，例如将股份转让给对企业毫无责任心的风投机构，或者在给风投机构股份时估值严重不合理。因此，创业者在创业初期一定要重视企业的现金流量、贷款结构和融资成本等基本常识问题，不要做盲目的不符合公司目前发展的投资和决策。

（3）缺乏可持续成长的掌控力 因为创业初期，企业具有典型的机会导向特征和一切以生存为目标的行动导向特点，可能导致企业往往没有足够的时间去思考全局性的问题或者制订长远的规划，导致对企业未来的可持续成长性缺少明确规划。

一方面，企业通常会受"入不敷出"问题的困扰，无法主动驾驭机会，而是被机会所驱使，往往只会关注解决眼前问题的机会，而忽略了对企业长远发展有利的机会，这种情况下，企业的发展动力就完全是源自机会的驱动，企业也就自然失去了把握市场机会的主动权，常常在市场中无法领先竞争对手；另一方面，企业还常常会受到很多突发危机事件、不确定性问题的困扰，例如生产异常、质量不稳定、客户投诉、媒体负面报道等，这些突发问题直接关乎企业的存亡，要求创业者第一时间做出反应，然而初期创业者通常经验不足，不得不花大量的时间与精力去处理这些危机事件，去解决问题，根本就没有时间去考虑战略、制订长远规划、建立制度体系等，也无法从根本上解决眼前面临的问题，周而复始，问题与危机只会越来越多，形成恶性循环。在这种仅仅停留在以解决问题为目的的行动导向式管理过程中，企业通常都无法兼顾好企业的长远发展，因此，企业初创者首先需要对公司未来的发展有一个长远的规划，其次，在遇到危机事件的时候需要及时寻求帮助，可以借助专门的危机公关公司快速解决问题。

（4）制度不完善　创业初期，企业一旦陷入机会驱动和行动导向的恶性循环中，就根本没有时间与精力顾及规范的规章制度与流程。对于创业者而言，在短期内，规范的规章制度与流程通常不会给企业带来丰厚的收益与回报，甚至会束缚创业团队能力的自由发挥和企业的发展，尤其是当企业面临一些难以预料的问题与危机时，为了获取现金，企业经常会不顾那些规范的制度与流程，而是采取权宜之计，这样会直接导致企业逐步养成不规范管理的"坏习惯"。虽然在创业初期这是正常的，但是这种"坏习惯"会为后期企业的成长留下隐患，而完善的制度与流程可以帮助企业尽早步入正轨。因为逐步的规范管理，一方面可以对自己的创业经验进行总结与提炼，并通过制度与流程固化下来；另一方面，可以促使企业养成"好的习惯"，为企业的持续发展奠定基础。因此，创业者应该根据企业所处的生命周期，适当地去注意企业规章制度的建设，当然，也不宜过早制定非常完善的规章制度与工作流程。

（5）人力资源和资金不足　新企业本身资源会面临严重的不足，集中体现在人力资源和资金不足。通常初创企业除了合伙人本身，很难吸引到优秀的人才，虽然随着企业的发展，企业的吸引力会不断增强，或者良好的市场前景也可以吸引部分人才，但是这通常需要一个漫长的过程。所以对于新企业而言，需要通过各种宣传去扩大企业知名度，要用千金买马的精神去吸引人才；对创业者而言，对人才要有三顾茅庐的耐心，有了优秀人才的注入，才会吸引优质的资金注入。

二、人力资源管理

企业的管理很复杂，所包括的方面非常多，但对于新企业而言，最关键的在于人才。对于企业而言人力资源是最宝贵的资源，优秀的人才能够保证企业在日益激烈的竞争中保持优势，提升企业的核心竞争力，所以在企业管理中，首先要解决的是人力资源管理。

1. 人力资源规划

人力资源管理的核心内涵在于企业与员工之间的价值匹配与价值交换。一般情况下，企业员工都会向雇主表达自身的价值诉求，雇主也会向员工提出目标岗位的预期价值，因此人力资源管理主要是基于员工与企业关系的问题上而产生，通过合同进行双向约束。在合同中，员工通过自己掌握的知识、技能为企业创造效益，企业通过提供劳务报酬来对员工进行回报与激励。合同内容随着市场与社会的变化而变化，具有动态性。但是基于人性的多样性与复杂性，员工的主观能动性也充满着不确定性。因此，来自工作环境与员工人性的复杂性则要求员工与企业之间需要重建一个确定的目标与责任的平衡点，才能确保有效的合作能在个人与集体之间的目标与价值中体现出来。所以在人力资源管理中需要进行人力资源规划。

人力资源规划就是通过科学的预测、分析自己在环境变化中的人力资源供给和需求情况，制定必要的政策和措施，以确保自身在需要的时间和需要的岗位上获得各种需要的人才（包括数量和质量两个方面），并使组织和个体得到长期的利益。

人力资源规划需要遵循以下三个原则：

（1）动态性原则　企业的内部外部是随时发生变化的，所以人力资源规划只有充分考虑内部外部变化，才能不断适应市场和社会的变化，真正服务于企业；人力资源计划需要关注公司内部员工的流动情况、企业战略变化、企业产品升级，外部的市场需求变化、国家政策变化、用户习惯变化等，动态考虑问题，及时做出反馈，提高危机意识，加强风险应对能力。

（2）保障性原则　实现员工利益保障是人力资源规划的重要内容，主要包括企业员工能否得到长期利益。企业员工只有长期利益得到保障才能够增加对企业的忠诚度，长期为企业工作，尤其是优秀的人力资源规划，一定是员工和企业共同成长。员工利益也和企业发展高度相关，企业发展越好，员工利益越高，企业发展不好，员工利益也得不到保障。

（3）超前性原则　企业人力资源规划中需要对人员的流出、流入进行预测，只有这样，才能为企业的发展随时提供充足的人力资源，在发生人员流动时从容不迫。

人力资源规划的过程可以分为若干个环节，归纳起来可以分为以下六个步骤：

（1）人力资源信息的收集　对公司人力资源基本情况、需求情况进行收集，这是人力资源规划的第一步工作，也是非常重要的环节，信息的准确与否与是否能成功开展人力资源规划有很大的关系。

（2）人力资源现状分析　在收集到信息之后，需要对现有的人力资源做出正确的分析和适当的评估。

（3）人力资源供给与需求预测　这是人力资源规划的重要环节，根据现状分析，然后从动态发展的角度分别对人力资源的需求与供给情况进行预测。

（4）人力资源对策组合　在预测了人力资源的需求与供给情况之后，根据预测结果制定平衡措施，通过措施保证组织内部人力资源的供需平衡。

（5）人力资源规划的实施与控制　在制定平衡措施后，加以实施并对实施的过程进行有效控制，这也是人力资源规划的实施过程。

（6）人力资源规划的评价与修订　根据实施的结果进行反馈与纠偏，做出理性客观的评价，并将评价结果列入下一阶段的规划，用于辅助下一阶段计划的修订。

2. 企业招聘

为保证企业有充足的人力资源，吸引优秀人才，企业招聘是必不可少的环节。企业需要根据人力资源规划分析需要招聘的人才，然后进入人力资源市场招聘适合企业的人才。通常而言，企业招聘有以下几种渠道：

（1）校园招聘　校园招聘是指企业直接通过学校招收各类应届毕业生。校园招聘通常采用企业前往各地高校进行有针对性的宣讲，粘贴海报介绍企业前景、企业待遇或者利用朋辈效应吸引毕业生关注，在学校直接选拔出优秀毕业生。应届毕业生刚刚接触社会，干劲十足，对工作充满热情，急于证明和实现自己的价值，是企业最为喜欢的一类人才群体。特别是对于大学生创业者而言，校园招聘是一种效果较好、比较常用的招聘方式，因为大学生创业者本身在学校范围内就很吸引眼球，能产生一种光环效应，能让很多应届毕业生想要和创始人一同奋斗，这样就能大幅度提高企业在学校中的知名度。

（2）网络招聘　网络招聘是一种最常见的招聘方式，通过互联网渠道完成招聘，通常是企业在相关第三方招聘网站上发布招聘公告，包括招聘岗位、岗位职责、招聘条件、薪酬待遇等信息，应聘者通过互联网投递简历，由企业人力资源负责人组织筛选简历，然后通过线上或线下的面试，最终招聘人才。网络招聘的特点是没有地域限制，没有时间限制，能够最大程度地提高招聘人员的广度，但网络招聘会面临效率不高的问题，可能部分岗位长期无人问津。

（3）招聘会现场招聘　各地政府和高校都会定期举办各种类型的现场招聘会，对于初创企业或者知名度不高的企业，前往招聘会现场招聘是不错的选择，能够接触更多的人才，通过双向选择的方式可以招聘到企业合适的人才。

（4）人才机构推荐　对于企业核心人才，例如职业经理人、专家学者通过普通的招聘渠道很难有成效，所以企业通常通过猎头或者人脉关系寻找优秀人才。优秀的企业家通常会为此类人才提供丰厚的薪酬待遇和激励机制。企业需要把自身的人才需求提供给人才机构，人才机构才可以通过自我资源进行匹配，为企业提供优秀人才。

3. 人员管理

招聘到合适的员工后，就需要对员工进行一定的管理。下面主要介绍员工岗位配置、员工培训、绩效管理与薪酬体系的相关内容。

（1）员工岗位配置　企业在配置员工岗位时，需要做到选贤任能、合理评估员工的能力，匹配对应的岗位，做到人岗匹配，在企业管理中尤其要避免任人唯亲。同时员工的岗位除了要求其能够胜任外，还需要员工在自我的岗位上能够得到长足的发展和进步，能够体现自我价值。

（2）员工培训　员工入职后，尤其应届毕业生入职或者非特殊人才的员工入职后，需要尽快安排必要的培训。培训是指公司通过培训或锻炼等方式对员工进行技能、思想、知识、理念等各方面的提升，确保公司员工可以量才录用，合理配置在适合的岗位。从某种程度上来说，它是企业提升人力资源价值的重要路径，也是绩效改革的必备环节。员工的培训应该有科学的规划，每个公司的员工培训都应该有一套自己的系统，同时不同的岗位应该有不同的培训体系，培训内容应该包括岗位技能和企业文化，培训结束后应该有一定的考核机制。

（3）绩效管理与薪酬体系　绩效考核工作是人力资源管理工作中的重要环节，要紧紧围绕着企业战略规划方案做出拆分与执行，激发员工积极主动的工作热情，以帮助企业实现战略目标。公司的绩效考核机制要遵循公开透明、客观公平、严谨务实、正向激励、双向沟通等原则，由人力资源部门联合各个用人部门共同开展。企业开展绩效管理应该引入信息化手段，将绩效体系数字化，以便于管理。同时绩效考核需要根据任务的难度不同设立不同的考核系数，在制定量化标准的时候要与员工的薪酬体系、晋升机制、发展培训机会高度挂钩，遵守多劳多得、优劳多得的原则。

以上是人员管理的一些基本原则，在初创企业中，建议人员组织结构越高效越好。对于初创者，非常建议采用扁平化管理模式，减少官僚主义，减少接触成本。

三、财务管理

财务管理对新企业而言非常重要，是企业管理的重要内容。对于新企业而言，要随时注意现金流动、资本和控制，只有合理的财务管理才能让企业走得长远。对于一个发展中的新企业，应该提前一年知道它将需要多少资金，何时需要，用于什么目的。有一年的充足时间，它就可以筹措所需的现金。即使一个新企业状况良好，仓促筹措现金或发生"危机"时筹措现金从来都不是一件容易的事，而且代价巨大。更重要的是，它总是使公司的关键人物在最关键的时刻偏离正确的方向，耗费精力解决突发事件，从而使企业丧失了许多重要商机。所以新企业需要制定一套完备的财务体系，来管理企业的成长，防患于未然。

1. 财务管理的原则

财务管理是在一定的整体目标下，关于资产的购置（投资）、资本的融通（筹资）和经营中现金流量（营运资金），以及利润分配的管理。财务管理是企业管理的一个组成部分，它是根据财经法规制度，按照财务管理的原则，组织企业财务活动，处理财务关系的一项经济管理工作。简单地说，财务管理是组织企业财务活动，处理财务关系的一项经济管理工作。财务管理的原则如下：

（1）战略管理原则　战略管理是为实现财务目标而进行的规划和控制过程，包括战略目标的制定、战略规划的确定、战略部署的实施和业绩评价四个环节。企业应从财务目标的角度出发，在对整个财务环境包括经济周期、经济政策、税收政策、同行业竞争对手等情况进行充分研究的基础上，结合实际情况制定出宏观规划，明确发展方向，开展具体的运营活动。

（2）价值最大化　财务管理的目标就是实现企业价值的最大化。在任何的经营活动中都要严格控制企业的投入和产出，要严格财务制度，使得资金能够高速有效地运转。

（3）风险和受益均衡　高风险往往带来高回报，但在财务管理中，决策者要根据自己的风格研判风险。风险和受益均衡原则就要求企业对每一项具体的财务活动的收益性和安全性进行分析，按照风险和收益适当均衡的要求制定方案，以趋利避害，力争做到既降低风险又能取得较高的收益。

（4）成本效益原则　企业财务管理中必须处处节约成本，以保障用最少的成本产生最大的效益，避免浪费，做好成本控制。

（5）资源合理配置原则　财务管理需要全局把控企业各个环节，使资源配置达到最优，避免产生某些环节资源不足或资源过剩的情况，以保证企业能够随时合理运转。

（6）利益关系协调　财务管理需要厘清财务资源，也需要厘清不同利益者之间的利益关系，让投资人、债权人、员工等都能得到利益的保障。

2. 企业财务管理

（1）强化财务控制　创业期间一定要加强财务控制。为保证企业财务控制，企业需要有完善准确的会计制度、职责分离制度、完善的资产管理制度及严格的授权审批制度。对于初创企业还要重点关注应收账款，应收账款是指尚未收回的货款或者所提供服务应得的款项。很多大企业认为可以延迟支付小企业或新企业的欠款，而小企业或新企业几乎没有讨价议价的能力，所以这样做隐患很大，许多初创企业都是由于未能收回欠款而最终导致破产。新企业要控制好应收账款，应做到以下几点：一是客观评价客户资信程度；二是建立合理的信用标准；三是对所发生的应收账款和客户要强化管理，制订催款计划，定期向赊销客户寄送对账单和催款欠款通知书，或者拨打催款电话，同时要对经常性业务往来的赊销客户进行单独管理。

（2）加强财务预测与控制　财务预测是对企业未来增长的合理预测，对企业费用、成本的合理预估。对于初创企业而言，务必要加强现金流预算控制，现金流是企业的命脉，其预算与控制是财务管理的一个关键点。新企业应该通过现金流预算管理来做好现金流量控制。企业账上应该有不少于6个月的现金储备（完成一轮融资通常需要6个月的时间），以防止资金断流。

（3）加强财务风险控制　对于初创期或成长期的企业来说，需要大量的运营资本来应付快速增长的应付账款和存货，举债经营是企业发展的途径之一。但万一企业经营不善，或有其他不利因素，则企业资不抵债、破产倒闭的风险就会加大。因此，新企业必须正确、客观地评估财务风险，采取稳步发展的财务策略。

第三节　产品设计

对于企业而言，要想良好的运营下去，除了有好的管理制度外，还需要关注最核心的东西——产品。如何设计出好的产品是企业的核心问题，产品的管理也是企业的重中之重，本节将从需求出发介绍一套方法论，帮助企业创建者创造更好的产品和优化已有的产品。

一、需求分析

产品的目的是解决用户的痛点，创业者需要围绕"痛点"来进行思考，这就是"痛点思维"。痛点是一切产品的基础。用户的痛点会随着时间、地点而变化。对于痛点而言，需要具备以下三个特点：

（1）刚性　根据马斯洛需求理论，越是底层的需求对用户来说越是刚需，所以在分析痛点时，要考虑这个需求是不是用户一定需要的，如果是用户一定需要的，就代表此类产品一定有人买单。

（2）高频　一个好的需求必然是用户经常需要的，例如社交需求就是一个经常发生的需求，所以微信、QQ等产品才会被用户经常使用。

（3）人群广　需求覆盖的用户群体越多，说明产品的受众范围越广，产品的市场接受度就会越大。

找到了好的痛点，通常就会有好的需求，产品设计者需要继续深入挖掘需求。任何产品都是基于用户的需求而产生的，需求分析能够帮助企业决定是否开发这个产品的必要性和紧迫性。需求分析需要分析以下三个问题：

（1）这个产品是给谁用的　确定产品给谁用是用来确定产品的目标用户，这样能够在产品设计的时候有精准的定位。

（2）用来做什么　这个问题首先能够确定产品的大致方向，同时可以用来确定用户的真实需求。用户有时候的需求只是表面需求，例如老板让你去买个汉堡，他可能不是想吃汉堡，可能只是因为饿了，如果你能够更进一步和他确认，你就可以尝试询问某个替代品可不可以，如果可以，你就可以拥有更多的选择。所以研究清楚用来做什么，有助于在产品设计的时候更加灵活。

（3）什么时候需要解决　这个需要解决的是产品的迫切性，如果需求点比较着急，就必须快速交付。在公司有多个产品的前提下，这个问题有助于进行生产规划，进行产品排期。

二、目标用户分析

有些破产的企业并非输在技术不先进上，而是他们在技术发挥上没有考虑到客户的需求，从而使其产品无法被人们接受，久而久之，他们的企业也就无法经营下去了。所以对于企业而言，必须以客户为中心，当确定客户需求以后，就需要对客户，也就是目标用户进行分析。

目标用户分析能够帮助我们更深入地理解客户需求，同时通过对用户的深入分析，能够在进行后续产品设计的时候明确哪些功能是用户真正需要的，哪些功能是用户可能需要的，哪些功能是用户可有可无的，以及所设计出来的产品是不是用户所喜欢所接受的。对目标用户的分析可以从以下几个方面入手：

1. 用户画像

用户画像又称用户角色，作为一种勾画目标用户、联系用户诉求与设计方向的有效工具，用户画像在各领域得到了广泛的应用。通常运用情景语句将用户的属性、行为与期待的数据转化联结起来。作为实际用户的虚拟代表，用户画像所形成的用户角色并不是脱离产品和市场之外所构建出来的，形成的用户角色需要有代表性，能代表产品的主要受众和目标群体。通过分析用户，用通俗易懂的话语描述用户的基本性质。用户画像是一种标签（浅层次）、数据的集合体（深层次），最终的导向还是获取用户的信息，并提供战略决策。

2. 文化属性

文化属性有助于分析用户的文化特征，包括以下几个部分：

（1）用户智力水平　用户的智力水平可帮助在设计产品的时候决定产品的复杂程度。例如，如果是针对婴幼儿设计的产品，功能就不能太复杂；而对大学生群体设计的产品，功能就不能太过于幼稚。

（2）用户所处的文化圈　用户所处的文化圈指的是用户所工作生活的圈层，例如白领、蓝领、金领、艺术圈等。不同的文化圈层有不同的特点，例如白领的圈层比较喜欢文艺风格，追求格调，而蓝领圈层相对比较务实，追求简洁实用，所以这些圈层的特质都有助于产品设计的倾向性。

（3）用户喜好的文化　用户喜好的文化和用户的文化圈层类似，区别在于文化圈层更多的是共性，而用户喜好的文化更聚焦、更细致。例如针对的用户喜好音乐、喜好动漫、喜好旅游等，在做产品的时候就要有意识地去迎合用户的喜好。

3. 社群属性

人具有社会性，人生活在社会中具有群居的需求，每个人都不是一个独立的个体，每个人都会有各种社群，这些社群关系影响着不同人的情绪、性格等，因此有必要通过研究目标用户的社群属性来扩大产品的影响力。社群属性包括以下几个部分：

（1）交友需求 每个人都有交友的需求，用户的交友需求通常是基于某种目的而交友，这种目的可以是寻找共同的爱好者或者寻找认同者，在产品设计中如果利用用户的交友特性可以扩展用户数量，增加用户黏性。例如，小米和苹果当年起家都采用了一个共同的方法，先用软件系统在网上开辟一个社区，把一群技术极客聚集在一起，这群人不但是系统的使用者，更对产品的优化提出了大量的建议。这就是参与感，让客户参与到产品设计中，参与到定价中，参与到功能开发中，你就能积累足够的粉丝，然后这些粉丝就天然成为你的第一批种子用户。

（2）恋爱需求 无论是生理上还是心理上，每个人都有恋爱的需求，恋爱需求最直观的是男女朋友，但其可以扩展到对异性的吸引力上。对于目标客户，例如对于青年学生群体而言，此类需求相关性较强，所以在产品设计元素上融入一些异性元素或者可以在异性面前表现自己的功能，就能够获得用户的喜欢。

（3）领导需求 领导需求是指人通过给别人发号施令获得一种被认可和被尊重的需求。领导需求有正向和反向两种激励用法，分析好目标用户是否有强烈的领导需求，例如目标用户如果是一些成功人士，在产品设计中就可以有一些能让他感到是自己做主的设计，同样对于经常被领导的用户，他们渴望领导他人，也可以在产品中加入此类需求，尤其在游戏产品领域尤为常见。

4. 用户基础属性

用户基础属性比较广泛，基础属性对应一个人的基本情况，在产品设计中，基础属性影响用户的使用习惯、使用时间、使用特点等。用户基础属性包括以下几方面：

（1）性别 性别属性可以决定不同的产品形态。例如某类产品只针对女性设计；某些产品在设计的时候要根据男女的使用习惯设计不同类型，如香烟、洗面奶等。

（2）年龄 年龄能最直观地体现用户的时代特性及身体特性。例如60后、70后的用户，他们所经历的时代会对他们的价值观、审美观等有不同的影响。例如对于汽车的颜色，60后、70后大多数都喜欢稳重的黑色和灰色，所以如果某款车的主要对象是此类用户群体，其产品设计风格就要偏稳重大气，颜色就不要太过花哨；还有手机也是如此，针对老年人群体，商家专门为其打造了特殊的"老年机"。

（3）文化程度 文化程度决定着用户的知识水平，所以在产品设计的时候，面对文化程度低的群体，就要考虑产品上手快，简单易操作，甚至需要考虑提供操作指引或者视频教程等；而如果面对文化程度高的用户，就可以设计相对复杂的功能。

（4）语言 语言主要考虑的是不同目标用户的语种类型。在产品设计时就要有针对性的语种标识，例如英语语种的产品要有英文介绍。

（5）民族 对于用户而言，民族属性的主要影响有两个方面：一方面是民族的文化和特殊信仰在产品设计的时候应该注意；另一方面是如果某类产品的目标用户针对的是少数民族，需要考虑其民族习惯。

（6）职业 目标用户的不同职业会导致用户有不同的社会圈子，不同的生活习惯、作息时间、文化程度等。所以在设计产品时，如果目标用户是某类特殊的职业，就需要分析职业特性，例如春雨医生的某些部分就是针对医生群体，所以就需要做得具有专业性，产品里面的词汇都尽量用专业词汇。

（7）地域　用户的地域会导致用户的生活习惯、饮食习惯等各个方面的变换。如果目标用户主要集中在某个地区，就必须把本地风俗习惯对产品影响的因素考虑进去。例如很多川菜馆在北方地区通常会调整口味，降低菜品的麻辣程度；同样的产品在一线城市和四线城市，它的定价都有可能不同。

5. 用户其他属性

除了以上需要考虑的一些属性外，作为目标用户还可以考虑用户的一些特质，包括以下几点：

（1）付费意愿　用户的付费意愿通常决定了产品是否可以卖得多及定价问题。例如学生群体对于金钱的敏感性不高，对于大多数价格不是很昂贵的事务，付费意愿比较强烈。

（2）用户的设备拥有情况　对于依托于某些设备的产品，就必须考虑设备的拥有情况，才能决定是否可以生产。例如现在的新能源汽车充电桩只有在新能源汽车多的城市才有市场。

（3）特殊用户群体　针对某些特殊用户开发的产品，例如残障人士，就需要单独分析。

注意，不是每个目标用户都具有以上所有属性，做用户分析的时候，要回到需求本身，以用户原始需求契合度最高的、相关性最强的属性作为用户的主要属性进行产品设计。

三、干系人分析

干系人分析的本质也是用户分析，但干系人分析必须基于目标用户分析。分析干系人的意义在于，对于目标用户而言，其周围必然存在着各种各样的关系网，而这些关系网对应的人或强或弱，或直接或间接地都会对目标用户是否购买产品、是否使用产品、是否喜欢产品等行为产生影响。例如一个人本来喜欢购买 A 品牌的衣服，但是他新认识的朋友都不喜欢 A 品牌，一直说 A 品牌的不好，必然会导致此人购买 A 品牌的意愿下降。又例如针对老年人设计的养生保健产品，如果老年人的子女不喜欢，觉得没有用甚至有害，必然会影响该产品的销量，所以现在很多老年人保健产品中都有子女关怀、陪伴的元素融入，这必然就是考虑了老人这个目标用户的干系人，即老人子女。对于干系人分析，如果分析社会关系，那么每个用户的关系都不一致，很难统一，这里我们依据干系人对于产品和用户的角色来划分，通常有以下几类：

1. 购买者

购买者就是为产品付费的人。这里需要说明，对于绝大多数生活中的产品，付费人就是目标用户，此处就不存在干系人。但不是所有产品的付费者都是目标用户本人，例如对于儿童类产品，虽然产品的目标用户是儿童，但是为其购买的是父母，所以对于儿童类产品而言，虽然儿童没有购买力，但是绝大多数父母都愿意为其花钱，而父母对于产品的要求主要集中在安全、健康、环保等方面，像这类产品，需要考虑的除了儿童本身以外，父母的需求也是重中之重。其次对于很多企业或政府机构购买的产品，其主要目标用户其实是其他群体。例如学校采购的课程管理系统，主要使用的群体是学生，所以公司在做此类产品时，就需要考虑购买者学校的需求和意愿。又例如医院采购的病床，使用者是病人，但购买者是医院，所以病床在设计时既考虑了病人的需求增加了护栏，又考虑了医院需要移动病人而增加了轮子。

2. 合作方

合作方指的是目标用户存在的合作方，这种情况大多数发生在定制化产品。在做此类产品的时候，需要考虑的是和这个目标用户高度相关的合作方。

3. 权力部门

权力部门指的是一些和产品本身或者和目标用户本身相关的部门，例如每个企业都涉及工商税务部门、卫生监管部门。做产品设计的时候必须要考虑这些权力部门的相关规定。

4. 其他重要群体

其他重要群体包括之前提到的父母、子女、夫妻、朋友，这些重要群体都和目标用户有着相关关系，但这些群体人员并不是每一种类型都要进行分析，我们只需要考虑其对用户的需求有没有什么重要的影响，如果是会对用户的需求产生重要影响的群体，就需要重点考虑。

对于以上四种干系人，我们判断出其对目标用户的需求和产品会产生影响后，需要考虑的就是这些干系人对产品的期望和要求，然后再对这些期望和要求做出一个优先级排序。这里的优先级排序是为了最后确定产品的时候，能够判断这些期望和要求是否一定要在产品中出现。例如儿童产品，父母的期望就非常重要，需要在产品中出现，而朋友的期望和要求就不一定需要在产品中出现。

四、竞争对手分析

做任何一款产品都必然会面临竞争。在蓝海市场，竞争对手相对较少；而在红海市场，竞争对手扎堆。所以做产品时，分析竞争对手是很有必要的。本节讲的是产品设计，所以在此仅从产品的维度分析竞争对手，通过分析竞争对手的产品，可以快速得到产品的功能，同时也可以取长补短。分析竞争对手主要从以下两个方面进行：

1. 分析功能相同的产品

功能相同的产品就是两个产品解决的需求大致一致。例如你想做一个电商产品，其主要功能必然和京东、淘宝一致。然后再根据产品目标用户的不同融入自身元素，如以女性为主体的唯品会，主体功能和京东、淘宝一致，在这之中又融入了自己的元素（女性喜欢的粉色色调）。另外，通过分析功能相同的产品，可以帮助企业寻找差异化竞争的方向。如果你想要产品在未来的竞争中取得胜利，就需要分析市场上已有的功能相同的产品有哪些功能是可以改进的，然后结合目标用户分析、需求分析、干系人分析进行对应的改进，做出用户更喜欢的功能。

2. 分析功能相似的产品

对于一部分产品，可能不一定有完全相同的产品，但一定有功能相似的产品。功能相似指的是核心功能一致或者核心功能的本质需求一致。这里就需要用到之前学习过的创新思维进行功能的迁移，例如做汽车安全管理的产品，就可以借鉴轮船安全管理的产品。

五、产品功能确定

通过以上四个部分的分析，对于产品应该具备的功能基本已经完全给出了，这些功能理论上都可以进行开发实现，但不是所有的功能都需要马上进行实现，这里就需要引入产品排期。在企业初创阶段，更加需要对产品的功能进行优先级排序。如果要快速抢占市场，就要找到最能解决核心问题的功能进行快速开发投入市场，然后根据市场的反馈进行功能迭代。如果市场已有成熟产品，就需要开发出差异化功能后再进入市场。

通过以上方法，大致能够根据痛点需求设计出一个基本的产品，但在产品的设计和产品的制作过程中通常还需要进行评估。一方面要评估产品研发能力，即目前的人力资源和设备资源是否能够开发出相应产品，如果不能就需要在功能上有所取舍；另一方面要评估产品的成本，例如产品的成本是否超出了预期，如果超出预期，也需要对产品功能进行取舍。

第四节　实践训练

1. 小王注册了一家有限责任公司，注册资金为 100 万元，认缴年限为 20 年。在企业经营第二年，小王公司破产负债 20 万元，请问小王是否需要承担负债责任？请说明原因。

2. 如果要注册一家有限责任公司，需要什么流程？

3. 2020 年，一张电子邮件截图在微博引起热搜，截图内容为华为老总任正非签发的内部文件，百万年薪聘请了 8 位 2019 年毕业的应届毕业顶尖学生，年薪从 89.6 万元到 201 万元不等。邮件中还提到，华为要用顶级的挑战和顶级的薪酬去吸引顶尖人才，2020 年还从全世界招进 20～30 名天才"少年"，且今后逐年增加，以调整队伍的作战能力结构。高薪吸引人才成为一时热议的话题，"人才"这个词汇再度以等价高额货币的形式冲击着人们的眼球。请依此分析人才对于企业的重要性及企业吸引优秀人才的策略。

4. 随着人们越来越繁忙，家政服务已经成为一个颇有市场的行业。同时，自国家三胎政策放开以来，家庭负担普遍加重，再加上人口老龄化速度的加快，家政行业方兴未艾，并呈现井喷式发展，尤其是 80 后、90 后逐渐成为消费市场主力军，对健康家政尤为重视，不难看出，生态健康家政将成为重金之地，也是具有前景的投资行业。如果你要开发一个"互联网＋"家政服务，请利用产品设计方法论，进行需求分析、目标用户分析、干系人分析、竞争对手分析，得出产品的功能，并通过思维导图的形式展示基本的产品功能框架。

第五节　创业故事汇

华为管理法——以客户为中心和重视人才

华为承接了一项为一家银行实现电子化系统的研发工作。为了能够更好地给客户提供他们所需要的产品，华为专门成立了解决方案部。在这个部门里，不仅有资深的研发人员，还有各业务部门内经验丰富的员工。通过对客户需求的调研，华为将研发重心放在了研究金融信息化趋势和顾客的需求上，以及进一步强化为客户解决问题的方案上。结果，这个研发项目完成后，银行客户非常满意。

其实，在市场经济中，"以客户为中心"是一个颠扑不破的真理与常识。任何企业，只要偏离了这个常识，就会在前进中走弯路。因此，企业在战略层面就要树立起"以客户为中心"的意识。为此，在任正非的倡议下，华为的三大业务模块名称确定为运营商网络、企业业务与消费者业务，每个业务模块都清晰地附以相应的客户群体（如运营商、企业与消费者），凸显了华为对"以客户为中心"的坚持。

任正非明确地说："我们公司过去的成功是因为我们没有关注自己，而是长期关注客户利益的最大化，关注运营商利益的最大化，千方百计地做到这一点……华为聚焦的是客户，而不主要是对手。"基于对"以客户为中心"的深刻认知，任正非还强调，企业在进行战略策划时，往往会考虑到如何应对竞争对手，企业对竞争对手的关注要适度，不要为此而影响对客户的关注度，否则，企业的竞争力会因对客户关注不够而削弱。

此外，任正非曾经用百万美元年薪从俄罗斯招聘了一位年轻的天才数学家，据说还为此设计了俄罗斯研究院，虽然这个天才常年没有出成绩，一直给人"书呆子"的印象，但任正非仍然为其提供最好的办公环境。然而，突然有一天，这个"书呆子"竟然把 2G 到 3G 给突破了，并且通过测试发现比瑞典爱立信的技术还先进，凭借着这个优势，华为迅速在欧洲大规模地取代了爱立信的地位。所以说如果没有任正非的重视人才，也不会有这个天才对华为的贡献。所以，对于企业管理来说，人力资源管理是重中之重，而人力资源管理的主要任务在于将优秀人才纳入公司，并在公司发挥作用；同时还要注重人才培养，华为要求所有的中高层管理者都要经过 TTT（Train the trainer to train）和教练技术的培训，并通过培训考核。而且华为对管理者担任导师也有明确的评估和激励政策，其中就包括晋升限制，没有担任过指导员的员工不得提拔为干部，不能继续担任指导员的，不能再被晋升。

【案例启发】

同学们，看完华为的创业故事，请结合所学的知识，谈一谈你的感受和启发。

第十一章

大学生创新创业大赛

【学习目标】

1. 熟悉中国国际"互联网+"大学生创新创业大赛
2. 熟悉"创青春"全国大学生创业大赛
3. 了解中国创新创业大赛的参赛知识

【能力目标】

1. 通过对往届创新创业获奖作品的分析吸取经验
2. 提升创新创业能力

【案例导入】

2021年，新能源汽车运用与维修专业的学生小保在老师的指导下，选择了一个退役电池回收的项目，准备参加本届的中国国际"互联网+"大学生创新创业大赛。通过对大赛章程的简单了解后，小保意识到，组建团队是当前的首要任务。于是，小保找了本学院的其他两位同学（小段、小车）一起来参加比赛。由于小保团队的参赛项目专业性和技术性强，涉及新能源汽车、能源、回收、电子等多方面领域，又是一个全新领域，没有可借鉴的经验，所以遇到问题时很难找到现成的解决方案，完全需要自己想办法。

因此，在项目开发的前期，每个成员都感觉自己像是在瞎忙，什么成果都没有。但是随着团队成员们对项目所在行业的逐渐了解，广泛调研，并在老师的指导下，积极学习一些新技术后，项目最初遇到的问题现在都有了解决方案。半年后，小保的项目成熟了。

大赛已经正式开始报名，小保通过登录全国大学生创业服务网进行了报名。在学校校赛阶段，小保通过路演将项目重点向评委进行了充分的展示，并从背景分析、市场需要、竞争对手、财务预测、未来规划等方面对项目进行了详细阐述，得到了评委们的一致好评，项目也顺利进入了省级复赛阶段。在指导老师的带领下，团队开始为省级复赛做准备，并对目前项目可能存在的问题做出改变，对计划书和PPT也进行了完善。有了初赛的经历，此次复赛小保团队更加自信，在答辩过程中，语言表达简明扼要，条理清晰，最终项目获得了第七届云南省"互联网+"大学生创新创业大赛金奖。但事与愿违，评委们认为小保团队的项目复制性不够强，小保团队最终还是没能进入全国总决赛。

小保觉得虽然此次比赛的结果没有达到预期，但对自己来说，这是个开阔视野的好机会。经过比赛的历练，小保的管理能力、沟通能力、演说能力都有很大的提升。同时，这次经历也为小保以后的发展指明了方向。

【案例思考】

1. 什么是中国国际"互联网+"大学生创新创业大赛？参加该项赛事有哪些要求？

2. 大学生可以参加的大赛还有哪些？

3. 如何选择适合自己参加的比赛？

第一节　中国国际"互联网+"大学生创新创业大赛

中国国际"互联网+"大学生创新创业大赛第一届举办于 2015 年，第八届于 2022 年 4 月举办，该大赛已成长为覆盖全国所有高校、面向全体大学生、影响最大的高校"双创"盛会。同时，该大赛获奖数已作为一流学科考核、本科教育教学审核评估的指标。第八届中国国际"互联网+"大学生创新创业大赛共有来自国内外 111 个国家和地区、4500 余所院校的 340 万余个项目、1450 万余人次报名参赛，参赛人数首次突破千万。

一、大赛概况

大赛主要采用校级初赛、省级复赛、总决赛三级赛制（不含萌芽赛道以及国际参赛项目）。校级初赛由各院校负责组织，省级复赛由各地负责组织，总决赛由各地按照大赛组委会确定的配额择优遴选推荐项目。

由于每届大赛的主题、赛道、参赛组别有所不同，下面将以第八届中国国际"互联网+"大学生创新创业大赛为例，对大赛的相关信息进行介绍。

1. 大赛主题

我敢闯，我会创。

2. 总体目标

更中国、更国际、更教育、更全面、更创新，传承和弘扬红色基因，聚焦"五育"融合创新创业教育实践，激发青年学生创新创造热情，线上线下相融合，打造共建共享、融通中外的国际创新创业盛会，开启创新创业教育改革新征程。

（1）更中国　更深层次、更广范围体现红色基因传承，充分展现新发展阶段高水平创新创业教育的丰硕成果，集中展示新发展理念引领下创新创业人才培养的中国方案，提升高等教育新时代感召力。

（2）更国际　深化创新创业教育国际交流合作，汇聚全球知名高校、企业和创业者，服务以国内大循环为主体、国内国际双循环相互促进的新发展格局，搭建全球性创新创业竞赛平台，提升中国高等教育的影响力。

（3）更教育　落实立德树人根本任务，推动思想政治教育、专业教育与创新创业教育深度融合，弘扬劳动精神，加强学生创新实践能力培养，造就理想信念坚定、勇于创新创造的新时代青年奋斗者，提升高等教育新时代塑造力。

（4）更全面　鼓励各学段学生积极参赛，形成创新创业教育在高等教育、职业教育、基础教育、留学生教育等各类各学段的全覆盖，打通创新创业人才培养各环节，提升高等教育新时代引领力。

（5）更创新　丰富竞赛形式和内容，优化赛制选拔，改革赛事组织，激发全社会创新创业创造动能，促进高校创新成果转化应用，服务国家创新发展，提升高等教育新时代创造力。

3. 主要任务

以赛促教，探索人才培养新途径。全面推进高校课程思政建设，深入推进新工科、新医科、新农科、新文科建设，不断深化创新创业教育改革，引领各类学校人才培养范式深刻变革，形成新的人才培养质量观和质量标准，切实提高学生的创新精神、创业意识和创新创业能力。

以赛促学，培养创新创业生力军。服务构建新发展格局和高水平自立自强，激发学生的创造力，激励广大青年扎根中国大地了解国情民情，在创新创业中增长智慧才干，坚定执着追理想，实事求是闯新路，把激昂的青春梦融入伟大的中国梦，努力成长为德才兼备的有为人才。

以赛促创，搭建产教融合新平台。把教育融入经济社会发展，推动成果转化和产学研用融合，促进教育链、人才链与产业链、创新链有机衔接，以创新引领创业、以创业带动就业，推动形成高校毕业生更高质量创业就业的新局面。

4. 大赛内容

1）主体赛事。包括高教主赛道、"青年红色筑梦之旅"赛道、职教赛道、萌芽赛道和产业命题赛道。

2）"青年红色筑梦之旅"活动（详见附录A）。

3）同期活动。即"创撷硕果"——国际大学生创新创业成果展、"创联虹桥"——大赛优秀项目资源对接会、"创享未来"——"新工科、新医科、新农科、新文科"世界高等教育发展校长论坛。

5. 组织机构

1）大赛由教育部、中央统战部、中央网络安全和信息化委员会办公室、国家发展改革委、工业和信息化部、人力资源社会保障部、农业农村部、中国科学院、中国工程院、国家知识产权局、国家乡村振兴局、共青团中央和重庆市人民政府共同主办，重庆大学承办。

2）大赛设立组织委员会（以下简称大赛组委会），由教育部和重庆市人民政府主要负责同志担任主任、教育部和重庆市分管负责同志担任副主任、教育部高等教育司主要负责同志担任秘书长、有关部门（单位）负责同志作为成员，负责大赛的组织实施。

3）大赛设立专家委员会，负责项目评审等工作。

4）大赛设立纪律与监督委员会，负责对赛事组织、参赛项目评审、协办单位相关工作等进行监督，对违反大赛纪律的行为予以处理。

5）大赛总决赛由中国建设银行冠名支持，各省级教育行政部门可积极争取中国建设银行分支机构对省级赛事的赞助支持。

6）各省级教育行政部门可成立相应的赛事机构，负责本地比赛的组织实施、项目评审和推荐等工作。

6. 参赛要求

1）参赛项目能够紧密结合经济社会各领域现实需求，充分体现高校在新工科、新医科、新农科、新文科建设方面取得的成果，培育新产品、新服务、新业态、新模式，促进制造业、农业、卫生、能源、环保、战略性新兴产业等产业转型升级，促进数字技术与教育、医疗、交通、金融、消费生活、文化传播等深度融合。

2）参赛项目应弘扬正能量，践行社会主义核心价值观，真实、健康、合法。不得含有任何违反《中华人民共和国宪法》及其他法律法规的内容。所涉及的发明创造、专利技术、资源等必须拥有清晰合法的知识产权或物权。如有抄袭盗用他人成果、提供虚假材料等违反相关法律法规和违背大赛精神的行为，一经发现即刻丧失参赛资格、所获奖项等相关权利，并自负一切法律责任。

3）参赛项目只能选择一个符合要求的赛道报名参赛，根据参赛团队负责人的学籍或学历确定参赛团队所代表的参赛学校，且代表的参赛学校具有唯一性。参赛团队须在报名系统中将项目所涉及的材料按时如实填写提交。已获本大赛往届总决赛各赛道金奖和银奖的项目，不可报名参加本届大赛。

4）参赛人员（不含产业命题赛道参赛项目成员中的教师）年龄不超过 35 岁（1987 年 3 月 1 日及以后出生）。

5）各省级教育行政部门及各有关学校要严格开展参赛项目审查工作，确保参赛项目的合规性和真实性。审查主要包括参赛资格以及项目所涉及的科技成果、知识产权、财务状况、运营、荣誉奖项等方面。

7. 比赛赛制

1）大赛组委会将综合考虑各地报名团队数（含邀请国际参赛项目数）、参赛院校数和创新创业教育工作情况等因素分配总决赛名额。

2）大赛共产生 3500 个项目入围总决赛（港澳台地区参赛名额单列），其中高教主赛道 2000 个（国内项目 1500 个、国际项目 500 个）、"青年红色筑梦之旅"赛道 500 个、职教赛道 500 个、萌芽赛道 200 个、产业命题赛道 300 个。

3）高教主赛道每所高校入选总决赛项目总数不超过 5 个，"青年红色筑梦之旅"赛道、职教赛道每所院校入选总决赛项目各不超过 3 个。产业命题赛道每道命题每所院校入选项目总数不超过 3 个。萌芽赛道每所学校入选全国总决赛的项目总数不超过 2 个。

8. 赛程安排

（1）参赛报名（2022 年 4—7 月） 参赛团队通过登录全国大学生创业服务网（网址：cy. ncss. cn）或微信公众号（名称为"全国大学生创业服务网"或"中国互联网＋大学生创新创业大赛"）任一方式进行报名。在服务网"资料下载"板块可下载学生操作手册指导报名参赛，微信公众号可进行赛事咨询。评审规则将于近期公布，请登录全国大学生创业服务网查看具体内容。各省级教育行政部门及各有关学校负责审核参赛对象资格。

报名系统开放时间为 2022 年 4 月 15 日，报名截止时间由各地根据复赛安排自行决定，但不得晚于 7 月 31 日。国际参赛项目通过全球青年创新领袖共同体促进会官网进行报名（网址：www. pilcchina. org），具体安排另行通知。

（2）初赛复赛（2022 年 6—8 月） 各地各学校登录 cy. ncss. cn/gl/login 进行大赛管理和信息查看。省级管理用户使用大赛组委会统一分配的账号进行登录，校级账号由各省级管理用户进行管理。初赛复赛的比赛环节、评审方式等由各校、各地自行决定。各地应在 8 月 15 日前完成省级复赛，并完成入围总决赛的项目遴选工作（推荐项目应有名次排序，供总决赛参考）。国际参赛项目的遴选推荐工作另行安排。

（3）总决赛（2022 年 10 月） 大赛设金奖、银奖、铜奖；另设省市组织奖、高校集体奖及若干单项奖。入围总决赛的项目将通过网评和会评，择优进入总决赛现场比赛，决出各类奖项。大赛组委会通过全国大学生创业服务网、国家 24365 大学生就业服务平台（https：//www. ncss. cn/）为参赛团队提供项目展示、创业指导、人才招聘、资源对接等服务，各项目团队可登录上述网站查看相关信息，各地可利用网站提供的资源，为参赛团队做好服务。

9. 工作要求

（1）宣传发动　各地各校要认真做好大赛的宣传动员和组织工作，确保参赛师生充分了解大赛、积极参与大赛。

（2）协调组织　各省级教育行政部门要统筹协调高教、职教和基教等职能处室共同参与，组织做好省内比赛和项目推荐工作。

（3）提供支持　各校要做好学校初赛组织工作，为在校生和毕业生参与竞赛提供必要的条件和支持。华为技术有限公司将为参赛团队提供多种资源支持。

（4）扩大共享　各地各校要结合实施教育数字化战略行动，依托国家高等教育智慧教育平台，加强创新创业教育资源共享，推动创新创业项目对接和落地转化。

二、参赛指南

大赛总体上分为校赛、省赛、国赛 3 个层面，以及预赛、复赛、决赛 3 个阶段来开展。其中，校赛、省赛的时间和具体形式由各高校各地区结合自身实际组织开展。6—7 月，将由各省（自治区、直辖市）针对大赛下设的 3 项主体赛事组织本地预赛或评审；8—9 月举办全国复赛；10 月举办全国决赛。

如欲参赛，需首先通过高校团委组织的校级选拔，才能进入省赛乃至全国复赛和决赛。在大赛的举办过程中，全国组织委员会不接受高校或个人的申报。

下面将对中国国际"互联网＋"大学生创新创业大赛的报名流程、参赛项目组别及对象、评审内容、提交资料等内容进行介绍，帮助广大学子更好地筹备大赛。

1. 报名流程

搜索进入全国大学生创业服务网的首页，单击网页左下角的"报名参赛"按钮，进入"用户登录"界面，在其中填写手机号/邮箱、密码等基本信息，单击"登录"按钮。若未注册账号则需填写手机号、身份证号、邮箱等信息，单击"立即注册"按钮提交申请。

成功登录账号后，便可进行项目申报参加比赛了。具体流程为：在"身份选择"页面中单击"立即创建项目"按钮，在打开的页面中完善基本信息和学历认证后，单击"提交申请"按钮；然后在打开的页面中单击"创建项目"按钮，根据页面提示完成项目的新建操作，包括项目介绍、认证信息、团队成员等，完成后单击"完成创建"按钮；进入"报名参赛"页面，在其中选择参赛赛道、组别、类别等内容后，单击"确认参赛"按钮，完成网上报名。

> **知识链接**
>
> 网上报名必须由学生本人进行，指导教师不能作为负责人报名，姓名要用汉字，不能用拼音代替。另外，网上报名填写的团队资料要与商业计划书中的相关信息一致，网上报名的项目名称要与商业计划书名称一致，项目名称不能更改。

2. 参赛项目组别及对象

大赛分为公益组、创意组和创业组三种类型。具体参赛条件见附录 A 和附录 B。

3. 评审内容

无论是创意组还是初创组、成长组、师生共创组，其项目内容的核心都不应仅是一个点子、一项发明或是一个实验室的成果。参赛团队应该从项目的市场、产品、技术、团队、业绩和未来的发展这六方面进行思考，并进行自查，明确项目的短板。

另外，对于参赛项目的评审规则参赛团队也应该有所了解，这样才能做到有的放矢。不同的组别，其评审规则有所差别，具体内容见表 11-1 ~ 表 11-5。

表 11-1 "青年红色筑梦之旅"赛道项目评审要点：公益组

评审要点	评审内容	分值
教育维度	1. 项目应弘扬正确的价值观，体现家国情怀，恪守伦理规范，有助于培育创新创业精神 2. 项目体现团队扎根中国大地了解国情民情，遵循发现问题、分析问题、解决问题的基本规律，将所学专业知识、技能和方法应用于解决各类社会问题，展现创新创业教育对创业者基本素养和认知的塑造力和提升创业者综合能力的效力 3. 项目充分体现团队解决复杂问题的综合能力和高级思维；体现项目成长对团队成员创新创业精神、意识、能力的锻炼和提升作用 4. 项目能充分体现院校在新工科、新医科、新农科、新文科建设方面取得的成果；项目充分体现专业教育、思政教育、创新创业教育的有机融合；体现院校在项目的培育、孵化等方面的支持情况	30
公益维度	1. 项目以社会价值为导向，以谋求公共利益为目的，以解决社会问题为使命，不以营利为目标，有一定公益成果 2. 在公益服务领域具有较好的创意、产品或服务模式的创业计划和实践，追求社会效益的最大化	10
团队维度	1. 团队的组成原则与过程是否科学合理；是否具有从事公益创业所需的知识、技术和经验；是否有明确的使命愿景 2. 团队内部的组织构架、人员配置、分工协作、能力结构、专业结构、激励制度的合理性情况；团队外部服务支撑体系完备（如志愿者团队等）、具有一定规模、实施有效管理使其发挥重要作用的情况 3. 团队与项目关系的真实性、紧密性情况；团队对项目的各项投入情况；团队的延续性或接替性情况 4. 支撑项目发展的合作伙伴等外部资源的使用以及与项目关系的情况	20
发展维度	1. 项目通过吸纳捐赠、获取政府资助、自营收等方式确保持续生存能力情况 2. 团队基于一定的产品、服务、模式，通过高效管理、资源整合、活动策划等运营手段，确保项目影响力与实效性 3. 项目对促进就业、教育、医疗、养老、环境保护与生态建设等方面的效果 4. 项目的模式可复制、可推广、具有示范效应 5. 项目对带动大学生到农村、城乡社区从事社会服务就业创业的情况	20
创新维度	1. 团队能够基于科学严谨的创新过程，遵循创新规律，运用各类创新的理念和范式，解决社会实际需求 2. 项目能够从产品创新、服务创新等方面着手开展公益创业实践，并产生一定数量和质量的创新成果 3. 鼓励将高校科研成果运用到公益创业中，以解决相应的社会问题	20
必要条件	参加由学校、省市或全国组织的"青年红色筑梦之旅"活动	

表 11-2 "青年红色筑梦之旅"赛道项目评审要点：创意组

评审要点	评审内容	分值
教育维度	1. 项目应弘扬正确的价值观，体现家国情怀，恪守伦理规范，有助于培育创新创业精神 2. 项目体现团队扎根中国大地了解国情民情，遵循发现问题、分析问题、解决问题的基本规律，将所学专业知识、技能和方法应用于乡村振兴和农业农村现代化、城乡社区发展，展现创新创业教育对创业者基本素养和认知的塑造力和提升创业者综合能力的效力 3. 项目充分体现团队解决复杂问题的综合能力和高级思维，体现项目成长对团队成员创新创业精神、意识、能力的锻炼和提升作用 4. 项目能充分体现院校在新工科、新医科、新农科、新文科建设方面取得的成果；项目充分体现专业教育、思政教育、创新创业教育的有机融合；体现院校在项目的培育、孵化等方面的支持情况	30
团队维度	1. 团队的组成原则与过程是否科学合理；团队是否具有支撑项目成长的知识、技术和经验；是否有明确的使命愿景 2. 团队的组织构架、人员配置、分工协作、能力结构、专业结构、合作机制、激励制度等的合理性情况 3. 团队与项目关系的真实性、紧密性情况；对项目的各项投入情况；创立创业企业的可能性情况 4. 支撑项目发展的合作伙伴等外部资源的使用以及与项目关系的情况	20
发展维度	1. 充分了解乡村振兴、农业农村现代化、城乡社区发展的内容和要求，了解其中的痛点、难点，进而形成对所要解决问题完备的认知 2. 在服务乡村振兴、农业农村现代化、城乡社区发展等方面有较好的创意、产品或服务模式，追求经济效益和社会效益的平衡 3. 项目对推动乡村振兴、农业农村现代化、城乡社区发展等方面的贡献度 4. 项目的持续生存能力，模式可复制、可推广、具有示范效应等	20
创新维度	1. 团队能够基于科学严谨的创新过程，遵循创新规律，运用各类创新的理念和范式，解决乡村振兴、农业农村现代化、城乡社区发展中遇到的各类问题 2. 项目能够从产品创新、服务创新等方面着手开展创新创业实践，并产生一定数量和质量的创新成果 3. 鼓励院校科研成果和文创成果在乡村或社区进行产业转化落地与实践应用 4. 鼓励组织模式或商业模式创新，鼓励资源整合优化创新	20
社会价值维度	1. 项目直接提供就业岗位的数量和质量 2. 项目间接带动就业的能力和规模 3. 项目对社会文明、生态文明、民生福祉等方面的积极推动作用	10
必要条件	参加由学校、省市或全国组织的"青年红色筑梦之旅"活动	

表 11-3 "青年红色筑梦之旅"赛道项目评审要点：创业组

评审要点	评审内容	分值
教育维度	1. 项目应弘扬正确的价值观，体现家国情怀，恪守伦理规范，有助于培育创新创业精神 2. 项目体现团队扎根中国大地了解国情民情，遵循发现问题、分析问题、解决问题的基本规律，将所学专业知识、技能和方法应用于乡村振兴和农业农村现代化实践，展现创新创业教育对创业者基本素养和认知的塑造力和提升创业者综合能力的效力 3. 项目充分体现团队解决复杂问题的综合能力和高级思维，体现项目成长对团队成员创新创业精神、意识、能力的锻炼和提升作用 4. 项目能充分体现院校在新工科、新医科、新农科、新文科建设方面取得的成果；项目充分体现专业教育、思政教育、创新创业教育的有机融合；体现院校在项目的培育、孵化等方面的支持情况	20
团队维度	1. 团队的组成原则与过程是否科学合理，团队成员的教育和工作背景、创新能力、价值观念、分工协作和能力互补情况，是否有明确的使命愿景 2. 公司是否具有合理的组织构架、清晰的指挥链、科学的决策机制；是否有合理的岗位设置、分工协作、专业能力结构；是否有良好的内部沟通机制；是否有合理的股权结构、激励制度 3. 团队对项目的各项投入情况及团队成员的稳定性情况 4. 支撑公司发展的合作伙伴等外部资源的使用以及与公司关系的情况	20
发展维度	1. 充分了解乡村振兴、农业农村现代化、城乡社区发展的内容和要求，了解其中的痛点、难点，进而形成对所要解决问题完备的认知 2. 在服务乡村振兴、农业农村现代化、城乡社区发展等方面有较好产品或服务模式，追求经济效益和社会效益的平衡 3. 项目通过商业方式推动乡村振兴、农业农村现代化、城乡社区发展等方面的贡献度 4. 项目的持续生存能力，模式可复制、可推广、具有示范效应等	30
创新维度	1. 团队能够基于科学严谨的创新过程，遵循创新规律，运用各类创新的理念和范式，解决乡村振兴、农业农村现代化、城乡社区发展中遇到的各类问题 2. 项目能够从产品创新、服务创新、组织创新等方面着手开展创新创业实践，并产生一定数量和质量的创新成果，获得相应的市场回报 3. 鼓励院校科研成果和文创成果在乡村或社区进行产业转化落地与实践应用	20
社会价值维度	1. 项目直接提供就业岗位的数量和质量 2. 项目间接带动就业的能力和规模 3. 项目对社会文明、生态文明、民生福祉等方面的积极推动作用	10
必要条件	参加由学校、省市或全国组织的"青年红色筑梦之旅"活动	

表 11-4 职教赛道项目评审要点：创意组

评审要点	评审内容	分值
教育维度	1. 项目应弘扬正确的价值观，体现家国情怀，恪守伦理规范，有助于培育创新创业精神 2. 项目符合将专业知识与商业知识有效结合并转化为商业价值或社会价值的创新创业基本过程和基本逻辑，展现创新创业教育对创业者基本素养和认知的塑造力 3. 体现团队对创新创业所需知识（专业知识、商业知识、行业知识等）与技能（计划、组织、领导、控制、创新等）的娴熟掌握与应用，展现创新创业教育提升创业者综合能力的效力 4. 项目充分体现团队解决复杂问题的综合能力和高级思维；体现项目成长对团队成员创新创业精神、意识、能力的锻炼和提升作用 5. 项目能充分体现院校在职业教育建设方面取得的成果；体现院校在项目的培育、孵化等方面的支持情况；体现多学科交叉、专创融合、产学研协同创新、产教融合等模式在项目的产生与执行中的重要作用	30
创新维度	1. 具有原始创意、创造 2. 具有面向培养"大国工匠"与能工巧匠的创意与创新 3. 项目体现产教融合模式创新、校企合作模式创新、工学一体模式创新 4. 鼓励面向职业和岗位的创意及创新，侧重于加工工艺创新、实用技术创新、产品（技术）改良、应用性优化、民生类创意等	20
团队维度	1. 团队的组成原则与过程是否科学合理；团队是否具有支撑项目成长的知识、技术和经验；是否有明确的使命愿景 2. 团队的组织构架、人员配置、分工协作、能力结构、专业结构、合作机制、激励制度等的合理性情况 3. 团队与项目关系的真实性、紧密性情况；对项目的各项投入情况；创立创业企业的可能性情况 4. 支撑项目发展的合作伙伴等外部资源的使用以及与项目关系的情况	20
商业维度	1. 充分了解所在产业（行业）的产业规模、增长速度、竞争格局、产业趋势、产业政策等情况，形成完备、深刻的产业认知 2. 项目具有明确的目标市场定位，对目标市场的特征、需求等情况有清晰的了解，并据此制订合理的营销、运营、财务等计划，设计出完整、创新、可行的商业模式，展现团队的商业思维 3. 其他：项目落地执行情况；项目对促进区域经济发展、产业转型升级的情况；已有盈利能力或盈利潜力情况	20
社会价值维度	1. 项目直接提供就业岗位的数量和质量 2. 项目间接带动就业的能力和规模 3. 项目对社会文明、生态文明、民生福祉等方面的积极推动作用	10

表 11-5　职教赛道项目评审要点：创业组

评审要点	评审内容	分值
教育维度	1. 项目应弘扬正确的价值观，体现家国情怀，恪守伦理规范，有助于培育创新创业精神 2. 项目符合将专业知识与商业知识有效结合并转化为商业价值或社会价值的创新创业基本过程和基本逻辑，展现创新创业教育对创业者基本素养和认知的塑造力 3. 体现团队对创新创业所需知识（专业知识、商业知识、行业知识等）与技能（计划、组织、领导、控制、创新等）的娴熟掌握与应用，展现创新创业教育提升创业者综合能力的效力 4. 项目充分体现团队解决复杂问题的综合能力和高级思维；体现项目成长对团队成员创新创业精神、意识、能力的锻炼和提升作用 5. 项目能充分体现院校在职业教育建设方面取得的成果；体现院校在项目的培育、孵化等方面的支持情况；体现多学科交叉、专创融合、产学研协同创新、产教融合等模式在项目的产生与执行中的重要作用	20
商业维度	1. 充分掌握所在产业（行业）的产业规模、增长速度、竞争格局、产业趋势、产业政策等情况；具有明确的目标市场定位，充分掌握目标市场的特征、需求等情况；具有完整、创新、可行的商业模式 2. 经营绩效方面，重点考察项目存续时间、营业收入（合同订单）现状、企业利润、持续盈利能力、市场份额、客户（用户）情况、税收上缴、投入与产出比等情况 3. 经营管理方面，是否有清晰的企业发展目标；是否有完备的研发、生产、运营、营销等制度和体系；是否采用先进、科学的管理方法，以确保企业具有较强的竞争力 4. 成长性方面，是否有清晰、有效、全方位的企业发展战略，并拥有可靠的内外部资源（人才、资金、技术等方面）实现企业战略，以建立企业的持续竞争优势 5. 现金流及融资方面，关注项目融资情况、获取资金渠道情况、企业经营的现金流情况、融资需求及资金使用情况是否合理 6. 项目对促进区域经济发展、产业转型升级的情况	30
团队维度	1. 团队的组成原则与过程是否科学合理；团队是否具有独特的支撑项目成长的知识、技能、经验以及成熟的外部资源网络；是否有明确的使命愿景 2. 公司是否具有合理的组织构架、清晰的指挥链、科学的决策机制；是否有合理的岗位设置、分工协作、专业能力结构；是否有良好的内部沟通机制；是否有合理的股权结构、激励制度等 3. 团队对项目的各项投入情况及团队成员的稳定性情况 4. 支撑公司发展的合作伙伴等外部资源的使用以及与公司关系的情况	20
创新维度	1. 具有原始创意、创造 2. 具有面向培养"大国工匠"与能工巧匠的创意与创新 3. 项目体现产教融合模式创新、校企合作模式创新、工学一体模式创新 4. 鼓励面向职业和岗位的创意及创新，侧重于加工工艺创新、实用技术创新、产品（技术）改良、应用性优化、民生类创意等	20
社会价值维度	1. 项目直接提供就业岗位的数量和质量 2. 项目间接带动就业的能力和规模 3. 项目对社会文明、生态文明、民生福祉等方面的积极推动作用	10

4. 提交资料

中国国际"互联网+"大学生创新创业大赛要求提交的资料有商业计划书、PPT及一分钟的视频。其中，PPT版的商业计划书由于参赛阶段的不同其内容也会有所差别。在省赛或全国总决赛的网评阶段，评委一般是打开PPT进行查看，如果对项目有疑惑才会打开Word版的商业计划书。所以，参赛团队所提交的PPT版商业计划书应做到内容全面，不遗漏信息点，但是篇幅不宜过长。商业计划书结构要清晰，方便评委可以在短时间内找到想要查看的信息。

在全国总决赛现场，PPT版的商业计划书的主要作用是作为配合路演人演说的演示型PPT，起到演讲大纲的作用，所以内容不需要全部罗列在PPT中。

第二节　"创青春"全国大学生创业大赛

2013年11月8日，习近平总书记向2013年全球创业周中国站活动组委会专门致贺信，特别强调了青年学生在创新创业中的重要作用，并指出全社会都应当重视和支持青年创新创业。党的十八届三中全会对"健全促进就业创业体制机制"做出了专门部署，指出了明确方向。为贯彻落实习近平总书记系列重要讲话和党中央有关指示精神，适应大学生创业发展的形势需要，共青团中央、教育部、人力资源和社会保障部、中国科协、全国学联决定，在原有"挑战杯"中国大学生创业计划竞赛的基础上，自2014年起共同组织开展"创青春"全国大学生创业大赛（即现在的"创青春"中国青年创新创业大赛，以下简称"创青春"大赛），每两年举办一次。

一、大赛简介

"创青春"大赛以增强大学生创新、创意、创造、创业的意识和能力为重点，以深化大学生创业实践为导向，着力打造权威性高、影响面广、带动力大的创业大赛。

1. "创青春"大赛主体赛事

"创青春"大赛设立了大学生创业计划竞赛（即"挑战杯"中国大学生创业计划竞赛）、创业实践挑战赛、公益创业赛3项主体赛事。

1）大学生创业计划竞赛面向高等学校在校学生，以商业计划书、现场答辩等作为参赛项目的主要评价内容。

2）创业实践挑战赛面向高等学校在校学生或毕业未满5年，且已投入实际创业3个月以上的高校毕业生，以经营状况、发展前景等作为参赛项目的主要评价内容。

3）公益创业赛面向高等学校在校学生，以创办非营利性质社会组织的计划和实践等作为参赛项目的主要评价内容。

以上3项主体赛事需通过组织省级预赛或评审后进行选拔报送。

> **知识链接**
>
> "创青春"大赛将设立全国组织委员会，由主办单位、支持单位、承办单位的有关负责人组成，负责大赛各项工作的组织开展。另外，组织委员会下设秘书处，负责大赛的日常事务。

2. 大赛特色

全国组织委员会将在大赛举办期间组织多种形式的交流活动、展示活动和其他活动，丰富大赛内容。

全国组织委员会将设立大学生创业基金，加强与有关方面，特别是金融机构、风险投资机构和创业投资机构等方面的合作，并通过成立大学生创业联盟等为高校学生通过参与大赛实现创业提供支持。

除此之外，在每次大赛举办期间，全国组织委员会将联合地方政府、园区和风险投资机构举办项目对接和孵化活动，对大赛中涌现出的优秀项目进行优先转化。

二、大赛安排

下面将主要从赛程安排和计分要求两方面来介绍"创青春"大赛安排。

1. 赛程安排

大赛总体上分为校赛、省赛、国赛3个层面，以及预赛、复赛、决赛3个阶段来开展。其中，校赛、省赛的时间和具体形式由各高校各地区结合自身实际组织开展。4—5月，将由各省（自治区、直辖市）针对大赛下设的3项主体赛事组织本地预赛或评审；7—8月举办全国复赛；10月举办全国决赛。

如欲参赛，需首先通过高校团委组织的校级选拔，才能进入省赛乃至全国复赛和决赛。在大赛的举办过程中，全国组织委员会不接受高校或个人的申报。

2. 计分要求

全国评审委员会对各省（自治区、直辖市）报送的3项主体赛事的参赛项目进行复审，分别评出90%左右的参赛项目进入决赛。3项主体赛事的奖项统一设置为金奖、银奖、铜奖，分别约占进入决赛项目总数的10%、20%和70%。

大赛以高校为单位计算参赛得分并排序。各个奖项计分方法如下：

1）大学生创业计划竞赛，金奖项目每个计100分，银奖项目每个计70分，铜奖项目每个计30分，上报至全国组织委员会，但未通过复赛的项目每个计10分。

2）创业实践挑战赛，金奖项目每个计120分，银奖项目每个计90分，铜奖项目每个计50分，上报至全国组织委员会，但未通过复赛的项目每个计10分。

3）公益创业赛，金奖项目每个计100分，银奖项目每个计70分，铜奖项目每个计30分，上报至全国组织委员会，但未通过复赛的项目每个计10分。

如遇总得分相等，则以获金奖的数量决定同一名次内的排序，以此类推至铜奖。

三、参赛指南

下面将对"创青春"大赛的评审要点和参赛赛道的选择进行介绍，帮助广大参赛者更好地筹备大赛。

1. 评审要点

根据参赛项目的不同，其评审的侧重点也有所区别，下面分别介绍实践类项目、创意类项目和公益类项目各自的评审要点。

1）实践类项目的评审要点主要包括项目陈述、市场分析、公司运营、财务管理、团队建设和回答问题6个方面，见表11-6。

表 11-6　实践类项目评审要点

评审内容	考核指标
项目陈述	项目的产业背景和市场竞争环境；项目所面对的目标人群；项目的独创性、领先性和实现产业化的途径等
市场分析	明确表述该产品或服务的市场容量与趋势、市场竞争状况；细分目标市场及消费者描述，预估市场份额和销售额
公司运营	公司定位准确、计划科学、严密；组织机构严谨；各发展阶段目标合理；结合项目特点制订合适的市场营销策略，包括对自身产品、技术或服务的价格定位、渠道建设、推广策略等
财务管理	资金来源与运用；盈利能力分析；风险资金退出策略等
团队建设	配合默契，分工明确
回答问题	准确理解评委提出的问题，回答具有针对性；思路清晰，逻辑严密，语言简洁流畅；例证、数据科学、准确、真实；在规定时间内完成陈述和答辩

2）创意类项目的评审要点主要包括创业思路、项目陈述、项目实操、财务管理、团队建设和回答问题 6 个方面，见表 11-7。

表 11-7　创意类项目评审要点

评审内容	考核指标
创业思路	具备一定的先进性，商业模式可操作、满足创业的要求
项目陈述	明确表述产品或服务、市场进入策略和市场开发策略；商业目的明确、合理；全盘战略目标合理、明确
项目实操	项目的应用前景、风险和问题分析的准确性、方案的合理性与可操作性
财务管理	股本结构与规模、资金来源与运用、盈利能力分析等
团队建设	分工明确，配合默契，体现团队精神
回答问题	准确理解评委提出的问题，回答具有针对性；思路清晰，逻辑严密，语言简洁流畅；例证、数据科学、准确、真实；在规定时间内完成陈述和答辩

3）公益类项目的评审要点主要包括公益性、创业性和实践性 3 个方面，见表 11-8。

表 11-8　公益类项目评审要点

评审内容	考核指标
公益性	对社会问题关注深入，立项所针对的问题具体且受到关注较多
创业性	能够通过具有创新性、普适性、可推广性的商业模式，不断引入大量新资源来维持项目本身，且项目能持续发展
实践性	很好地结合了人员、资源等实际情况，设定了切实可行的项目进度及目标，有丰富的实践成果

2. 赛道选择

参赛者要想在大赛中取得好成绩，选对赛道十分重要，下面给出不同赛道的选择方案供大家参考。

1）如果参赛者或者参赛者身边有一些已注册或运营中的企业资源，且该类企业具有一定的发展前景、科技含量，则可以选择创业实践挑战赛道。

2）如果参赛者有创业的想法，且该想法切实可行、具有一定的发展前景，如大学生科技创新训练计划项目等科研类项目，适合落地转化或者投入生产，能够解决相应的市场痛点，则可以选择大学生创业计划竞赛赛道。

3）如果参赛者或者参赛者身边有公益项目，且该项目运行良好，能够有一些盈利措施并持续盈利，则可以选择公益创业赛赛道。

四、大赛通知

参赛比赛形式和内容基本相同，但大赛组别、大赛主题、奖项设置有所差异，下面将以2022 年第十届"挑战杯"云南省大学生创业计划竞赛校级比赛为例，赛事的相关内容见附录 C。

五、"挑战杯"常见问题解答

1）参赛学生可以报名多个项目吗？

答：参赛学生仅限报一个项目，不论参赛身份是团队负责人还是团队成员，每个人仅限在一个项目团队内报名参赛。

2）参赛项目可以跨校组队吗？

答：根据大赛章程，"对于跨校组队参赛的项目，各成员须事先协商明确项目的申报单位，各省级组织协调委员会最终明确项目的申报单位。"同学们一定要仔细阅读大赛章程，项目报名阶段也是磨合团队、锻炼能力的好机会。

3）项目团队中同时有本科生（或硕士研究生）和高职高专学生（或中职中专学生）时，如何选择项目类型？

答：根据参赛对象，本届大赛分普通高校、职业院校进行分类竞赛，分类评审；职业院校类中，高职高专和中职中专不分组评审。若项目团队中有本科生、硕士研究生，该项目类型只能选择普通高校类别。

4）已经毕业的学生可以参赛吗？

答：本届赛事聚焦在校学生群体，不再面向已经毕业的学生开展。2022 届毕业生，符合参赛要求的，可以参赛，详见大赛章程。

5）团队信息有变化可以更改吗？

答：报名通道关闭前（5 月 31 日前）可以更改团队信息，具体操作方法见报名通道顶端的"申报指南"；通道关闭后，团队信息不可修改；全国决赛项目报名期间（6 月中旬至6 月底，具体关注大赛通知），经省级复赛推荐全国决赛的项目，允许在报名通道内修改部分参赛项目信息，包括项目简介、项目介绍材料、其他相关证明材料（选交）、项目介绍视频（选交）；全国决赛项目报名截止后，只可进行团队人员删减，不可进行人员顺序调整及人员添加。

6）项目商业计划书需要在报名通道提交吗？

答：只有项目介绍材料（20 页以内 PPT 转为 PDF 文档）是项目申报中必须提交的材料，项目商业计划书不是必交材料。

7）"挑战杯"赛事入口都有哪些？

答：本届大赛搭建线上官方平台，分别为资讯平台、大赛平台。

① 资讯平台：团中央青年发展部官方微信公众号"创青春"（ID：zgqncyxd），是"挑战杯"工作发布的主要资讯平台，大赛主要资讯将第一时间在该平台发布。平台底端设

"挑战杯"大赛专栏，发布大赛通知、赛事动态。

② 大赛平台：全国组委会委托腾讯公司开发大赛平台，可通过参赛手机号码直接注册登录企业微信。平台功能包括赛事报名通道、六大活动参与、国赛直通车积分计算、在线文本评审、活动宣传展示等。目前赛事报名通道已上线，其余功能将于 5 月中旬上线，大赛平台入口、操作指南将在"创青春"微信公众号发布。

8）现阶段的报名和国赛直通车有关系吗？

答：5 月 31 日前通过报名通道完成报名的项目默认进入大赛平台，参赛学生可参与六大活动：实践云接力、名师大讲堂、青年学习汇、职场体验营、导师会客厅、资源对接会。其中，实践云接力、名师大讲堂、青年学习汇三项活动面向参赛学生进行"国赛直通车"个人挑战积分计算，参赛学生有机会获得"国赛直通车"入围国赛名额，具体积分规则将在"创青春"微信公众号发布。

9）没有报名参赛的学生可以参与六大活动吗？

答：未参赛的学生也可进入大赛平台参与赛事活动，不计挑战积分，具体参与方式可关注大赛通知了解。

第三节 实践训练

云南交通运输职业学院的"退休电池继续'发挥余热'"项目在第八届云南省"互联网＋"大学生创新创业大赛中获得金奖。

下面将以本项目为例，进行实践训练。

一、项目简介

据统计推算，到 2025 年，全国退休动力电池规模将达到 78 万吨。对退休动力电池而言，利用好是高价值资源，但若处理不好就会造成环境污染，所以动力电池回收是近年全国两会代表们关注的热点。

由于云南地处高原偏远地区，动力电池属于第 9 类危险品，返回原厂家回收成本高（稍有漏液或变形的就要用灌满石英砂的防爆箱单独装箱后才能运输），还存在安全隐患（运输过程颠簸容易产生燃爆），并且目前这种模式无法应对即将到来的退役高峰。另外，缺乏正规的回收体系，导致退休电池流向无资质的黑作坊，"黑作坊"式的电池回收将给社会安全和环境带来巨大风险。

项目团队依托云南交通运输职业学院的行业资源及专业优势，联合产业链的上下游，与校企合作单位、4S 店、汽修厂等合作，首先布设回收网点，对退休动力电池进行回收；然后进行拆解、检测分析、筛选及重组；最后实现退休动力电池的梯次利用。项目团队在研发过程中获得 1 项国家发明专利，6 项国家实用新型专利。产品经过国家轻型电动车及电池产品质量监督检验中心的检测检验，均为合格产品。

二、市场痛点

项目要找准市场痛点，该实训项目的市场痛点如图 11-1 所示。

图 11-1　市场痛点

三、项目优势

要突出项目的优势，该实训项目的优势如图 11-2 所示。

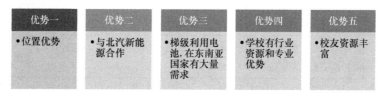

图 11-2　项目优势

四、商业模式

要开发适合的商业模式。国内现有的商业模式主导企业的性质不同，主要有动力电池企业回收商业模式、锂电材料企业回收商业模式与梯次利用商业模式。但是针对动力电池企业回收商业模式，因云南地处高原偏远地区，交通不便，并且动力电池属于第 9 类危险品，将电池长距离运输到处理中心处理，存在较大的安全隐患和成本，所以不宜采用这种模式。

五、市场营销

项目收益主要有如下几项：电子平台交易佣金、电池拆卸费、电池检测费、平台主体加盟费、梯次利用差价、电池更换服务、新能源汽车二手车评估、金融租赁及电池大数据服务等。

互联网是信息传递的高速路，通过互联网来对电池团队产品进行宣传是目前最佳手段。电池团队已建成"云南省新能源汽车技术服务推广平台"，实现在线查询新能源汽车参数及经销商信息、在线查找充电桩地图、在线学习新能源汽车使用及维护课程等功能。

另外，还建成了云南省新能源汽车维护技术推广示范基地，针对新能源汽车电子控制技术、电池管理技术、使用与维护、检测与维修等方面的急需人才进行培训。

六、路演实训

1. 路演的定义

路演是指在公共场所进行演说、演示产品、推介理念，是让行业专业人士、创业评审专家、投资方和顾客在短时间内了解创业项目最有效的方式。

> **知识链接**
>
> **路演与演讲的区别**
>
> 路演：逻辑清晰的综合演绎，通过 PPT、视频、案例，及时、准确、全面地展示项目的价值。
>
> 演讲：主题明确的语言阐述。

2. 路演要把握的 3 个条件（见表 11-9）

表 11-9　路演要把握的 3 个条件

路演条件	具体内容	备注
准确聚焦	清楚自己在跟谁路演 要达成什么样的结果 自己核心竞争力在哪	明确焦点才有着力点
路演工具	一份精炼的演讲稿 一份完美的路演 PPT 一段动人的路演视频	好工具是成功的一半
拥有精神	99% 的信息和清晰度都可以用路演工具来诠释，唯独那 1% 的企业温度需要企业家自己亲口来传递	路演更需要注入精神

3. 路演的 4 种技巧

（1）了解评委，"从听众出发"　面对高校老师、政府主管机构、投资机构等评审人员，要重点围绕听众最想听到的关键内容进行阐述。

（2）学会演讲

1）路演时切莫念 PPT，要面对听众而不是屏幕。PPT 的制作以简洁明了的图片、数据、柱状图为主要内容，辅助配以一些简短的总结性话语。使用 PPT 做展示时，重点部分（商业模式、盈利方式、财务预测、市场竞争）应突出，路演时目光应与听众做交流。

2）实事求是，不要含糊或者夸大其词。诚恳真实地说出企业现状，不回避问题和缺点：目前做了哪些事，有怎样的技术能力，现在的产品和运营状况是怎样的，资源支持如何，遇到了哪些问题等。

3）先展示创业激情。首先要充满激情，然后靠实实在在的想法和做法落地。

4）突出项目优势，讲清楚如何赚钱。重点介绍核心团队、商业模式、技术门槛、市场渠道等。

5）化繁为简，学会用通俗易懂的语言。化繁为简，通俗易懂，要能在有限的时间里讲清楚，让第一次听的人也能听明白，有逻辑且生动简洁。

（3）聚焦专业　了解市场具体的细节：竞争对手是谁，竞争对手做了多少年，他们的产品是什么，经营模式是什么，利润率是多少。

（4）保持良好心态　保持一颗平常心去面对听众，不要为那些不理解、不喜欢、不相信你的想法的听众而苦恼。

4. 路演 PPT 的框架

1）公司（项目）基本情况。

2）目前的行业状况、竞争及预测。

3）主要核心产品（服务）及新产品（服务）介绍。

4）技术来源或技术壁垒。

5）商业模式与营销方式。

6）核心管理团队介绍与股东（发起人）结构。

7）近三年（如有）经营状况、财务状况。

8）项目的风险与防控措施。

9）未来 3~5 年的经营计划及营收预测。

10）融资计划及用途。

11）公司有关活动、文件的照片、音频或视频文件。

七、项目成果

第八届中国国际"互联网＋"大学生创新创业大赛云南省级决赛中，云南交通运输职业学院的参赛项目从 400 个决赛项目中脱颖而出，共斩获 2 项金奖。其中，"退休电池继续'发挥余热'"项目以全省排名第六的优势挺进国家级决赛，最后获得国家铜奖。

更重要的是本项目立足云南省省情，涉及新能源汽车产业发展，采用"依托 4S 店，共享其基础设施，技术资源赋能，梯级利用一体化"商业模式，实现了节能减排，充分挖掘了"车轮上的矿山"，保护了自然资源和环境。

第四节 创业故事汇

罗三长的红糖馒头：会"开花"的创业梦

在 2017 年第三届中国国际"互联网＋"大学生创新创业大赛中，大学生们带来科技、文化等众多项目，在所有项目中最引人注目、被评论最多的，也许要属云南大学滇池学院大四学生罗三长的项目——"罗小馒红糖馒头"。这个项目从 180 个闯入决赛的项目中脱颖而出，荣获金奖。一个小小的馒头，科技含量并不高，何以在全国创新创业大赛上如此风光、脱颖而出？

校园里的创业史

罗三长出生于江西赣州农村，2008 年，父亲意外去世，家里失去了顶梁柱。为改变家里贫困的状况，罗三长一边上学，一边打工。"利用寒暑假打工赚钱，我学过厨师，遇到过黑中介，损失过钱财，这些经历对我来说是一种成长的积累。"罗三长很乐观，他觉得人生不可能一帆风顺，遇到些挫折很正常。

2014 年，罗三长被云南大学滇池学院经济学院录取。为解决生活费的问题，他在学校里的一家餐馆打工，也因此结识了自己后来事业的合伙人。老板看中他为人踏实、做事勤快，将他从店小二升做厨师。

脑中不乏创意想法的罗三长，在做厨师时创新推出了"水果盖饭"，这个看似有些奇怪的盖饭，一经推出，就受到学生们的欢迎，这让罗三长备受鼓舞。想要在校创业的他，和餐馆老板一拍即合，两人决定要开创一番事业。

罗三长凭借自己的专业优势和多年的兼职打工经历，在分析了云南的市场后，他们决定做红糖馒头。趁着假期，餐馆老板带着他去台湾学习取经，回来后他们对云南原有的红糖馒头进行技术改良，创新研发出了适合都市人口味的红糖馒头。

百次失败终获成功

"云南原有的红糖馒头用的是砂红糖，口感太黏、太甜，不太适合大多数人的口味。"为了做出好吃的红糖馒头，罗三长用从台湾学到的技术，做了一百多次试验，都失败了。做馒头用什么样的水？什么样的红糖？配比是多少？20多种配方，罗三长一次次地尝试，不断地失败再重来，最终找到了合适的配方。

"现在不仅味道好，还有养生的功效。"2016年罗三长的第一家红糖馒头旗舰店开张了，他给自己的店取名为"红糖馒头"。他还记得开张的第一天，路过的市民好奇地问他红糖馒头是什么样子的。在品尝过后，客人们都对他竖起了大拇指。

"那个时候觉得自己特有成就感。"罗三长说，开张的第一天就盈利1050元，一个月下来，营业额竟达6万多元，这给了创业初期的他很大的动力。

罗三长的红糖馒头渐渐有了名气，自营店也从1家开到了5家，找他加盟的人络绎不绝，甚至还有人专门从上海来找他谈加盟。他的加盟店已达上百家，不仅在昆明有，在云南其他州市也有。

从2016年创业到现在，罗三长的红糖馒头一年销售额就达1亿多元，利润1200多万元，直接带动大学生、下岗职工1000多人就业。在线下实体店取得成功后，罗三长还开通了微信公众号，通过网络进行售卖。

推陈出新树品牌

"在创业过程中，我遭遇过很多挫折，而且现在还只是个学生，还需要多学习和积累社会经验。我今天的成功，与我的坚持分不开。太多人把小事不当事，大事当成麻烦事，最后一事无成。"罗三长认为，他最大的成功就是敢想敢做，且善于不断总结经验教训。

不满足于现状，扩大规模是罗三长一直在思考的。目前他正与技术人员研发红糖奶黄包、红糖发糕。他希望有更多甘蔗、小麦种植户加盟他的红糖馒头品牌，从原材料环节进行把控，让红糖馒头能够走出云南。

罗三长已经注册了"罗小馒"商标。他有个想法：抓住红糖馒头的品牌故事，抓住"85后"群体的消费心理和口味，在红糖馒头的基础上研发出适合女性的"小蛮腰"、适合男性的"小蛮牛"、适合小朋友的"小蛮萌"等产品。

对于刚毕业的大学生来说，创新和创业必须根据自身的现实条件实事求是地选择项目，既可以选择科技含量较高的项目，也可以选择与民生有关的传统项目，但绝不能脱离自己的实际情况，好高骛远。如果自己本身不具备科技研发能力，却非要追求科技攻关项目不可，那样的创新和创业最终难免会在看不到创新成果、未产生经济效益、资金缺乏的艰难中，以失败告终。只有脚踏实地，一步一个脚印地去创新创业，从小项目做起，以解决民生的实际生活需求为目标，实现经济与社会效益的双赢，才能在市场上逐渐站稳脚跟，让自己的理想变成现实。

【案例启发】

同学们，看完罗三长的创业故事，请结合所学的知识，谈一谈你的感受和启发。

附 录

附录 A　第八届中国国际"互联网 +"大学生创新创业大赛"青年红色筑梦之旅"活动方案

第八届中国国际"互联网 +"大学生创新创业大赛继续在更大范围、更高层次、更有温度、更深程度上开展"青年红色筑梦之旅"活动。具体方案如下。

一、活动主题

红色青春筑梦创业人生　绿色发展助力乡村振兴

二、主要目标

深入贯彻落实习近平总书记给"青年红色筑梦之旅"活动大学生重要回信精神，围绕迎接党的二十大胜利召开，将思政教育、专业教育与创新创业教育相结合，传承红色基因，坚定理想信念，全面推进课程思政，涵养青年学生家国情怀；以新工科、新医科、新农科、新文科助力"新农村、新农业、新农民、新生态"建设，引导师生扎根基层创新创业，推动乡村振兴取得新进展、农业农村现代化迈出新步伐。

三、主要活动与时间安排

（一）制定方案（2022 年 4 月）

各省级教育行政部门要聚焦"新农村、新农业、新农民、新生态"建设，围绕乡村"产业振兴、人才振兴、文化振兴、生态振兴、组织振兴"要求，结合地方实际需求，制定本地 2022 年"青年红色筑梦之旅"活动方案，要明确活动时间、地点、规模、形式、支持条件等内容，并于 2022 年 4 月 30 日前报送至大赛组委会（电子邮箱：internetplus@moe. edu. cn）。

（二）活动报名（2022 年 4—7 月）

各省级教育行政部门要积极挖掘本地优质创新创业项目参与活动，组织团队登录全国大学生创业服务网（网址：cy. ncss. cn）或微信公众号（名称为"全国大学生创业服务网"或"中国互联网 + 大学生创新创业大赛"）进行报名，报名系统开放时间为 4 月 15 日至 7 月 31 日。

（三）启动仪式（2022 年 4 月）

大赛组委会将于 4 月下旬在重庆市举行 2022 年"青年红色筑梦之旅"活动全国启动仪式，举办多项同期活动，具体安排另行通知。

（四）组织实施（2022 年 4—9 月）

各省级教育行政部门在全面总结历届"青年红色筑梦之旅"活动的基础上，负责组织本地"青年红色筑梦之旅"活动，关注农业农村绿色发展，挖掘乡村多元价值，认真做好需求对接、培训宣传及创造项目落地环境等工作。大学生项目团队要积极深入基层，积极利用专业知识开展创新创业，助力乡村振兴。高校要通过大学生创新创业训练计划项目、创新创业专项经费、校地协同等多种形式，努力实现项目长期对接，助力农业农村现代化建设。

（五）总结表彰（2022 年 9—10 月）

各地各高校要及时做好本次活动的经验总结和成果宣传。大赛组委会将遴选优秀案例，在总决赛期间的国际大学生创新创业成果展中展出。

四、"青年红色筑梦之旅"赛道安排

参加"青年红色筑梦之旅"活动的项目，符合大赛参赛要求的，可自主选择参加"青年红色筑梦之旅"赛道。

（一）参赛项目要求

1. 参加"青年红色筑梦之旅"赛道的项目应符合大赛参赛项目要求，同时在推进农业农村、城乡社区经济社会发展等方面有创新性、实效性和可持续性。

2. 以团队为单位报名参赛。允许跨校组建团队，每个团队的参赛成员不少于 3 人，不多于 15 人（含团队负责人），须为项目的实际核心成员。参赛团队所报参赛创业项目，须为本团队策划或经营的项目，不得借用他人项目参赛。

3. 参赛申报人须为项目负责人，须为普通高等学校全日制在校生（包括本专科生、研究生，不含在职教育），或毕业 5 年以内的全日制学生（即 2017 年之后的毕业生，不含在职教育）；国家开放大学学生（仅限学历教育）。企业法定代表人在大赛通知发布之日后进行变更的不予认可。

（二）参赛组别和对象

参加"青年红色筑梦之旅"赛道的项目，须为参加"青年红色筑梦之旅"活动的项目。否则一经发现，取消参赛资格。根据项目性质和特点，分为公益组、创意组、创业组。

1. 公益组

（1）参赛项目不以营利为目标，积极弘扬公益精神，在公益服务领域具有较好的创意、产品或服务模式的创业计划和实践。

（2）参赛申报主体为独立的公益项目或社会组织，注册或未注册成立公益机构（或社会组织）的项目均可参赛。

2. 创意组

（1）参赛项目基于专业和学科背景或相关资源，解决农业农村和城乡社区发展面临的主要问题、助力乡村振兴和社区治理，推动经济价值和社会价值的共同发展。

（2）参赛项目在大赛通知下发之日前尚未完成工商等各类登记注册。

3. 创业组

（1）参赛项目以商业手段解决农业农村和城乡社区发展面临的主要问题、助力乡村振兴和社区治理，实现经济价值和社会价值的共同发展，推动共同富裕。

（2）参赛项目在大赛通知下发之日前已完成工商等各类登记注册，学生须为法定代表人。项目的股权结构中，企业法定代表人的股权不得少于 10%，参赛成员股权合计不得少于 1/3。

（三）奖项设置

1. 本赛道设置金奖 50 个、银奖 100 个、铜奖 350 个。

2. 本赛道设置乡村振兴奖、最佳公益奖等单项奖。

3. 获得金奖项目的指导教师为"优秀创新创业导师"（限前五名）。

五、工作要求

（一）高度重视、精心组织

各地要成立专项工作组，推动形成政府、企业、社会联动共推的机制，确保各项工作落到实处。

（二）统筹资源、加强保障

各地要积极协调地方政府有关部门，以及行业企业、公益机构、投资机构等，通过政策倾斜、资金支持、设立公益基金等方式为活动提供保障。

（三）广泛宣传、营造氛围

各地应认真做好本次活动的宣传工作，通过提前谋划、集中启动、媒体传播，线上线下共同发力，全面展示各地各高校青年大学生参与活动的生动实践和良好精神风貌。

（四）敢于尝试、积极创新

利用网络直播、短视频等新型传播与销售途径，引导、助力红旅项目团队把握机会，积极创新创业。

附录 B　第八届中国国际"互联网＋"大学生创新创业大赛职教赛道方案

第八届中国国际"互联网＋"大学生创新创业大赛设立职教赛道，推进职业教育领域创新创业教育改革，组织学生开展就业型创业实践。具体工作方案如下。

一、参赛项目类型

（一）创新类：以技术、工艺或商业模式创新为核心优势。

（二）商业类：以商业运营潜力或实效为核心优势。

（三）工匠类：以体现敬业、精益、专注、创新为内涵的工匠精神为核心优势。

二、参赛方式和要求

（一）职业院校（包括职业教育各层次学历教育，不含在职教育）、国家开放大学学生（仅限学历教育）可以报名参赛。

（二）大赛以团队为单位报名参赛。允许跨校组建团队，每个团队的参赛成员不少于 3 人，不多于 15 人（含团队负责人），须为项目的实际核心成员。参赛团队所报参赛创业项目，须为本团队策划或经营的项目，不得借用他人项目参赛。

三、参赛组别和对象

本赛道分为创意组与创业组。

（一）创意组

1. 参赛项目具有较好的创意和较为成型的产品原型、服务模式或针对生产加工工艺进行创新的改良技术，在大赛通知下发之日前尚未完成工商等各类登记注册。

2. 参赛申报人须为团队负责人，须为职业院校的全日制在校学生或国家开放大学学历教育在读学生。

3. 学校科技成果转化项目不能参加本组比赛（科技成果的完成人、所有人中参赛申报人排名第一的除外）。

（二）创业组

1. 参赛项目在大赛通知下发之日前已完成工商等各类登记注册，且公司注册年限不超过 5 年（2017 年 3 月 1 日及以后注册）。

2. 参赛申报人须为企业法定代表人，须为职业院校全日制在校学生或毕业 5 年内的学生（即 2017 年之后的毕业生）、国家开放大学学历教育在读学生或毕业 5 年内的学生（即 2017 年 6 月之后的毕业生）。企业法人在大赛通知发布之日后进行变更的不予认可。

3. 项目的股权结构中，企业法定代表人的股权不得少于 1/3，参赛团队成员股权合计不得少于 51%。

四、奖项设置

（一）本赛道设置金奖 50 个、银奖 100 个、铜奖 350 个。
（二）获得金奖项目的指导教师为"优秀创新创业导师"（限前五名）。

五、其他

各地要成立有职业教育部门参与的职教赛道工作小组，推进各阶段的赛事组织工作。

附录 C　关于组织开展第二届"挑战杯"大学生创新创业竞赛暨第十届"挑战杯"云南省大学生创业计划竞赛校级比赛的通知

各二级院系团总支，各学生组织：

为深入学习贯彻习近平新时代中国特色社会主义思想，贯彻落实国家双创工作部署，围绕立足新发展阶段、贯彻新发展理念、构建新发展格局、服务高质量发展，引导和激励大学生通过广泛的社会实践、深刻的社会观察，不断增强对国情社情的了解，激发创新精神，培育创业意识，提升创业能力，以优异的成绩迎接党的二十大胜利召开。按照共青团云南省委第十届"挑战杯"云南省大学生创业计划竞赛工作安排。经校团委研究，决定举办第二届

"挑战杯"大学生创新创业竞赛暨第十届"挑战杯"云南省大学生创业计划竞赛校级比赛，现将有关事项通知如下：

（一）竞赛名称

第十届"挑战杯"云南省大学生创业计划竞赛校级比赛。

（二）组织机构

1. 主办单位

校团委、学生工作部。

2. 承办单位

各二级学院团总支。

3. 协办单位

各学生组织。

4. 工作机构

校级比赛设立组织委员会（以下简称校赛组委会），由主办单位、承办单位的有关负责人组成，负责大赛各项工作的组织开展。校赛组委会办公室设在校团委，负责校赛的日常事务。

大赛设立指导委员会，由校赛组委会邀请关注青年创业的企业家、投资人、孵化机构代表、高校创新创业专家、学校创新创业教育教学方面的老师等人士担任成员。

大赛设立校赛评审委员会（以下简称校赛评委会），由校赛组委会聘请各相关领域专家学者、行业领军人物、创业服务机构代表、学校有关教师等组成，负责参赛项目的评审工作。

各二级院系要指定专人负责本院系初赛的组织领导、指导、评审等相关工作。

（三）参赛对象

2022 年 6 月 1 日以前正式注册的云南交通运输职业学院全日制在校学生。

（四）校级赛事安排

1. 竞赛分组

学校团委结合自身实际，在团省委指导下，完整、准确、全面贯彻创新、协调、绿色、开放、共享五大发展理念，设五个组别：

1）科技创新和未来产业：围绕创新驱动发展战略，推动数字经济健康发展，在智能制造、信息技术、大数据、人工智能、生命科学、新材料、军民融合等领域，结合实践观察设计项目。

2）乡村振兴和农业农村现代化：围绕实施乡村振兴战略，在农林牧渔、电子商务、乡村旅游、城乡融合等领域，结合实践观察设计项目。

3）社会治理和公共服务：围绕国家治理体系和治理能力现代化建设，在政务服务、消费生活、公共卫生与医疗服务、金融与财经法务、教育培训、交通物流、人力资源等领域，结合实践观察设计项目。

4）生态环保和可持续发展：围绕可持续发展战略和碳达峰碳中和目标，在环境治理、可持续资源开发、生态环保、清洁能源应用等领域，结合实践观察设计项目。

5）文化创意和区域合作：突出共融、共享，紧密围绕"一带一路"和京津冀地区、长三角地区、成渝地区及粤港澳大湾区等经济合作建设，在工业设计、动漫广告、体育竞技和国际文化传播、对外交流培训、对外经贸等领域，结合实践观察设计项目。

2. 省级、国家级竞赛分类

在省赛和国赛过程中，普通高校和职业院校将分别进行竞赛评选。

3. 推进步骤

校级比赛设初赛和决赛两个阶段进行。

5月中旬，各院系团总支组织完成本院系初赛。同时，推荐优秀作品参加校级决赛，所有参加校级决赛的相关材料统一报送至校团委。

5月26—27日，学校团委和学生工作部牵头组织校级决赛。校赛评委会将通过适当方式，坚持公正、公平、择优的原则评选出金奖、银奖、铜奖，并进行公布。

5月31日前，学校团委和学生工作部根据校赛的结果择优推荐作品上报省级比赛。

4. 省赛作品打磨

校团委根据省赛的要求，在6月中旬前邀请校内外专家对参赛作品进行一对一的指导打磨。

（五）全国六项活动

为进一步增强竞赛的群众性、交流性，扩大赛事覆盖面和参与度，全国赛将举办系列活动。活动安排如下：

1）挑战杯·实践云接力。国赛组委会面向参赛学生广泛征集在项目准备过程中进企业、进农村、进社区的实践经历，通过点亮地图的方式，展现广大学生迎接党的二十大胜利召开、用创新创业实践投身强国伟业的青春风采。

2）挑战杯·名师大讲堂。国赛组委会邀请行业领军人物、社会知名人士、业界知名学者等，以主题团课、TED演讲等多种形式举办名师大讲堂，面向全国大学生线上直播。

3）挑战杯·青年学习汇。国赛组委会进一步引导参赛学生跨学校、跨地域组建线上学习小组，结合各自项目，围绕党的二十大召开、建团100周年等开展讨论，增强参赛学生间的互动交流。

4）挑战杯·职场体验营。国赛组委会组织参赛学生走进处于不同阶段的创业企业、知名企业，通过创业介绍、员工分享、实际体验等，让学生在一线感知社会、了解企业。

5）挑战杯·导师会客厅。国赛组委会邀请企业家、投资人、孵化机构代表等，组成"挑战杯"大学生创业导师团，通过线上线下联动，实现导师与项目的结对指导和长期跟踪。

6）挑战杯·资源对接会。国赛组委会邀请创业服务机构、投资机构、孵化器、园区等入驻大赛平台，开展线上线下对接活动，为有需要的项目提供服务支持。

（六）奖项设置

校赛设项目金奖、银奖、铜奖、优秀奖，由校赛决赛统一评定。

（七）项目申报有关事宜

1）大赛平台。参加校赛、省赛、国赛均需要登录由团中央统一开发集参赛报名、活动开展、项目评审、展示交流等功能为一体的赛事官方平台——"创青春"。具体相关操作事项另行通知。

2）报名通道。各院系团总支需组织参赛项目团队通过"创青春"微信公众平台进行报名。

具体流程："创青春"微信公众平台——"挑战杯"——扫描文末二维码，进入"挑战杯"中国大学生创业计划竞赛报名通道，填写相关材料完成报名。此项工作务必于 5 月 29 日前完成。

推荐参加省级决赛的项目必须通过该流程完成报名，校赛项目原则上也需通过该渠道进行报名。组织报名参赛的情况将作为团中央评选优秀组织单位及全国决赛名额分配的重要依据。

（八）参赛材料报送

推荐到校赛的项目，需以院系为单位将参赛作品信息汇总表、参赛项目申报表、项目介绍材料 PPT 及其他证明材料等的电子版和纸质版于 5 月 25 日前统一报送至校团委。

每个项目材料一式三份，项目介绍材料 PPT 与其他证明材料合订为一本，项目介绍材料在前，其他证明材料在后，封面采用 230 克 A4 纸，正文采用 70 克 A4 纸。除项目申报表中可出现所在省（市、区）、学校名称（全称）、指导教师信息外，其余材料不能透露任何有关学校名称、学校标识、导师姓名等信息，相关材料中涉及学校和导师个人的信息必须进行技术处理，如以"××学校""××人"等替代。

（九）工作要求

1. 聚焦主责主业，强化为党育人功能

各二级院系团总支进一步提高政治站位，以"喜迎二十大、永远跟党走、奋进新征程"主题教育实践为统揽，通过学习交流党的十八大以来我国在创新创业领域取得的重大突破，引导广大学生充分认识我们党百年来取得的伟大功绩和党领导下百年青年运动的光辉历程。

2. 突出实践育人，强化能力提升

准确把握比赛初衷，实现从"结果导向"向"过程导向"转变，着重打通学校和社会的物理边界，将竞赛作为带动学生深入了解国情、社情、民情的重要载体，切实通过赛事活动开展提高学生的社会化能力和创业能力。

3. 做好赛事组织，持续扩大覆盖

各二级院系团总支要强化让更多学生参与其中。切实转变工作理念，将校赛组织放到更加重要位置，特别是通过有效手段吸引和鼓励更多地方普通高校参与进来，为更多学生提供参与创新创业实践的机会和平台。

4. 确保公平公正，探索推动赛事数字化转型

各二级院系团总支要把准公平公正的赛事生命线，切实通过专业评审将优秀项目评选出来。推动大赛的数字化转型，加强线上应用和技术优化，精简流程和形式性内容，进一步推动赛事提质增效。

（十）其他

校级比赛有关事宜，可与校团委直接联系。未尽事宜以校团委通知为准。

参 考 文 献

[1] 吉家文，李转风. 创新创业基础［M］. 北京：高等教育出版社，2021.

[2] 彭晓兰. 大学生创新创业案例与实务［M］. 北京：高等教育出版社，2020.

[3] 汤锐华. 大学生创新创业基础：配实训手册［M］. 2 版. 北京：高等教育出版社，2019.

[4] 张汝山. 大学生创新创业教育［M］. 北京：高等教育出版社，2020.

[5] 宋京双. 大学生创新创业教育"金课"教程［M］. 北京：清华大学出版社，2021.

[6] 杨秋玲，王鹏. 大学生创新创业教育［M］. 2 版. 北京：清华大学出版社，2021.

[7] 蒋晓明，巢昕. 高职学生创新创业基础［M］. 2 版. 北京：高等教育出版社，2021.

[8] 刘艳彬，李兴森. 大学生创新创业教程［M］. 北京：人民邮电出版社，2016.

[9] 张敏华，李栋. 大学生创新创业基础：微课版［M］. 北京：人民邮电出版社，2021.

[10] 刘延，高万里. 大学生创新创业基础［M］. 武汉：华中科技大学出版社，2020.

[11] 王中强，陈工孟. 创新思维与创业教育［M］. 北京：清华大学出版社，2017.

[12] 徐德锋，陈群，江一山. 大学生创新创业实践与案例［M］. 武汉：华中科技大学出版社，2021.

[13] 杨鹤. 知识经济时代企业商业模式构建路径分析［J］. 商业经济研究，2021（07）：127 – 129.

[14] 张力，刘颖琦，张雷. 多层次视角下的商业模式创新路径——中国新能源汽车产业实证［J］. 中国科技论坛，2021（02）：27 – 38.

[15] 张省，杨倩. 数字技术能力、商业模式创新与企业绩效［J］. 科技管理研究，2021，41（10）：144 – 151.

[16] 林夕宝，吴瑞红. 大学生创新创业教育教程［M］. 成都：电子科技大学出版社，2016.

[17] 陈国胜. 创新创意创业［M］. 北京：国家行政学院出版社，2018.

[18] 汪建成，林欣. 社会创业的资源整合过程——多案例研究［J］. 管理案例研究与评论，2021，14（02）：163 – 177.

[19] 周荣华. 创业资源获取相关理论研究综述［J］. 中小企业管理与科技（下旬刊），2017，525（12）：95 – 96.

[20] 黄继伟. 华为管理法［M］. 北京：中国友谊出版公司，2017.

[21] 杨京智. 大学生创新创业基础：大赛案例版［M］. 北京：人民邮电出版社，2020.

[22] 葛海燕，黄华. 大学生创新创业指导与训练［M］. 北京：清华大学出版社，2021.